마흔,
역사를
알아야 할
시간

마흔, 역사를 알아야 할 시간

백승종 지음

21세기북스

여는 말

'불혹不惑'이라는 말과는 달리 마흔이 되면 인생이 갑자기 흔들리기 시작한다. 중년의 위기가 찾아오는 것이다. 더 이상 앞만 보고 달릴 일이 아니다. 뒤를 돌아봐야 앞길이 열린다. 나이 마흔에 새삼스레 역사책을 넘기는 이유도 그것이다. 우리가 다시 찾는 역사는 사실의 퇴적물이 아니다. 그것은 막막한 우리 삶에 한 줄기 빛을 던져 주는 지혜의 보고다.

이 책과 함께 여러분은 광개토대왕부터 노무현 대통령에 이르기까지 열다섯 명의 인물을 만나게 될 것이다. 그들의 발자취를 따라가다 보면 한국 역사의 큰 줄기를 훑어볼 수 있다. 한 시대를 풍미한 그들이 머물렀던 곳은 한국 역사의 승부처였으며, 동시대인들의 지지와 자발적인 협력을 이끌어 내는 능력은 그들이 가진 무기였다.

이 책에서는 통설을 존중하면서도 나의 주관적 해석에 더 비중을 둘 것이다. 미시사가의 눈으로 새롭게 해석한 역사가 이 책의 특징이다. 다른 책에서는 읽을 수 없는 이야기들을 주로 다루려 한다. 좋은 역사책은 많지만 새로운 역사 해석을 통해 인생을 돌아보는 새로운 시각을 얻을 수 있으리라 믿는다.

내 눈에 비친 한국 역사에는 무언가 다른 점이 있다. 역사가로서는 약간 색다른 나의 행로 덕분이다. 나는 15년간 유럽에서 소요逍遙했다. 독일의 튀빙겐 대학교와 막스플랑크 역사연구소에서 제법 긴 세월을 보냈다. 베를린 자유대학교와 보훔 대학교 및 프랑스 파리의 고등사회과학원에서도 해와 달을 머물렀다. 오스트리아, 스위스, 네덜란드, 스웨덴, 체코 및 오스트레일리아 등지에서도 문식聞識을 더했다. 다시 말해 나라 바깥에서 한국 역사를 곰곰이 생각할 기회가 많았다. 어쩌면 지구 바깥에서 지구라는 파란별을 관찰한 우주인의 경험과도 같은 것이었다고나 할까.

지난 1990년대 후반부터 나는 미시사 운동에 뛰어 들었다. 사람들은 현미경을 들이대고 역사를 들여다보는 작업에 익숙한 나의 역사관에 대해 새로움과 동시에 이질감이 존재한다고 말한다.

나는 미시적 관점을 선호한다. 거기에 섬세한 통찰의 가능성이 있다고 믿어서다. 이 책은 전체 구성으로는 거시사적 관점을 취하고 미시사가의 붓으로 써 내려가면서 세심하게 역사적 사건과 인물들을 들여다보고 통찰의 즐거움을 더할 것이다. 여기에 어떤 소득이 있기를 기대하자.

이 책에 등장하는 열다섯 명의 주인공들은 어떤 면에서 영웅이다. 하지만 나는 그들을 영웅이나 위인이라고 강조하지는 않겠다. 역사적으로 의미 있는 행위를 실천에 옮겼다는 의미에서 '역사적 인물'이라고 부르도록 하겠다. 인물을 다룸에 있어서 당연히 결함도 언급하겠지만 그들의 장점에 더욱 비중을 두고자 한다. 이는 그들의 삶을 미화하려는 것이 아님을 미리 일러둔다.

우리는 이 책에서 한국사의 대세를 결정지은 '역사 공동체'의 일반 의지를 확인하고, 그 선두에서 역사의 수레바퀴를 이끈 '역사적 인물'들의 특별한 개성을 만나게 될 것이다. 그들은 때로 한국 역사를 빛냈고, 이 세상을 더욱 치열한 삶의 현장으로 만들어 놓기도 했다. 또한 역사에 비애와 고뇌의 깊이를 보태기도 했다. 주인공들의 그런 의지와 숨결을 되도록 섬세한 눈길로 살피고자 한다. 책을 읽는 동안 더러는 마음이 따뜻해지기도 할 것이다. 어느 때는 한숨이 터져 나오고, 맥박이 요동칠지도 모른다. 역사란 결코 냉정하기만 한 것이 아니다. 교훈을 주기 위해서 존재하는 것도 아니다. 하지만 역사를 읽고 쓰는 즐거움은 그것이 총체적 의미에서 우리의 내적 경험을 풍부하게 만드는 것이리라 믿는다.

장기 불황의 늪이 밀물처럼 밀려오고 있다. 희망의 등불이 어슴푸레해지는 갑갑한 계절이다. 역사를 알아야 할 시간이다. 지금이 역사가 힘이 되는 바로 그때다.

백승종

차례

프롤로그
역사에서 무엇을 얻으려는가

이 책에서 만나게 될 열다섯 명의 '역사적 인물'은 특별한 캐릭터의 소유자들이다. 그들 대부분은 '역사 공동체'의 구성원들이 저절로 움직이도록 설득하는 데 뛰어난 재능을 가졌다. 그들은 소통과 융화의 능력이 남달랐다. 그 힘이 과연 어디에서 왔는지를 탐구하고 이를 통해 인생을 성찰하는 것이 이 책의 목적이다.

인간의 역사에는 위대한 인물들이 적지 않다. 가령 현대 인도의 지도자 마하트마 간디(1869~1948)나 미국의 에이브러햄 링컨(1809~1864)이 그 예다. 그들에게는 시공을 초월해 우리를 감동시키고 설득하는 힘이 있다. 그들은 언제라도 기꺼이 함께하고 싶은 마음이 들게 하는 매력의 소유자들이다.

우리 한국사에도 많은 사람의 마음을 사로잡은 역사적 인물들이 적지 않다. 세종은 백성과의 소통을 위해 주민 투표를 실시했고, 한글을 창제했다. 백의종군白衣從軍한 이순신은 빈손으로 다시 시작했지만 대승을 거두었다. 그가 불과 열두어 척의 배를 이끌고 열 배나 우세한 왜군을 완파한 사실은 잘 알려져 있다. 그러나 그런 결과를 신출귀몰한 이순신의 작전과 전술만으로 설명하는 것은 옳지 않다. 지혜와 용기도 그렇지만 그보다 더 중요한 것이 있다. 전세를 뒤바꿔 놓은 결정적인 요인은 이순신이라고 하는 역사적 인물의 캐릭터다. 그로 인해 부하들이 죽음을 무릅쓰고 싸울 각오를 할 수 있었던 것이다.

다른 사람의 마음을 움직이는 일은 일종의 기적이다. 그런 기적이 일어나지 않으면 세상은 좋아지지 않는다. 역사는 성큼 앞으로 나아가지 못한다. 현재 우리가 매사에 시들해하고 살맛을 잃어버리는 이유도 어쩌면 그 때문인지 모른다. 내가 이 책을 꼭 써야겠다고 마음 먹은 이유는 역사 속 위대한 인물을 통해 공감을 얻고 깨달음을 얻어 삶을 좋은 방향으로 내딛을 힘을 주고자 함이다.

물론 다른 사람을 자발적으로 움직이게 하는 힘이 '위인'들에게서 만 나오는 것은 아니다. 방방곡곡 어디를 가든 신분과 성별을 초월해 훌륭한 인물들은 존재한다. 크든 작든 자신이 속한 공동체 구성원들에게서 헌신과 협력을 이끌어 내는 사람은 어디에나 있다. 인간의 역사를 개척하는 힘이 그들에게서 나오는 것은 틀림없는 사실이다. 그런 영웅들, 작아 보이지만 위대한 힘을 가진 역사적 인물들에 관한 이야기는 나중에 따로 하겠다.

이 책에서는 그보다 거시적인 차원에서 한눈에 발견되는 '역사적 인물'들에 관한 이야기를 해볼까 한다. 이는 낡은 영웅사관을 되풀이 하려는 의도가 결코 아니다. 단지 누구나 잘 알고 있는 유명한 인간들의 지혜와 결단을 재검토함으로써, 새로운 지식과 감동을 얻고자 함이다. 열다섯 명의 '역사적 인물'을 통해 우리 역사 공동체가 헤쳐 온 고난과 영광, 감동과 아쉬움을 되살리려는 것이다.

내가 주목하는 인물들에게는 대체로 특별한 매력이 있다. 그들 가운데서도 성공한 경우는 유독 공평하고 성실한 사람들이었다. 실패한 역사적 인물들은 크게 보았을 때 일관성이 부족하고 편파적인 성향이 강하다. 물론 그들의 매력이 이처럼 단순하게 일반화될 수는 없다. 시대와 상황에 따라 저마다 독특한 개성을 가졌음은 두말할 나위가 없다.

한마디로 이 책에서 우리는 세 가지 유형의 '역사적 인물'들을 만나게 될 것이다. 첫째, 역사의 거칠고 험한 파도에 굴하지 않은 용기와 신념의 인간들이다. 성패와 무관하게 그들의 태도와 인격에 우리는 감화될 것이다. 둘째, 출발 당시의 조건은 매우 열악했으나 마침내 누구도 기대하기 어려운 귀한 성과를 얻은 인간들이다. 지혜롭고 현명한 이 '역사적 인물'들과의 만남은 우리를 설레게 할 것이다. 셋째, 될 성부른 떡잎이었지만 결국 사소한 실수와 불성실 등으로 대사를 그르치고 만 경우다. 이 안타까운 역사적 인물들은 우리에게 반면교사가 될 것이다.

여러모로 미래에 대한 전망이 불투명한 시절이다. 이 책에서 만나게 될 열다섯 명의 인물들이 우리 가슴에 불을 지필 수 있다면 좋겠다. 그게 아니어도 좋다. 냉랭해진 우리 마음에 한 줌의 희망 또는 온기를 선사할 수 있기를 바란다.

1장

삼국통일에 숨은 인내의 시간

광개토대왕 – 때로는 단호하게, 때로는 너그럽게

연개소문 – 크게 보는 안목을 길러라

김춘추 – 조용히 숨을 고르는 시간도 필요하다

삼국통일에 이르는 길은 아직 멀기만 했다. 처음에는 통일을 이룰 가능성이 고구려에게 있는 것처럼 보였다. 광개토대왕을 비롯해 많은 인물을 배출했으니 그럴 법도 했다. 그러나 역사는 삼국 가운데 가장 발전이 늦은 신라의 손을 들어 주었다. 합리적이고 유연한 김춘추가 강경일변도의 연개소문을 이긴 것이다.

광개토대왕
때로는 단호하게, 때로는 너그럽게

한국 역사상 '왕중왕'으로 손꼽히는 광개토대왕. 그는 고구려가 나아갈 길을 한반도 진출에서 찾았다. 역사의식을 강화했고, 외교 면에서도 상당한 역량을 발휘했다. 요컨대 대왕의 역할은 정복 군주에 국한되지 않는다. 우리가 잘 몰랐던 대왕의 진면모를 더듬어 보자.

'왕중왕' 광개토대왕

광개토대왕廣開土大王(374~412, 재위 391~412)을 좋아하는 사람들은 많다. 그에 반해 관련 사료는 아쉽게도 적다. 일제가 역사 기록을 없애버렸기 때문이 아닌지 의심하는 사람들도 있다. 일찍이 단재 신채호(1880~1936) 선생은 일제가 광개토대왕 비문 일부를 조작했을 것이라고 추측했다. 그는 과거 여진족도 비문의 일부를 파괴했다는 풍문이 있다고 했다. 작고한 재일 역사가 이진희 선생도 일제에 의한 비문 조작 가능성을 끈질기게 주장했다. 이 문제는 앞으로 과학기술을 통해 철저히 밝혀내야 할 것이다.

반드시 그런 문제가 아니더라도 삼국통일의 주역은 신라였기 때문에, 『삼국사기』와 『삼국유사』 등 고대의 역사 서술에서 고구려와 백제는 홀대를 받았다. 자연히 광개토대왕에 관한 기록도 상세히 서술되지 못했다.

광개토대왕은 정복 군주로 알려져 있다. 그 점이 후세에 주목을 받는 이유라 해도 과언이 아니다. 당시 고구려는 동아시아의 강국이었다. 중국조차 벌벌 떨었다고 믿는 사람들도 적지 않은데, 이에 대해서는 냉정하게 재검토할 필요가 있다.

광개토대왕의 이름은 담덕談德이며 고국양왕(재위 384~391)의 아들이다. 그를 광개토대왕이라 부르는 이유는 묘호 가운데 '광개토'라는 표현이 들어 있어서다. 묘호란 왕이 죽은 다음 그 공덕을 칭송해 붙이는 호칭이다. 대왕의 묘호는 국강상광개토경평안호태왕國岡上廣開土境平安好太王이었다. 이를 줄여서 광개토대왕 또는 호태왕好太王이라고 한다. 광개토廣開土는 영토를 많이 개척한 공적을 높이 평가해서 바친 이름이다. 살아생전에는 영락대왕永樂大王이라고 불렸다. 재위 기간 중 '영락'이라는 고구려의 독자적 연호를 사용했기 때문이다.

고구려뿐만 아니라 신라도 그 나름의 독자적인 연호를 사용한 적이 있다. 이런 사실은 그들이 독자적인 천하관天下觀을 가졌다는 뜻으로 풀이된다. 때로 중국에 조공을 바치고 그 문물을 적극 수용했다 하더라도, 고구려와 신라는 각기 중국과 구별되는 별도의 세계라는 자의식을 가졌던 것이다. 특히 고구려의 자존감은 신라와는 비교할 수 없이 컸다.

광개토대왕 비문에 따르면 광개토대왕은 재위 기간 중 64개의 성과 1400개의 마을을 새 영토로 확보했다. 『삼국사기』에는 200여 성이라고만 쓰여 있다. 이렇게 많은 영토를 개척한 왕은 한국 역사상 전무후무하다. 그런데 여기서 우리가 놓치기 쉬운 한 가지 중요한 점이 있다. 왕이 정복한 대부분이 백제의 영토였다는 사실이다. 요동의 성은 겨우 몇 개뿐이었다. 나는 강의를 통해 그런 주장을 이미 밝힌 바 있는데, 최근 학계에서도 비슷한 견해가 나오고 있다.

우리는 광개토대왕이 이끄는 고구려 병사들이 요동 벌판과 북중국 일대를 호령하고 다녔을 것으로 짐작한다. 실제로 왕은 요동성을 함락시킴으로써, 요하의 동쪽을 고구려 영토로 확정짓는 쾌거를 이루었다. 그렇더라도 사료를 자세히 검토해 보면, 광개토대왕이 애써 획득한 영토와 백성은 그 대부분이 백제와의 접경지에 집중해 있다는 사실을 알 수 있다.

대왕의 남진은 고구려 역사에 특별한 의미가 있었다. 혹자는 대왕을 동방의 알렉산더라고까지 일컫는다. 싸웠다 하면 모두 이기는 불패의 전쟁 영웅. 북쪽으로는 멀리 사람이 살 수 없는 시베리아까지 차지했고, 동쪽으로는 요하, 서쪽으로는 동해안까지 점령했다고 말한다. 그러나 그에게 더 귀중한 곳은 압록강 이북의 광활한 영토보다 한강 이북에 개척한 비교적 좁은 땅이었다. 북쪽에 비해 남쪽은 영토로서의 가치가 훨씬 높았다. 그 이유는 무엇이었을까?

광개토대왕 비문의 비밀

광개토대왕의 업적을 비교적 상세히 전하는 기록은 비문이다. 누구나 한 번쯤 사진으로 봤을 법한 그 비석은 만주 벌판에 우뚝 서 있다. 1775자의 한문이 새겨진 비석은 보통 사람의 키보다 서너 배쯤 큰 6.39m다. 대단한 업적을 이루었으니 비석 또한 그렇게 거창하게 세웠으리라. 만일 이 비석이 아니었더라면 우리는 광개토대왕의 업적을 지금처럼 자세히 알기 어려웠을 것이다.

『삼국사기』와 중국의 역사서에도 광개토대왕 때의 사적이 일부 기록되어 있기는 하나, 『삼국유사』에는 별다른 서술이 없다. 가장 상세한 정보는 역시 비문에 쓰여 있는 내용이다. 일부는 마멸되어 제대로 파악할 수 없지만 대부분은 지금도 생생하게 남아 있어서, 그렇게라도 우리는 광개토대왕의 역사적 실체에 가까이 다가설 수 있다.

비문 가운데는 논란이 된 대목도 있다. 이른바 '신묘년'(391년) 기록이 그 대표적인 예다. 광개토대왕이 즉위한 그해의 기록에, 고대 한일 관계를 말해주는 결정적인 대목이 포함되어 있다. 공교롭게도 그 가운데 세 글자가 망가져 있어서 한일 양국 학자들 간에 뜨거운 논란이 일었다. 문제의 비문은 대략 다음과 같다. 먼저 위당 정인보의 해석을 소개한다.

> "백제와 신라는 옛 속민이라 조공을 바쳐 왔다. 신묘년에 왜가 바다를 건너오자, 고구려는 바다를 건너가 왜를 쳐부쉈다. 그런데 백제가 왜와 연합해 신라로 쳐들어가 그들의 신민으로 삼았다
>
> 百殘新羅舊是屬民由來朝貢而倭以辛卯年來渡海破百殘△△△羅以爲臣民."

원문 가운데 망실된 글자가 있다 보니 해석에 있어서 의견이 분분했다. 정인보는 이 세 글자를 '연連' '침侵' '신新'으로 판단했다. '연합해

신라를 쳤다'는 뜻으로 본 것이다. 그러나 일제 어용 사학자들은 이를 전혀 다르게 해석했다. 그들은 "신묘년에 왜가 바다를 건너 백제와 신라를 치고 신민으로 삼았다"고 풀이했다. 일본이 김해 지역을 식민 통치했다는 이른바 '임나일본부설'을 입증하려는 조급함에서 비롯한 억지다. 일부에서는 19세기 말 광개토대왕비를 조사한 일본 참모부 장교 사카와가 문제의 글자를 일부러 뭉개버렸을 것으로 추측하기도 한다. 과연 사실인지는 확실하게 밝혀지지 않아 우리를 안타깝게 한다.

조승복은 정인보의 해석에서 한 걸음 더 나아갔다. 그의 해석은 다음과 같다. "(광개토왕이)바다(서해)를 건너 백제, 임나, 가라를 격파하고 신민으로 만들었다"는 것이다. 요컨대 광개토대왕이 서해안의 황해를 건너 한반도 남부 지역을 광범위하게 정벌했다는 해석이다.

정인보와 조승복의 해석을 민족주의적 경향으로만 치부할 일은 아니다. 광개토대왕 당시 일본은 아직 고대 국가의 초기 단계였다. 기원전에 이미 고대 국가가 형성된 한반도와 달리 일본의 고대 국가는 그 성립 시기부터가 늦다. 기원후 1, 2세기경에 이르러서야 비로소 '쿠니(くに, 国)' '무라(むら, 村)'와 같은 소규모 국가들이 등장했다. 광개토대왕이 즉위할 무렵 일본은 야마토 정권의 초기 단계였다. 체구가 눈에 띄게 작아서 '왜'라고 불린 일본인들이 야마토 정권을 탄생시킨 것은 3세기경이었다. 그러니 이미 4세기에 야마토가 한반도 남부를 강타할 정도로 성장했다는 것은 상상할 수도 없는 일이다.

'왜'는 선진 지역인 한반도로부터 중요 문물을 수용하기에 바빴다. 그들은 무기와 농기구를 만드는 데 필수인 철을 생산하고 가공하는 기술이 부족했다. 그런 그들에게 가야 지방에서 생산되는 철은 여간

매력적인 수입품이 아니었다. 가야는 사철沙鐵 생산지라 비교적 간단한 기술로도 다량의 철을 확보할 수 있었다. 철이란 본래 깊이 굴을 뚫어 원석을 캐내고 운반을 하는 등 힘들고 복잡한 작업 과정을 거쳐야 하지만, 가야는 달랐다. 낙동강변의 모래에는 다량의 철분이 함유되어 있었기 때문이다.

모래를 강물에 씻는 과정만으로도 쉽게 철을 찾아낼 수 있었던 가야는 그야말로 축복의 땅이었다. 고대 동아시아 여러 나라들 가운데 가야는 현대의 산유국에 해당될 만큼 중요한 위치를 점했다. 그러나 현대의 석유 국가들이 그렇듯이 가야 역시 귀중한 자원을 다량으로 생산하다 보니 도리어 주변 국가들의 간섭과 통제를 받게 되었다. 가야의 발전이 일정한 한계를 넘지 못한 이유가 거기 있다.

광개토대왕은 한반도 남부 지역에 관심이 컸다. 약세였던 신라의 편을 들며 남부 지방에서 고구려의 국가적 이익을 지키려 했다. 당시 동아시아의 외교, 군사관계는 두 개의 축이 서로 대립한 상태였다. 백제와 왜 및 한족 국가인 서진(西晉, 265~316)과 동진(東晉, 317~419) 등이 하나의 국제 연대를 도모했다. 이를 남쪽 연합이라고 한다면, 그 상대인 북쪽 연합에는 고구려를 비롯해 연나라, 위나라 및 신라가 포함된다. 이들 남북 연합이 동아시아에서 서로 대립했다. 광개토대왕 비문에는 그런 역사적 상황이 분명하게 기록되어 있는데, 이는 지금까지 광개토대왕에 관한 연구에서 비교적 소홀했던 부분이기도 하다.

광개토대왕은 사실상 요동을 포기했다

역사 상식과는 달리 광개토대왕은 국가의 장래가 요동 지방에 달려 있다고 믿지 않았다. 그는 국가의 장구한 미래를 한반도 내부에서 발견했다. 요동의 고구려에서 한반도의 고구려로 국가적 정체성을 변화시킨 이가 광개토대왕이다. 이 점은 매우 중요하다.

광개토대왕은 왜 좁은 한반도를 선택했을까. 이 부분에 대해 안타깝게 여기는 사람이 많을 것이다. 그러나 잘 생각해 보면, 왕의 선택은 당시로서는 합리적이었다. 요동 지방과 한반도는 생산성부터가 천양지차다. 북위 40도 이상인 만주 지방은 날씨가 추워 농사를 제대로 지을 수 없는 데다 백성들이 편히 살기 어려운 허허벌판이었다. 호쾌하게 말을 달리기에는 좋은 곳이었을지 몰라도 가난이 예정된 땅이었다.

요동 지방에서 쌀농사를 짓기 시작한 것은 19세기 말부터였다. 이 말의 의미는 광개토대왕과 그 선대왕들은 그곳에서 쌀 구경을 못했다는 뜻이다. 농업이 가장 중요한 산업이었던 시절에 요동은 결코 매력적인 땅이 아니었다. 그곳을 포함한 중국 북방 지역의 유목 민족들이 강성해지면 늘 남쪽으로 진출을 서두른 이유도 그 때문이다. 요(거란족), 금(여진족), 원(몽골족), 청(만주족)의 경우가 모두 그랬다.

그런 점에서 광개토대왕은 선견지명을 가지고 있었던 것 같다. 오늘날의 애국주의자들은 남하를 결정한 그의 선택을 섭섭해 할는지 모르지만, 당시의 대왕으로서는 당연한 선택이었다. 비문에 기록되어 있는 새로운 영토들, 즉 64성 1400촌이 한때 백제의 땅이었다는 사실은 그의 이 같은 선구자적 기질을 대변하는 분명한 예다.

또 광개토대왕이 활동하던 시기의 중국 북방에서는 여러 민족들이 대단히 강성했다는 점도 기억할 만한 일이다. 대왕의 업적을 이야기할 때 우리가 종종 잊거나 빠뜨리는 사실이다. 우리는 흔히 역사책에 서술된 광개토대왕이 중국을 무찔렀다는 식의 내용에 흥분하지만 엄밀한 의미에서 그것은 정확한 내용이 아니다. 광개토대왕이 무력으로 상대한 대표적인 나라는 위魏나라와 연燕나라다. 정확히 말해 북위, 전연, 남연, 후연의 북방 유목 민족인 선비족의 나라지 한족이 세운 나라들이 아니다.

광개토대왕과 힘을 겨룬 족속은 선비족, 갈족, 강족, 말갈족 등이다. 중국의 북방을 차지한 이른바 오랑캐 족속들이었다. 그들이 서로 힘을 겨루는 가운데 당시 북방에는 강성한 국가들이 다수 등장했다. 중국사에서 말하는 이른바 '5호 16국'의 시대가 열린 것이다. 한족이 세운 나라들은 남쪽으로 밀려 났고, 북부 지방은 그들이 장악했다. 이런 시대 상황으로 광개토대왕의 고구려는 중국으로 진출할 가능성이 현저하게 줄어들 수밖에 없었다.

대왕은 이런 정세를 정확하게 간파했다. '전례 없이 강성해진 북방 민족들의 격전지인 요동에서 굳이 애쓸 필요가 없다. 그 대신 농사 여건이 좋고 문화적으로도 동질감이 느껴지는 한반도 내륙으로 진출하겠다.' 이것이 광개토대왕의 속셈이었으리라. 여기서 내륙은 현재 평양에서 서울에 이르는 중부 지방을 가리킨다.

그곳은 본래 한민족이 살았지만 일찍부터 한족이 진출해 그들의 영토가 되다시피 한 적도 있었다. 낙랑의 존재가 바로 그것이고, 그 중심이 평양이었다. 4세기가 되자 사정은 일변했다. 고구려와 백제가 성장하자 한족의 낙랑은 세력을 잃었다. 313년 고구려의 미천왕(재위 300~331)은 마침내 낙랑을 물리치고 그 지역을 영구히 차지하는 듯했다. 그러나 고구려의 남하는 그리 간단하지 않았다. 강성해진 백제가 고구려의 진로를 봉쇄했다.

4세기에 백제는 강성했다. 백제는 농업 생산성이 가장 탁월한 지역인 오늘날의 경기, 충청 및 전라도 일대를 차지했다. 그 영토는 지세가 비교적 평탄하고 한강, 금강, 섬진강을 끼고 있어 농토도 비옥했다. 중국과의 교통도 편리해 문화적으로도 유리했다. 광개토대왕 당시 한반도 인구가 얼마였는지는 자세히 알 수 없으나, 드넓은 요동 지역까지 차지한 고구려에 비해 백제 인구가 결코 적지는 않았을 것이다. 백제의 군사력 또한 약했을 리 없다. 광개토대왕의 조부인 고국원왕(재위 331~371)이 백제의 침략으로 목숨을 잃었다는 사실만으로도 충분히 짐작할 수 있다.

요컨대 고구려는 백제의 공격이 거세지자 미천왕이 애써 차지한 평양마저도 지켜 내기가 쉽지 않았고 광개토대왕은 딜레마에 빠졌다. 고구려의 요람인 요동은 농사에 불리하고, 그 서쪽은 이미 강성한 선비족들이 차지하고 있어 국운을 개척하기가 곤란했다. 그런데다 남쪽의 백제까지 세력이 강성해지자 발 뻗을 곳이 여의치 않았다. 대왕 즉위 무렵 고구려는 강적들로 사방이 포위된 상태였다.

그럼에도 굴하지 않고 광개토대왕은 국가의 미래를 개척했다. 강성한 백제의 영토를 빼앗고, 백제 아신왕(재위 392~405)의 동생과 대신들을 붙잡아 인질로 삼았다. 조부의 원수를 갚은 것이다. 그리고는 평양에 대한 지배권을 강화하기 위해 절까지 지었다. 사찰은 당시로서는 최고의 문화 시설이었다. 평양에 사찰을 지음으로써 대왕은 장차 아들인 장수왕이 평양으로 천도할 수 있는 기반을 닦은 셈이다.

또한 평양의 안전을 보장하기 위해 남쪽의 예성강 지역, 오늘날 개성이 속한 곳까지도 고구려의 세력권에 포함시켰다. 여세를 몰아 대왕은 한강 유역까지 진출했다. 이로써 백제는 강성하던 기세가 꺾여 고구려의 공세를 감당하지 못하고 수세에 몰리고 말았다. 고구려의 장래를 염두에 둘 때 광개토대왕의 남방 개척은 탁월한 업적이 아닐 수 없다.

뚜렷한 역사의식으로 사람의 마음을 얻다

허나 대왕의 위업을 군사적인 측면에서만 설명하는 것은 옳지 않다. 그에 대해 언급할 때 반드시 짚어 두어야 할 부분이 바로 뚜렷한 역사의식이다. 그야말로 성공의 또 다른 견인차다.

고구려 왕조는 처음부터 계루부(고씨)가 왕통을 이은 단일 왕조가 아니었다. 신라도 그랬던 것처럼 고구려 역시 국초에 왕조의 변천을 겪었다. 게다가 광개토대왕의 고구려는 여러 민족이 뒤섞인 다종족 또는 다문화 국가였다. 그러므로 나라의 정체성을 확립하는 일이 쉽지 않았다. 대왕은 바로 이런 난제에 도전했다.

그는 고구려의 역사를 하나의 일관된 흐름으로 정리했다. 이는 광개토대왕 비문을 통해서도 잘 알 수 있다. "고구려의 역사는 주몽으로부터 시작했고, 고구려의 모든 지배자들은 그 계통에서 나왔다. 시조 주몽은 하늘의 아들이었다. 광개토대왕 역시 틀림없는 주몽의 자손이다." 간략한 서술이지만 여기에는 매우 깊은 뜻이 담겨 있다. 고구려는 천신의 자손 주몽이 세운 나라로서 그 신성한 혈통이 수백 년 간 대를 이어 지배해 온 특별한 나라라는 역사의식을 천명했다. 광개토대왕은 이런 역사의식을 통해 고구려인의 자존감을 강화하고, 다문화 사회에 국가적 일체감을 부여했다.

광개토왕이 선대왕들의 능묘를 철저히 관리한 것도 그 이유에서다. 그 이전에는 왕들의 무덤 관리가 제대로 이루어지지 않았다. 몇 차례 수도를 옮기는 등 순조롭지 않은 국운 때문이기도 했다. 그러나 아무리 그렇더라도 능묘 관리의 허술함은 왕실의 역사의식이 거의 바닥이었다는 사실을 반영한다. 이는 왕실의 존엄을 해치는 요인이고, 국가의 정체성을 무너뜨리는 일이다. 광개토대왕은 그런 문제점을 깊이 통찰해, 역대 왕릉을 모두 개수했고 능묘마다 비석을 다시 세웠다. 엄청난 국가 사업이었다. 예나 지금이나 묘를 살피는 일은 가문의 면모를 일신해 권위를 높이려는 마음에서 비롯되는 모양이다. 광개토왕은 왕실의 권위를 높임으로써 국운을 열고자 했다.

그는 선왕의 능묘마다 새로이 왕릉을 지키는 수묘인守墓人을 배정했는데, 대부분이 자신이 정벌한 여러 지역에서 데려온 사람들이었다. 국가의 인적 자원을 고루 분배한 셈이다. 이런 조치는 국가의 상징적 자원을 분배했다는 점에서도 주목할 만하다. 동서남북의 여러 지역을 정복해 얻은 다양한 부류의 인력을 고구려 왕릉의 수묘인으로 지정함으로써, 고구려의 왕이 천하의 주인임을 모두에게 알린 것이다. 백제인, 말갈인, 숙신인, 동부여인 모두 고구려의 왕릉을 지켜야 한다는 사실을 분명히 해두는 것으로 고구려가 천하 만민을 다스리는 대제국임을 알리고자 했다.

다민족 국가의 왕으로서 그는 언제나 혈연관계가 복잡한 고구려 백성들을 어떻게 통합하고, 어떻게 하면 그들의 충성심을 극대화할 수 있을지 고뇌했을 것이다. 고구려 왕실의 신성계보를 강조하고 능비를 수축한 데다 수묘인까지 정한 것도 그런 고민에서 비롯되었으리라 짐작한다.

포용과 융화로 다민족 국가의 운명을 개척하다

막강한 군사력은 광개토대왕의 두드러진 강점이다. 대왕이 직접 이끌고 전쟁에 돌입할 수 있는 병력은 대략 4, 5만 명을 헤아렸다. 오늘날에야 그리 대단한 규모라고 할 수 없지만 당시의 국세를 감안하면 결코 적은 수가 아니다. 오늘날 우리나라의 인구가 약 5000만 명이라고 했을 때 병력 규모는 60~70만 명 정도다. 국제적으로도 전체 인구 대비 병력 비율이 매우 높은 편이다. 광개토대왕 때 고구려의 인구는 기껏해야 200~300만 명 수준이었을 것이다. 그런데도 왕이 4, 5만 명의 정병을 이끌고 백제와 신라까지 출정했다는 사실은 엄청난 군사 비율을 의미한다. 거기다 만일의 사태에 대비해 후방에 수만 명의 군사들이 남아 있었을 테니 그 수까지 합한다면 고구려의 군사 비율은 오늘날 우리나라의 병력보다 훨씬 높았다고 할 수 있다.

하지만 강한 군사력을 미루어 광개토대왕이 전쟁만 일삼았을 것이라는 판단은 섣부르다. 그는 강경책과 유화책을 유연하게 구사한 전술가이기도 했다. 고구려가 후연과 갈등에 빠지자 후연의 적대 세력인 남연에 천리마를 선물했고, 후연이 강성해지자 사신을 보내 조공을 바치기도 했다. 그러다가도 후연의 약점이 노출되면 곧바로 쳐들어가기를 서슴지 않았다. 풍부하고도 유연한 전략 전술이 아닐 수 없다.

광개토대왕은 즉위 후 6~7년 동안은 백제와 싸워 한강 이북을 확보하는 데 힘을 쏟은 것으로 보인다. 그러나 선비족이 북쪽 영토를 침략해 오자 남방 개척에 어려움이 따랐다. 재위 9년 무렵에는 연나라가 침략해 왔다. 연나라는 북중국의 최강자였다. 처음 3년 동안은 그들에게 밀리는 듯하다가 4년째부터서야 상황을 반전시켰다. 연나라도 더 이상 고구려를 호락호락 넘볼 수 없게 만든 것이다. 광개토대왕은 강경과 온건의 전략을 적절히 배합해 나라의 위세를 키웠다.

『삼국사기』에 따르면, 광개토대왕은 용모가 수려하고 성격이 활달했다고 한다. 거기에 나의 해석을 덧붙이자면, 그는 용맹하지만 섬세했고, 과감하면서도 치밀했다. 그럼으로써 여러 종족을 포용하는 너그러움과 누구든 쉽게 친해질 수 있는 친화력을 지닌 동시에 위엄을 잃지 않는 면모를 갖출 수 있었으리라. 당시의 시대 상황을 고려할 때 그는 다양한 언어를 구사했으리라는 짐작도 가능하다. 다종족 국가의 왕으로서 여러 부족을 품어 다스리려면 언어와 관습에도 관심을 가져야 했을 테니 말이다. 그렇게 본다면 대왕의 조정에는 선비와 숙신 또는 말갈족도 적잖이 포함되어 있었을 것이다.

그 무렵 고구려의 상류층은 다문화 사회에 능동적으로 대응했다. 후연의 제4대 왕이 살해되었을 때 고구려 출신 귀족이 왕위에 올랐다는 기록이 있다. 후연의 왕위를 차지한 고구려인은 당연히 선비족의 언어와 문화에 익숙했을 것이다. 훗날 요동 지역에서 일어난 요나라, 금나라도 고구려와의 관계를 강조했다. 다민족 국가인 고구려가 종족 통합에 성공했음을 암시하는 예다.

유연한 사고와 섬세한 감각을 유지하라

광개토왕은 내정 개혁에도 부지런했다. 강성한 외적들을 상대로 싸우려면 집안 단속이 우선이었을 것이다. 왕은 효율적인 국가 경영을 위해 중앙 집권의 기능을 강화했다. 이는 그가 정복 군주로서 성공할 수 있었던 조건 중의 하나다.

광개토대왕이 유연한 사고와 섬세한 감각의 소유자라는 사실은 전투 상황에서도 그대로 드러난다. 그는 용맹한 고구려 군대를 이끌고 먼지바람을 일으키며 적진을 도륙하고 승리의 깃발을 꽂아 대는 무자비한 정복자가 아니다. 그에게는 자신이 처한 상황을 냉철하게 판단할 줄 아는 섬세함이 있었다. 그런 감각을 바탕으로 그는 연나라, 진나라, 고구려와 신라를 잇는 외교 및 군사 벨트를 형성하고 효과적으로 운영했다. 이미 언급했듯이 그의 군사 및 외교 전략에는 강경과 온건을 자유자재로 넘나드는 유연함이 담겨 있다.

광개토대왕의 이런 특징은 신라와 백제와의 관계에서도 잘 드러난다. 광개토대왕은 고구려의 군사력이 온전히 남하하지 못한 상황을 고려해 신라와의 연합을 결행했다. 백제가 신라를 가만둘 리 없었다. 광개토대왕은 이를 기다리기라도 했다는 듯이 정병을 이끌고 남하해 위기에 처한 신라를 구출했다. 신라는 한동안 고구려의 조력자로 남았다. 광개토대왕의 아들 장수왕이 무난히 평양으로 천도할 수 있었던 것도 그 덕분이었다. 백제가 신라와 연합할 가능성을 미리 제거해 놓음으로써 고구려는 무리 없이 자신들의 뜻대로 남하할 수 있었다. 광개토대왕의 유연하고 섬세한 감각이 고구려의 미래를 구축함으로써 장수왕은 안정 속에 발전을 이룩할 수 있었다.

열여덟의 나이에 즉위한 광개토대왕은 서른아홉 살의 나이에 생을 마감했다. 재위 기간이 20년이 넘었으니 짧은 세월은 아니지만, 오늘날에 비추어 보면 짧은 생을 살다 간 셈이다. 그러나 당시 평균 수명을 고려하면 요절天折로 취급될 정도는 아니다.

유연하고 균형 잡힌 지도력, 섬세하면서도 과감한 성격의 소유자였던 광개토대왕이 아니었다면 고구려의 발전은 불가능했을지도 모른다. 마흔이란 광개토대왕의 이런 지혜가 필요한 나이다. 여러 가지 문제가 복잡하게 얽혀 있어 뭔가를 새로이 시작하려 해도 결심을 행동으로 옮기기가 어렵고, 그렇다고 지금 있는 자리에 안주하고만 있을 수도 없다. 세심하게 주변을 관찰하여 적합한 방식으로 과감히 실행에 옮기는 능력이야 말로 현재 우리가 구해야 할 광개토대왕의 지혜인 것이다.

연개소문
크게 보는 안목을 길러라

고구려 역사의 최후를 장식한 영웅은 연개소문이다. 그의 영도 아래 고구려는 한반도의 안전판과 같은 역할을 했다고 볼 수 있다. 그러나 한편으로는 삼국통일의 기회를 놓친 채 망국의 길로 들어서는 안타까움을 범한 인물이기도 하다. 이 같은 단정이 무리일 수도 있다. 하지만 그의 역할이 그만큼 역사적으로 중요했기 때문에 드는 생각이다.

연개소문, 패륜아인가 혁명아인가

7세기 동아시아는 풍운의 시대였다. 이때부터 한반도의 역사는 본격적으로 동아시아라는 거대한 톱니바퀴와 맞물려 돌아가기 시작했다. 동아시아 각국은 이미 다방면에 걸친 상호 교류를 통해 서로 불가분의 관계가 되었고, 그에 따라 한반도의 지도자들 역시 자국의 운명을 내부 사정만으로 결정지을 수는 없었다.

특히 중국 대륙의 사정이 급속도로 일변했다. 오랫동안의 정치적 분열이 막을 내리고 중원에는 다시 통일 왕조가 들어섰다. 수나라와 당나라가 바로 그것이었다. 중국 천하를 통일한 이들 한족은 연달아 고구려를 침공했다. 전통적으로 고구려는 만주를 비롯해 북중국 일대를 호령한 여러 북방 민족의 중심 세력이었기 때문이다. 통일 왕조로서는 고구려와의 일전이 불가피했다.

한반도 내부의 사정도 복잡하기는 매한가지였다. 동남쪽에 치우쳐 발달이 늦었던 신라가 서서히 성장세를 보였다. 6세기 후반 신라의 진흥왕(재위 540~576)은 철鐵의 주산지 가야를 손에 넣어 국고를 채웠다. 자신감을 얻은 신라는 내친김에 고구려와 백제의 영토를 침범해 한강 유역까지 진출했다. 급기야 신라는 중국으로 통하는 교두보를 확보했다.

일본도 7세기 후반이 되자 서서히 기지개를 켰다. 덴무천황天武天皇(재위 673~686)이 즉위하자 중앙 집권적 국가 체제가 정비되었다. 그는 역사상 처음으로 '천황'이라는 칭호를 사용했으며, '일본'이라는 국호 또한 그때 생겼다.

동아시아 각국은 저마다 분주하게 움직이는 가운데 틈틈이 국외로 팽창할 기회를 노렸다. 당시 각국의 지도자들은 위기와 기회라는 양날의 칼자루를 서로 먼저 움켜쥐고자 경쟁했다. 그러나 수나라나 당나라의 황제들, 그리고 일본의 덴무천황은 진정한 의미에서 역사의 승자로 등극하지 못했다. 고구려의 전설적 영웅 연개소문淵蓋蘇文(?~665) 또한 승리의 여신을 자기편으로 끌어들이는 데는 실패했다.

삼국의 지도자들에 관한 역사가들의 평가는 시대에 따라 엇갈린다. 조선 왕조 때까지도 연개소문에 대한 평가는 늘 부정적이었다. 쿠데타를 일으켜 집권에 걸림돌이 되는 귀족들을 무참히 살해한 것은 물론 영류왕(재위 618~642)을 시해했다는 이유가 컸다. 패륜아요, 흉포한 권신이라는 악평은 어떤 면에서는 당연한 결과였다.

유학자들이 보기에는 연개소문의 외교 노선에도 문제가 많았다. 유학자는 중국에 대한 사대 외교를 당연시했다. 중국과 마찰을 일으키지 않고 평화롭게 지내는 것이 자국의 이익이라고 확신했다. 그러나 연개소문의 외교 노선은 그와 정반대였다. 그는 노골적으로 당나라와 대립했고, 독립을 위해서라면 전쟁도 불사했다. 소국의 대신이었음에도 대국을 거슬러 물의를 일으킨 것이다. 그래서인지 『삼국사기』부터 조선 왕조까지 연개소문에 관한 유가儒家의 혹평은 한결같다.

19세기 말이 되자 연개소문에 대한 평가가 바뀌기 시작했다. 일제를 비롯한 서구 열강이 한국의 생존권을 위협해 나라가 존망의 위기에 빠지자 역사적 인물을 평가하는 기준에도 변화가 일어난 것이다. 연개소문처럼 상무적인 지도자들이 인기를 끌었다. 단재 신채호와 백암 박은식이 변화를 주도했다. 특히 신채호는 연개소문을 가리켜 "우리 역사상 최고의 혁명아"라며 극찬했다. 연개소문의 쿠데타를 염두에 두어 혁명이란 용어를 서슴지 않고 사용했다. 박은식 역시 "연개소문이야말로 동아시아 역사를 통틀어서 가장 담력이 센 위인이었다"고 기렸다. 두 역사가는 근대 한국이 처한 위기에서 벗어나기 위해서는 연개소문처럼 강력한 지도자가 필요함을 주장했다.

그렇다면 오늘날 연개소문에 관한 인식은 어떤가. 긍정적 평가가 주를 이룬다. 국토가 분단되어 있고, 남북 모두 어떤 면에서는 주권의 제약을 받아서인지도 모른다. 이 문제는 글의 말미에서 다시 언급하도록 하겠다.

연개소문의 집권

연개소문의 이름은 개금(蓋金 또는 盖金)이었다. 『일본서기』에는 '이리가수미伊梨柯須彌'라고 기록되어 있다. 연개소문을 일본식으로 읽은 것이다. 그의 풍모는 꽤나 영웅적이었는데, 호걸다운 모습에 특히 수염이 아름다웠으며, 뜻도 커서 자질구레한 일에 얽매인 적이 없었다고 한다.

그의 가문에 대해서는 여러 주장이 엇갈린다. 아버지와 할아버지가 모두 고구려의 재상인 막리지莫離支를 지냈다는 기록이 있으므로 두말할 나위도 없이 최고의 명문 귀족이었다는 견해가 있는가 하면, 이와 달리 신흥 귀족 가문 출신이라는 견해도 있다. 가문의 내력을 설명한 글 가운데는 연淵씨의 조상을 수신水神이라고 전하는 경우도 있다. 이 같은 색다른 설화는 그가 신흥 귀족일 거라는 추측에서 비롯한다. 그러나 연개소문은 영락없는 전통 귀족 출신이라는 것이 나의 판단이다. 가족의 '묘지명' 가운데는 조상이 주몽이라고 기록된 부분이 있다. 그 말대로라면 고구려 정통 왕가의 후손일 것이라는 추측도 가능하다.

청년 연개소문은 관습에 따라 아버지 태조太祚의 자리를 물려받으려 했으나 그 호전적 성향 탓에 대다수 귀족들의 반대에 부딪혔다. 영류왕까지도 세습을 반대했다. 그는 곧 천리장성을 쌓는 공사장의 감독으로 쫓겨나기에 이른다. 부여성에서 발해만 입구까지 1000리에 뻗친 이 장성은 외적의 침략을 방어하기 위한 대규모 시설물이었다. 조정에서는 연개소문을 일단 지방으로 보낸 뒤 곧이어 완전히 제거할 계획이었다. 그러나 앉은 채로 죽을 연개소문이 아니었다.

642년 가을, 군사를 거느린 연개소문이 수도 평양으로 들이닥쳤다. 단숨에 영류왕을 살해하고, 고위관직을 지닌 귀족 100여 명을 몰살했다. 영류왕의 조정을 통째로 날린 것이다. 중앙 귀족 가운데 그를 반대하던 세력들이 모조리 제거되었다.

어떤 경우에도 쿠데타를 미화할 수는 없다. 그러나 도덕적 잣대는 잠시 내려놓고 두 가지 사실에 초점을 맞추어 보자. 첫째, 연개소문의 과감성이다. 박은식이 말했듯이 그의 담력은 상상 이상이어서 도무지 겁내는 일이 없었다. 둘째, 연개소문에게는 살육을 합리화할 만한 분명한 이유가 있었다. 당나라의 위협에 강경히 맞설 것을 주장한 자신의 의견과 달리 반대 세력들은 당나라와의 화해를 도모했던 것이다.

연개소문, 전제 권력을 꿈꾸다

고구려의 전성기는 단연 광개토대왕과 장수왕이 다스리던 5~6세기다. 그때는 왕이 국가의 진로를 결정했다. 그러나 6세기를 지나면서 고구려는 다시 귀족 연합 체제로 돌아갔다. 어떤 의미에서는 퇴보를 의미한다.

다민족 국가인 고구려에는 강력한 통치력이 필요했다. 복잡한 이해관계를 균형 있게 조정하려면 더더욱 그럴 수밖에 없었다. 그런 만큼 지도력에 균열이 생기면 고구려는 금세 위기에 빠질 터였다. 연개소문은 귀족 연합 체제를 유지하면서도 자신의 권력을 강화해야 하는 이중의 난제에 봉착했다. 만약 그가 고구려의 왕이었다면 조금은 수월했겠지만, 재상인 그로서는 더욱 어려운 일이었다. 왕실의 권위를 정면으로 부정하기 어려웠던 그는, 자신이 추대한 보장왕을 허수아비로 만들어 마치 자신이 전제군주라도 되는 양 행동했다.

훗날 동아시아의 역사에서도 이와 유사한 예들이 발견된다. 고려 후기 무신 최충헌과 그 아들, 손자, 증손자는 대대로 정권을 농단했다. 일본의 도쿠가와 이에야스 가문도 '쇼군'으로서 정권을 유지했다.

연개소문은 자신의 전제 권력을 합리화하기 위해 도교를 이용했다. 도교가 어떻게 절대 권력을 뒷받침하는 이데올로기가 될 수 있었는지 의아해하는 사람들도 있다. 두 가지 설명이 가능하다.

첫째, 연개소문은 새 종교인 도교를 받아들임으로써, 이미 귀족의 종교로 자리 잡은 불교를 억누르기가 용이하였다. 둘째, 연개소문은 도교의 교리를 이용해 자신의 권위를 강화할 수도 있었다. 중국 당나라 때 국교로 자리매김 된 도교에는 여러 가지 교파가 존재했다. 그 가운데는 지도자를 절대화하는 종파도 있었으며, 교리를 이용해 이상 국가를 건설하려는 이들도 없지 않았다. 위, 촉, 오 세 나라가 각축하던 중국의 삼국시대에도 도교를 이용해 절대 권력을 움켜쥔 인물들이 난을 일으킨 경우는 많으며, 황건적 장각이 바로 그 대표적 인물이다.

도가道家는 『장자』라든지 『도덕경』의 이치를 탐구하며 무위자연의 청정 세계를 꿈꾸었고 독특한 철학적 유파를 형성했다. 하지만 그와 동시에 도교는 중국의 가장 보편적인 민간 신앙으로서 교단 조직을 가지고 있었으며, 이는 당나라 때 국교로 자리매김했다. 황건적 장각과 마찬가지로 연개소문 역시 당나라의 도교 사제들을 불러들여 자신의 전제 권력을 행사하려 한 것으로 짐작된다.

당나라와 신라를 어떻게 처치할까

고구려를 가장 괴롭힌 문제는 대외관계였다. 특히 대당관계가 그 핵심이었다. 당나라와의 대립은 연개소문에게 집권 명분을 제공했지만, 반면 끝까지 그를 불안하게 만든 요소이기도 했다. 여차하면 고구려 전체를 위기에 몰아넣을 수도 있었기 때문이다.

당나라가 중원을 차지하기 전에는 대중국 외교가 그렇게까지 난제는 아니었다. 통일 왕조 수나라는 당나라만큼 위협적이지 않았다. 나라 자체가 단명했기 때문인데, 거기에는 두 가지 이유가 있다. 첫째, 그들은 지나치게 토목 사업에 매달렸다. 수나라 양제(재위 569~618)는 대운하를 완성하고 만리장성을 개수하는 데 국력을 낭비했다. 둘째, 양제는 무려 세 번씩이나 고구려 원정에 나섰으나 번번이 실패했다. 백만 대군을 이끌고 고구려를 침략했지만 명장 을지문덕에게 대패한 일화는 너무나도 유명하다. 내외적으로 실패가 반복되자 수나라는 그만 멸망하고 말았다.

그 뒤를 이은 것이 당나라다. 그 출현은 동아시아 전반에 질적 변화를 초래했다. 4~5세기 무렵 중국 북방에는 여러 유목 민족들이 떨쳐 일어났다. 그들은 북쪽을 차지하고 한족이 세운 왕조들을 남쪽으로 밀어붙였다. 그렇다 보니 고구려마저도 요동 진출이 사실상 불가능했다. 그러던 차에 당나라가 들어서자 국면 전환이 일어났다. 그들은 오랫동안 한족을 괴롭히던 북방 민족들을 하나씩 격파해 나갔고, 마침내 고구려를 향해 창끝을 겨누었다.

고구려의 입장은 난처했다. 북방의 여러 민족이 강성하다면 그들과 연대해 당나라를 효과적으로 압박할 수 있었을 것이다. 하지만 고구려와 함께 당나라를 침략할 만한 세력이 사라지고 없었다. 그러자 고구려 조정의 중론은 당나라와의 타협 쪽으로 흘러갔다. 우선 그들의 요구에 따라 조공도 바치고, 왕자들도 당나라로 유학을 보내자는 것이었다. 비굴해 보이지만 그들과 친선을 도모할 수밖에 없다는 견해가 귀족 사회에 만연했다. 기득권을 유지하기 위해서는 현상 유지라도 하자는 심산이었다.

그러나 연개소문의 생각은 달랐다. "고구려는 천하의 중심이다. 당나라에 앞서 수나라도 결국 고구려를 치려다가 망했다. 당나라도 제멋대로 굴다가는 결국 스스로 망하게 될 것이다." 이것이 그의 신념이었다.

연개소문의 대당 정책에 관해서는 학자들 간에 의견이 분분하다. 연개소문이 시종일관 강경책을 폈다는 구체적인 증거가 있는지 의심하는 경우도 있다. 그들은 연개소문이 당나라에 부탁해 도사를 초빙하는가 하면 당나라에 미인과 금을 바친 사실들을 상기시킨다. 연개소문의 대당 정책이 강경책만은 아니었음을 주장하기 위해서다.

종합적으로 검토할 때 그런 식의 해석은 타당성이 적다. 연개소문이 당나라에 화해의 미소를 보낸 기간은 아주 잠시뿐이며, 그의 대당 노선의 골자는 강경책이 주를 이룬다.

눈에는 눈, 이에는 이

연개소문이 이끄는 고구려는 또 다른 복잡한 상황에 처했다. 한반도 남쪽 상황이 옛날 같지 않았다. 신라가 문제를 일으킨 것이다. 법흥왕(재위 514~540) 때부터 신라의 국운은 눈에 띄게 융성했다. 부의 원천인 철의 주산지로 명성을 날리던 가야가 신라에 합병되면서 신라의 국세가 강성해진 것은 당연했다. 진흥왕(재위 540~576)은 남쪽이 안정되자 거침없이 북쪽(함경도)을 향해 돌진했다. 동해안을 따라 치고 올라간 신라는 마운령, 황초령에 순수비를 세우는가 하면, 서해안으로도 진출해 한강을 따라 북상해 드디어 한강 유역을 차지했다. 드디어 신라는 중국이라는 거대한 세계 문명과 직접 교통할 수 있는 교두보를 확보했다. 약간의 부침이 없었던 것은 아니나 신라는 분명 융성하고 있었다. 연개소문의 걱정은 당연했다.

서북쪽에서 밀고 들어오는 당나라의 침략을 방어하는 것 못지않게 남쪽의 신라를 한시 바삐 제압하는 일, 그것이 고구려의 과제였다. 연개소문은 나라의 장래를 생각할 때마다 광개토대왕의 시대를 그리워하며 향수에 젖었으리라. 그 시절만 해도 신라는 고구려의 속국이나 다름없었다. 그러나 상황이 완전히 달라졌다. 연개소문의 머릿속은 어떻게든 신라를 눌러야 한다는 생각으로 복잡했을 것이다. 그러던 차에 신라가 고구려에 손을 내밀었다. 고구려의 힘을 빌려 백제를 멸망시키려는 속셈이었다. 김춘추의 고구려 방문은 바로 그 문제를 정치적 현안으로 등장시켰다. 그러나 연개소문은 그 요구를 거절했다.

남북 양쪽에서 제기되고 있는 문제들을 풀기 위해 연개소문은 정면 돌파를 결행했다. 그는 백제와 연대를 꾀하는가 하면, 중앙아시아나 몽골에 거주하는 여러 부족들에게도 협력을 요청했다. 그러나 당나라는 이미 사방으로 세력을 확장한 터라 고구려의 노력은 큰 성과를 얻지 못했다. 연개소문의 입지는 날로 좁아만 갔다. 그럼에도 굴하지 않고 그는 당태종과의 대결에 나섰다. 당나라는 여러 차례 대군을 파견해 왔지만, 연개소문 생전에 고구려를 무너뜨리지는 못했다.

7세기 중반부터 고구려에는 더욱 불리한 상황이 전개되었다. 신라가 당나라와 전략적 동반관계를 맺은 것이다. 신라는 선박을 이용해 당나라 군대에 보급품을 대주었고, 고구려의 대당전쟁 수행은 더욱 어려워졌다. 655년 고구려는 말갈, 백제 등과 힘을 합쳐 신라로 쳐들어갔다. 그들은 신라의 성 33개를 함락시켰다. 하지만 이를 계기로 신라는 당나라와 더욱 밀착했고, 연개소문의 고민은 깊어만 갔다.

이민족이 쳐들어올 때면 고구려는 전쟁을 장기화해 전세를 뒤엎었다. 침략군을 내륙 깊숙이 끌어들이면 적은 보급품 조달에 애로를 겪기 마련이다. 피로한 몸을 이끌고 적들이 낯선 지형과 기후에 시달리는 순간, 고구려는 기습 작전으로 상대를 제압했다. 고구려가 외적과 싸워 늘 승리한 데는 이 같은 전략이 있었기 때문이다.

그러나 신라가 당나라와 한편이 되자 고구려는 곤경에 처할 수밖에 없었다. 659년 당나라는 다시 고구려를 침공했고, 2년 뒤에는 또다시 평양성을 공격했다. 당나라와의 전쟁은 끝이 보이지 않을 것만 같았다. 666년, 노령의 연개소문이 세상을 떠날 때까지도 평화는 회복될 전망이 없었다.

연개소문은 왜 실패했을까

연개소문은 평생 크게 패한 적이 없다. 당태종(재위 626~649)도 연개소문과의 계속된 싸움에 지친 나머지 먼저 쓰러졌다. 신채호는 "연개소문은 천리장성을 넘고 만리장성을 넘어 당태종을 끝까지 추격했고, 드디어는 당태종을 죽게 만들었다. 이런 쾌남아가 또 있겠는가?"라며 그를 찬탄했다. 연개소문이 만리장성을 넘어 당태종을 끝까지 쫓았는지는 알 수 없다. 하지만 당태종이 고구려 원정 사업의 실패로 적잖이 스트레스를 받은 것만은 분명하다.

당태종이 사망한 뒤에도 적의 침공은 계속되었다. 그 이면에는 물론 신라의 야욕이 숨어 있었다. 연개소문의 죽음은 고구려 멸망의 예고편에 불과했고, 그는 역사적 비극의 주인공으로 남았다.

연개소문은 후계자 문제를 깔끔하게 정리하지 못했다. 그에게는 연정토淵淨土라는 동생이 있었고, 남생男生을 비롯해 남건男建, 남산男産 등 여러 아들이 있었다. 연개소문이 죽자 그들은 권력 쟁탈전을 일삼았다. 불화가 계속되자 큰아들 남생은 당나라에 투항해 침략군을 향도했다. 동생 연정토도 신라에 항복했다. 연淵씨 일가는 합심해 나라를 지키기는커녕 오히려 고구려를 파국으로 몰았다.

많은 사람들은 아직도 연개소문의 제왕적 카리스마에 경탄하며 그를 훌륭한 인물이라고 호평하기도 한다. 그러나 냉정하게 말해, 연개소문의 지도력에는 약점이 있다. 출발부터 그의 집권은 쿠데타에 기댄 비합법적인 것이었다. 도덕성이 결여되었다는 점에서 그의 정치력은 많은 아쉬움을 남긴다.

결과적으로 신라와 당나라를 밀착시킨 것 또한 연개소문이 범한 오류 중 하나다. 당나라와의 관계를 강경 일변도로 밀고 나간 것은 옳았다고 해도 신라와의 관계를 경색시킨 것은 최대의 실책이었다. 평화를 유지하면서 신라의 성장을 지연시킬 방안을 강구했어야 옳다. 연개소문은 과감하고 용감했다. 그러나 주도면밀하게 국익을 따지는 데는 부족한 점이 있었다.

집권 이래 그는 거듭 전쟁을 치러야 했다. 백성들에게 이보다 더한 고생은 없다. 특히 당나라와의 장기전으로 백성들은 나날이 지쳐 갔다. 공존과 공생, 안정과 평화에 기초한 통치를 포기했다는 점에서 연개소문의 역할은 부정적인 평가가 압도적일 수밖에 없다.

크게 보는 안목이 필요하다. 연개소문은 고구려를 당나라의 침략으로부터 지켜내고야 말겠다는 철석같은 의지를 가졌지만, 그가 처한 시대적 환경은 그에게 그 이상을 요구하였다. 마흔이란 나이는 자신의 자그만 인생 목표를 어느 정도 달성했을 수도 있는 시절이다. 그러나 연개소문처럼 목표에 갇히고 만다면 도리어 낭패다. 더 크게, 더 멀리 내다볼 줄 아는 안목이 필요하다. 그것이 없이는 후계자를 제대로 키울 수도 없고, 시대의 변화를 따라가기도 불가능하다.

김춘추
조용히 숨을 고르는 시간도 필요하다

모든 점에서 이웃나라보다 불리했음에도 뚜렷한 비전으로 승부한 이가 있었다. 신라의 김춘추金春秋(604~661, 태종무열왕 재위 654~661)가 바로 그 사람이다. 오직 그만이 7세기 한반도를 뒤덮은 전쟁의 암운을 걷어 내고 수렁에 빠진 국가와 백성을 지켜 냈다.

김유신 집안을 내 편으로

김춘추의 할아버지는 신라 진지왕(재위 576~579)이었다. 그러나 진지왕이 이내 왕위에서 축출되는 바람에 그 아들 용춘(또는 용수)과 손자 김춘추는 왕실의 폐족이 되고 말았다. 그러나 김춘추는 쉽게 포기하지 않았다. 갖은 노력을 기울여 끝내 왕위를 탈환했다.

그는 매우 주도면밀했다. 아버지 용춘 역시 가문의 부활을 위해서는 매사에 신중했다. 중앙 귀족들의 권력 투쟁에 끼어드는 대신 용춘은 전방의 격전지에서 착실하게 공을 쌓았다. 김춘추 역시 왕실과 돈독한 유대관계를 닦는 한편으로 전략적 연대를 강화했다. 특히 그는 가야 왕족 출신으로 진골 귀족이 된 김유신(595~673)의 집안에 주목했다.

김유신의 조상은 금관가야의 왕이었다. 할아버지 무력武力은 마지막 왕인 구해仇亥의 계남季男이었다. 법흥왕 19년(532) 무력은 신라의 조정에 나아가 각간角干이 되었다. 가야계 귀족들은 신라 사회의 환대를 받았지만 그래도 어쩔 수 없는 이방인이었다.

그렇다고 해서 그들의 사회적 지위가 미약했던 것은 아니다. 6~7세기 신라는 가야와의 연합 왕국이었다고 해도 과언이 아니다. 신라 출신 귀족들이 우이牛耳를 쥔 가운데 가야계 귀족들도 중앙 귀족으로서의 상당한 대우를 받았다. 우리의 섣부른 짐작과는 달리 신라는 가야의 지배 세력을 우대했다. 가야는 철과 같은 특산물을 통해 신라의 국부를 증대시켰고, 김유신 집안을 비롯한 가야의 지배층이 대우를 받은 것은 당연했다.

김춘추는 가야 출신 귀족들과의 연대를 꾀했다. 신라 귀족 사회의 아웃사이더들끼리 연합을 추구한 셈이다. 일이 잘되기만 하면 귀족 사회를 혁신하는 계기가 될 터였다. 그렇기 때문에 구 귀족들은 이를 위험한 연대로 낙인찍을 가능성도 컸다. 하지만 김춘추와 김유신은 주위의 반대에도 불구하고 자신들의 연대를 강화했다.

『삼국유사』에는 그들의 연대를 상징하는 설화가 전해진다. 김춘추가 김유신의 집에서 축국(공차기)을 하던 중 옷고름이 떨어졌다. 김유신의 누이동생 문희가 이를 고쳐 주었다. 이 일로 둘 사이에 사랑이 싹텄다. 본래 김유신에게는 두 명의 누이가 있었다. 김춘추가 오기 전날 밤 큰 누이 보희는 기이한 꿈을 꾸었다. 경주 남산에 올라가 오줌

을 누었는데 도성이 잠길 정도였다. 나라를 차지한다는 의미의 길몽
이었다. 하지만 그 뜻을 제대로 이해하지 못한 그녀는 동생 문희에게
꿈을 팔았다. 문희는 나중에 김춘추의 아내로서 신라 왕비가 되었다.

실제 역사가 설화처럼 전개되었을 가능성은 희박하다. 설화란 하나
의 상징이다. 양가의 결혼 동맹을 보여 주기 위한 것이었으리라. 그렇
게 해서 김춘추의 집권 플랜은 한 단계 앞으로 나아갔다.

주도면밀한 설득의 귀재

국내의 제반 여건은 아직도 김춘추의 집권에 불리했다. 그러자 그
는 한동안 외교에 치중하며 차례로 고구려, 일본, 당나라 등을 다녀오
는가 하면, 특히 당나라가 국가와 가문의 장래에 큰 영향력을 행사할
것으로 판단해 주저 없이 아들들을 그곳으로 유학을 보내기도 했다.

김춘추는 어학 쪽에 천재적인 면을 보여 일본어와 중국어를 유창
하게 했다고 전해진다. 단언하기 어렵지만 개연성은 충분하다. 김춘
추가 활동하던 때의 신라는 우리가 상상하는 것보다 훨씬 더 국제화
되어 있었다. 그 전통이 그대로 이어져 통일신라 때는 국제 항로가 개
설되어 왕복선이 일본과 중국을 정기적으로 오갔다. 신라인들은 동
아시아 여러 나라로 이어지는 항로도 잘 알고 있었다. 『입당구법순례
행기』의 저자인 일본 승려 엔닌圓仁(794~864)은 일본을 출발해 당나
라에 유학을 갈 때도 신라의 선박을 이용했다. 선원들은 당연히 신라
인들이었지만 그들은 일본어와 중국어에 능통했다. 신라는 그런 나
라였고, 김춘추는 가장 진취적인 귀족이었다. 그는 할아버지가 빼앗
긴 왕위를 되찾겠다는 뚜렷한 목적의식을 가지고 있었다. 또한 백제

와 고구려의 압박에서 벗어나 동아시아의 강자로 발돋움하려는 열망도 있었다. 매사에 주도면밀했던 그는 필요하다면 일본어든 중국어든 다 섭렵하고도 남을 사람이었다.

'춘추'라는 이름 또한 특별하다. 역사라는 뜻인데, '내가 바로 신라의 새 역사를 쓰겠다, 지나간 역사의 오류를 바로 잡고, 앞으로 영원히 기억될 새 역사를 이루겠다'는 의미가 아닐까 싶다. '춘추필법春秋筆法'이라는 표현 또한 '불의의 역사를 종식시키고 정의의 역사를 반드시 쓰고야 말겠다'는 의지를 불태운 것으로 짐작된다. 아버지 용춘의 이름이 불교적 이상 세계를 상징하는 용화수(보리수)를 떠올리게 하는데 비해, 김춘추에게서는 유교적 지향이 감지된다.

야심가인 김춘추는 당태종을 찾아가 나당 연합을 제의한다(648). 아마도 당태종은 백만 대군을 얻은 것과도 같았으리라. 고구려 원정 때마다 한반도 내부에 당나라를 후원하는 세력이 전혀 없어 늘 애로를 겪었으니 그럴 만도 하다. 신라가 중국과 손을 잡는다면 중국이 원정에 성공할 가능성은 당연히 높아질 터였다. 당태종은 김춘추의 말에 귀를 기울였다.

국내외를 오가며 김춘추는 다수의 지지 세력을 만들었다. 그러고도 왕위에 오르기를 서두르지 않았다. 그는 먼 미래를 내다보았다. 그 사이 신라에서는 진평왕(재위 579~632)이 죽고 선덕여왕(재위 632~647)이 즉위했다. 김춘추의 이모인 여왕에게는 후사가 없었다. 그러므로 여왕이 사망하고 김춘추가 즉위를 한다 해도 무리는 없어 보였다. 당나라는 이미 선덕여왕이라는 존재를 여러 차례 문제 삼았다. '여성이 왕 노릇을 하기 때문에 권위가 없다'는 것이었다. 남성 중심의 사고에 젖어 있는 당나라가 신라의 풍습을 비웃은 셈이다. 신라 귀족들 가운데는 이런 분위기를 틈타 왕권에 도전하는 사람들도 있었다. 김춘추는 김유신과 힘을 합쳐 선덕여왕의 왕권을 지켜 냈다. 그들은 친왕파로서 실무를 익혔고, 동시에 착실하게 집권 명분을 쌓아 올렸다.

글로벌 스탠더드를 받아들여라

앞을 내다 본 김춘추는 선덕여왕의 비호 아래 내정 개혁을 실시했다. 개혁의 모델은 당연히 당나라였다. 앞선 당나라의 법률 제도를 받아들이고, 당나라의 관리들이 착용하는 복식도 받아들였다. 후에는 당나라의 연호까지도 수용했다. 신라는 오랫동안 고유의 연호를 사용했지만 김춘추는 그 전통도 버렸다. 근대 민족주의 역사가들은 이런 그의 행보를 곱게 여기지 않는다. "왜 하필 중국식이냐?" "왜 연호까지 뜯어 고쳤느냐?" 역사가들의 비난에도 일리는 있다. 하지만 당시 김춘추에게는 더 중요한 목표가 있었다.

요샛말로 국제 표준화를 달성하려는 것이었다. "당나라가 세계의 표준이다. 거기에 맞추자. 꼭 필요한 것이라면 우리의 고유한 전통을 지키되, 옛날부터 전해 내려오는 것이라고 해서 무조건 무덤까지 끌고 갈 필요는 없다." 이렇게 판단한 김춘추는 다방면에 걸쳐 제도 개혁을 실시했다. 이로써 그는 당나라 사람들의 호감을 사는 데 성공했다. 이는 곧 그의 든든한 정치적 자산이 되었다.

여기서 한 가지 명확히 해둘 것이 있다. 김춘추와 문무왕 부자는 결코 당나라에 종속된 꼭두각시가 아니었다. 신라가 당나라의 힘을 빌려 삼국통일을 이룩한 것은 사실이나, 그 마무리는 당나라와의 전쟁을 통해 비로소 가능했다. 신라의 통일은 자력으로 이룩한 것과 다르지 않다.

당대 최고의 치밀한 전략가

김춘추의 용의주도함을 증명하는 사례는 많다. 일례로 청년 김춘추가 고구려에 찾아가 함께 백제를 치자고 요청했을 때도 그렇다(642). 김춘추는 그때도 여러 가지 대비책을 세워 두었다. 그저 단순히 고구려의 힘을 빌려 백제에 보복을 가하겠다는 정도가 아니었다. 또 그는 쿠데타로 집권한 연개소문을 대면했을 때도 그 인품과 능력을 직접 가늠할 의도였을 것이라는 해석이 가능하다. 뿐만 아니라 연개소문과 제휴할 뜻도 있었음이 분명하다. 연개소문의 입장에서 보더라도 만약 신라와 연합해 백제의 영토를 빼앗는 데 성공한다면 자신의 정치적 입지는 더욱 강화될 터였다.

그러나 김춘추의 평양 외교는 실패했다. 연개소문은 보장왕을 통해 김춘추의 청병 요구를 거절했다. 설상가상으로 그들은 김춘추를 연금 상태에 빠뜨리고 말았다. 김춘추는 이 뜻밖의 사태를 뇌물로 해결했다. 감옥을 지키는 고구려 관리에게 뇌물을 주자, 그 입에서 유명한 설화가 나왔다. 『별주부전』의 원형에 해당하는 이야기였다. "거북이가 용왕의 병을 구하려고 토끼를 용궁으로 잡아갔다. 토끼는 과연 어떻게 위기를 탈출했는가." 김춘추는 거북 설화에서 힌트를 얻었다. "내가 만약 신라 왕이라면 당장 한강 이북의 땅을 너희에게 돌려줄 텐데 유감이다. 다행히 내가 신라 왕과 가까운 사이라서 풀어 주

기만 하면 경주에 가서 반드시 문제를 해결하겠다." 김춘추는 감언이
설로 위기에서 빠져 나왔다.

그러나 연개소문의 고구려가 그렇게 만만할 리 없었다. 당시 고구
려 첩자들은 김유신 부대의 동태가 수상하다는 보고를 올렸다. 아
무래도 신라가 고구려를 상대로 전쟁을 일으킬 것 같은 기미가 있다
는 것이었다. 적지인 평양으로 들어갈 때 김춘추는 김유신과 함께 만
일의 사태를 대비해 궁리했다. "아무 날까지 돌아오지 못하면 사고가
난 것으로 알고 고구려로 쳐들어간다." 이런 대비책이 없었다면 김춘
추는 사지에서 무사히 벗어나지 못했을 것이다.

뚜렷한 외교적 성과는 없었다. 하지만 김춘추의 머릿속에는 신라
와 고구려의 앞날이 한 장의 지도처럼 명료하게 정리되었다. 본래 그
는 고구려를 상대로 싸울 생각이 없었다. 단지 백제에 복수할 계획이
었는데 협력을 얻지 못하게 된 것뿐이었다. 생각 끝에 김춘추는 다시
일본으로 건너갔는데(643), 전통적으로 백제는 일본과 가까웠다. 그렇
기 때문에 일본을 완전히 신라 편으로 끌어들이는 것은 원천적으로
불가능했다. 하지만 훗날 백제와 전쟁을 하거나 고구려와 전쟁을 벌
일 적에 일본이 후방에서 습격해 오면 그 또한 큰 낭패가 아닐 수 없
다. 이런 염려 때문에 그는 일본과의 우호 증진을 꾀했던 것이다.

결과적으로 김춘추의 동아시아 순방은 성공적이었다. 일본이 한반
도 문제에 적극적으로 개입했다고 보기는 어렵다. 어떤 역사가는 김
춘추의 일본 방문이 외교적으로 별다른 효과를 내지 못했다고 평가
한다. 그러나 내 생각은 조금 다르다. 김춘추의 입장에서는 일본의
도움을 얻는 것보다는, 백제나 고구려를 상대로 싸울 때 그들이 제때

개입하지 못하도록 막는 일이 더 중요했다. 신라의 입장에서는 그 이상 다행한 일은 없었다.

용의주도한 김춘추는 신라 내부에 친정 체제를 강화하는 데도 성공했다. 전통적으로 신라 정치에서는 귀족 대표인 상대등의 입김이 매우 강했다. 왕위에 오르기가 무섭게 김춘추는 그 관행을 뜯어 고쳤다. 그는 자신과 특수 관계에 있던 김유신을 상대등으로 삼아 귀족 회의를 왕의 친위 세력으로 변질시켰다. 또한 여러 왕자들을 직접 고위 관직에 임명했다. 그렇게 함으로써 김춘추는 왕이 직접 정치판을 운영할 수 있는 제도적 기반을 갖추었다.

연개소문과 달리 김춘추는 후계 문제에 있어서도 마무리가 뛰어났다. 그가 죽은 뒤 8대에 거쳐 120년 동안 자손들이 대를 이어 태평성대를 구가한 것만 봐도 짐작할 만하다. 이 시기를 신라 중대中代라고 일컫는다.

설득과 회유로 지켜 낸 신라

당나라의 일차적 관심은 고구려를 치는 것이었다. 그러나 김춘추의 설득에 밀려 그들은 백제 공략을 최우선으로 삼았다. 소정방과 설인귀 등 당나라의 장수들이 백제를 침공해 정복 전쟁이 벌어졌다(660). 당시 고구려의 연개소문은 씻을 수 없는 실수를 범했다. 고구려는 백제와 연합해 나당 연합군의 침략을 방어했어야 옳았다. 결과적으로 고구려는 백제의 패망을 남의 일 보듯 한 셈이다. 연개소문의 시야가 너무 좁았던 탓이다. 백제를 무너뜨린 뒤 나당 연합군의 창끝이 결국엔 고구려를 향할 것이라는 시나리오에 대한 대비를 하지 못했다.

나당 연합군의 백제 침공 작전은 655년부터 시작되었으며 본격화된 것은 659년이다. 백제가 신라의 변경을 침범하자 신라는 바로 당나라에 도움을 요청했다. 그 이듬해인 660년 3월, 당나라 장수 소정방은 수군과 육군 13만 명을 이끌고 백제로 쳐들어왔다. 두 달이 지난 그해 5월, 신라의 김춘추와 김유신 등은 5만 정병을 이끌고 백제 공격을 응원했다. 그리해 다시 두 달 뒤인 7월 초가을, 김유신은 황산벌 전투에서 계백의 결사대를 물리쳤다. 백제의 최후 저항은 장렬했지만 전세를 뒤집기에는 역부족이었다.

백제를 멸망시킨 뒤 당나라는 김유신과 김인문 등을 유혹했다. "너희들에게 왕의 자리까지도 주겠다. 물론 땅도 나누어 주겠다. 그러니 우리 당나라 편이 되어라." 특히 당나라는 김유신을 회유하는 데 많은 공을 들였다. 어쩌면 김유신 자신도 유혹에 흔들렸을지 모른다. 가야의 왕손인 그에게 다시 왕 노릇을 하게 해준다니 그 얼마나 달콤했겠는가. 그러나 김유신은 단호히 거부하고 신라의 신하로 남기를 선택했다.

두 마리 토끼를 잡기 위한 정복 플랜

백제가 망하자 다음 순서는 고구려를 치는 것이었다. 이때 김춘추는 이미 사망한 뒤였다. 하지만 워낙 국정을 잘해 놓은 터라 그가 세운 신라의 전략은 그대로 유지되었다. 신라는 당나라를 도와 고구려를 치면서도 그 일에 힘을 쏟지는 않았다. 싸움은 주로 당나라의 몫이었다.

신라는 만약의 경우를 고려했음이 분명하다. 만약 이 전쟁이 실패로 돌아갈 경우 당나라 군대는 패전의 쓰라림을 안고 귀국할 것이다. 그러면 고구려는 신라를 응징하려 들 테고, 따라서 고구려와의 일전이 아직 남은 셈이었다. 만약 목표대로 당나라가 고구려를 이겼다고 가정한다면 당나라는 멋대로 전리품을 요구할 것이고 신라까지도 넘볼 가능성이 컸다. 김춘추의 신라는 이런 모든 상황에 철저하게 대비하지 않으면 안 되었다. 최선의 방법은 하나, 당나라가 고구려와 싸우는 틈을 타 신라는 힘을 축적하며 기다리는 것이 상책이었다.

668년, 결국 고구려라는 철옹성이 무너지고 말았다. 드디어 신라가 움직이기 시작했다. 그들은 우선 백제와 고구려의 부흥군을 이용해 당나라 군대를 공격했다. 670년에는 당나라로부터 옛 백제의 80여 성을 되찾았다. 671년에는 가림성(임천) 석성에서 당나라 군대 5000여 명의 목을 베었다. 그해 7월 설인귀가 대군을 이끌고 진격해 신라의 항복을 강요했지만 굴하지 않았다. 그해 가을 신라는 서해 바다에서 당나라 군사 4만 명을 물리쳤으며, 673년에는 무려 아홉 차례에 걸친 당나라와의 전투에서 모두 승리했다. 675년에는 매소성 전투에서 당나라에 결정적인 타격을 가했다. 그 이듬해 당나라 군대는 연패의 늪에서 헤어나지 못하고 한반도에서 철수했다. 신라의 대당 항전은 우리 역사상 하나의 분수령을 이루었다. 김춘추가 축조한 신라라는 함선은 여간한 공격으로는 끄덕하지 않을 만큼 견고했다.

통일 이후 김춘추의 자손인 신라 왕실과 김유신의 자손들은 단단히 뭉쳐 나라를 지켰다. 그들의 정치적 결합을 상징하는 만파식적萬波息笛은 유명한 설화다. 『삼국유사』에 나오는 것처럼 만파식적이란 전설적인 피리다. 이 피리를 불기만 하면 전쟁도 끝나고, 전염병도 사라지고, 파도도 가라앉았다고 한다. 국태민안을 선사하는 마술 피리였다. 신문왕(재위 681~691)이 부왕(문무왕)을 위해 감은사를 짓고 추모했는데, 그때 동해의 용왕이 된 문무왕(재위 661~681, 김춘추의 아들)과 하늘의 신이 된 김유신이 합심해 어느 섬에 대나무를 내려 보냈다. 이 대나무를 베어 만든 피리가 바로 만파식적이다. 이 설화에는 김춘추와 김유신 가문의 결합을 통해 신라가 당면한 모든 문제가 극복될 수 있다는 믿음이 담겨 있다.

삼국통일의 비결은 화합과 연대

김춘추 부자가 김유신과 함께 이룩한 삼국통일의 의미는 어떤 것일까. 다음 두 가지로 압축해 볼 수 있다.

우선 민족 통일의 길을 마련했다는 점이다. 삼국통일 이전에는 한민족이라는 것이 존재하지 않았다. 고구려, 신라, 백제는 각기 독립된 국가였다. 그들은 서로 경쟁관계였다. 그렇다고 해서 삼국 간에 최소한의 연대의식마저 없었다는 뜻은 아니다. 그러나 삼국통일을 기점으로 하나의 민족이 서서히 형성되었다고 할 수 있다.

『삼국지』와 같은 중국의 옛 역사책을 살펴보면 한반도와 만주 지방에 존재한 나라들이 『조선전』이라고 하는 테두리 안에 묶여 있다. 중국 사람들의 눈에 비친 이들 국가는 '그 사람이 그 사람'이라고 생각되었다는 뜻이다. 넓은 의미로 하나의 족속이었던 것이다. 하지만 엄밀한 의미에서 그것이 하나의 민족은 아니다. 그들은 신라가 통일한 단일한 영토 안에서 하나의 민족으로 자라났다. 여기에 삼국통일의 중요한 의미가 있다.

또 한 가지 중요한 점은, 삼국통일이 얼핏 보면 타력에 의한 것 같지만 자력이 더 큰 역할을 했다는 것이다. 당나라의 힘까지 이용할 줄 알았던 김춘추의 주도면밀함이 없었다면 불가능한 일이었다. 당나라는 많은 물자와 인력을 동원해 백제와 고구려를 침공했지만 그것은 무용한 일이었다. 신라에게 실컷 이용당하고 난 뒤 빈손으로 쫓겨났기 때문이다. 그럼에도 신라는 당나라로부터 아무런 보복을 당하지 않았다. 신라의 비상한 외교력은 21세기 한국의 나아갈 길을 시사하고도 남는다.

한마디로 김춘추의 지도력은 연개소문을 능가했다. 어쩌면 김춘추는 오히려 광개토대왕의 전통을 계승했다고 할 수 있다. 아직도 국토 분단의 비극을 해결하지 못하고 있는 우리에게 전범典範이 될 만하다. 21세기 한반도의 국제 환경은 복잡다단하다. 오래 전부터 산적해 있는 미해결의 문제들이 내부에도 여전하다. 김춘추의 주도면밀함, 끝까지 참고 견디는 그의 은인자중, 화합과 소통을 중시하면서도 기회에 민감한 그의 판단력이 부럽기만 하다. 뿐만 아니라 김춘추는 강자를 설득하고 그 힘을 이용하는 데도 능통했다. 그의 인격과 통치력은 오늘날의 국가 운영뿐만 아니라 가정과 개인 또는 조직 생활에서도 적용할 만한 부분이 적지 않다.

참고로 김춘추에 관한 역사적 평가가 크게 엇갈린다는 점을 지적하지 않을 수 없다. 고려와 조선의 유학자들은 그를 높이 평가했다. 삼국통일의 기반을 구축했고, 당나라와의 관계도 원만하게 유지했다는 것이 그 이유다. 하지만 근대 이후의 평가는 완전히 다르다. 삼국통일이라는 민족 내부의 문제를 해결함에 있어서 외세를 끌어들였다는 이유로 혹평이 가해졌다. 또 김춘추 부자가 이룩한 통일이 대동강과 원산만 이남에 국한되었다는 점도 뼈아픈 한계로 지적되었다. 만약 고구려가 삼국을 통일을 했더라면 드높은 기상으로 자주성을 지키면서 동아시아의 로마로 성장할 수도 있었을 텐데 안타깝다는 탄식도 터져 나왔다. 이런 주장은 특히 민족주의 역사학자들에게서 강하게 나타났다.

그러나 오늘날 그에 대한 평가는 또 달라지고 있다. 앞에서 살핀 대로 김춘추의 역할을 낮추어 볼 이유는 어디에도 없다. 화합과 소통을 중시한 김춘추야말로 이 시대에 절실히 요구되는 지도자의 전범이다.

고려 왕조를 낳은 융합의 힘

후삼국의 혼란을 딛고 세 사람의 영웅이 결전을 벌였다. 궁예, 견훤 그리고 왕건이 바로 그들이다. 견훤 쪽으로 흘러가던 재통일의 역사의 물길은 완전히 거슬러 왕건을 선택했다. 그것은 결코 우연이 아니었다.

견훤
나만의 인생철학을 바로 세워라

후삼국 시대는 고대에서 중세로 넘어가는 역사적 전환점에 놓여 있었다. 수백 년 동안 완만하게 진행되던 역사적 흐름이 갑자기 급물살을 타면서 많은 혼란이 일었다. 10세기의 한국 역사는 대단히 역동적이었고, 그처럼 급격한 상황 변화는 역사상 유례가 없었다. 현대를 방불케 하는 일대 변화였다. 견훤은 그런 시대적 변화 속에서 발돋움했지만 시대정신을 제대로 파악하지는 못했다. 결국 새로운 시대를 열고자 하는 자신의 꿈을 접을 수밖에 없었다.

누가 새 시대를 열 것인가

10세기 이전의 고대 사회는 무인武人 귀족의 지배 시대였다. 한국뿐만 아니라 일본, 중국도 마찬가지였다. 원래 귀족이라는 것은 무인, 즉 기사들이다. 다만 중국은 유교의 영향으로 고대부터 문무文武의 구별이 있었고, 당나라에 이르러서는 문사文士들의 지배가 확고해지면서 7세기경에 이미 문벌 귀족 사회로 전환되었다. 이처럼 무인에서 문인으로 지배 권력이 넘어가는 변화가 한국에서는 10세기에 일어났다. 반면 일본은 우리보다 수백 년 뒤에야 나타났다. 이처럼 붓이 칼을 주무르는 사회적 변화는 새 시대에 맞는 새 인물의 탄생을 예고했다.

고대 사회가 청산되면서 여러 가지 개혁이 단행되었다. 첫째로 신분 사회를 가리키는 골품제骨品制가 해체되었다. 고구려와 백제에도 그와 유사한 신분 제도가 있었을 것으로 짐작된다. 삼국통일 이후에도 골품은 줄곧 한국 사회를 지배하는 원리로 작용했다.

그러나 낡은 골품제의 장벽을 무너뜨리고 새로운 사회를 건설하려는 움직임이 일었는데, 그 힘은 놀랍게도 견훤과 궁예, 왕건과 같은 변방의 실력자에게서 나왔다. 이들은 진골도 육두품도 아니었다. 여러 사회적 모순이 노정되고 그에 대한 불만이 여기저기서 굉음을 내며 폭발했다. 유례를 찾기 어려운 역동성이 그 시대를 움직이고 있었다.

둘째는 호족의 등장이다. 왕위 쟁탈전에서 패배한 궁예가 강원도 산골로 도망치다시피 이주한 데서도 알 수 있듯이 신라의 중앙 귀족 사회는 격심한 내부 분열의 늪에 빠졌다. 768년에는 이른바 '96각간의 난'이 일어날 지경이었다. 사실상 거의 모든 중앙 귀족들이 정부군과 반란군으로 나뉘어 3년간이나 싸움을 지속했다(『삼국유사』와 『신당서新唐書』). 이후 왕위 계승전이 격화되었다. 신라의 역사는 '하대下代'에 접어들어 6, 7년이 멀다하고 새 왕이 들어섰다. 살해되거나 폐위되는 왕이 허다했다. 중앙 귀족들의 사치는 여전했지만 집권 세력이 끊임없이 교체되어 사실상 불안한 나날이 거듭되었다.

중앙 정부는 지방에 대한 통제력을 상실했다. 새로 집권한 귀족들은 저마다 자신들의 경제적 목적을 위해 함부로 지방을 약탈했다. 백성들은 한 해에도 몇 차례씩 세금을 뜯겼으며, 이는 곧 난리가 발발하는 상황으로 치달아, 889년 원종과 애노의 반란을 비롯해 각지에서 크고 작은 반란이 끊임없이 일었다.

그중에서도 착취가 가장 심한 곳은 물산이 풍부한 서남해안 지방이었다. 오늘날의 전라도와 충청도 지역의 농민들이 가장 심하게 수탈을 당했다. 신라 왕조에 대한 반감이 거세게 인 것은 물론이다. 이 같은 상황이 새로운 정치적 움직임으로 변화하는 데는 많은 시일이 걸리지 않았다. 후백제(892~936)의 등장이 이를 증명한다.

사회의식 변화의 흐름을 이용해 역사의 수면 위로 떠오른 사회 세력을 '호족豪族'이라고 한다. 힘이 강한 가문, 즉 유력자라는 뜻이다. 『삼국사기』『삼국유사』 등의 역사 기록에는 이를 '부인富人' 또는 '성주城主'라고 되어 있다. 더러는 나라에서 임명하지 않았는데도 스스로를 '장군'이라 칭하는 지방 세력가들이 출현하기도 했다. 그들의 칭호를 분석하면 호족이 지닌 두 가지 성격을 쉽게 알아차릴 수 있다. '성주'와 '장군'은 그들의 무인적 면모를 드러내며, '부인'은 그들이 경제적인 실력자였음을 상징한다. 하지만 견훤은 전통적인 용장의 리더십을 가진 장군에 속했고, 궁예는 둘 가운데 어느 쪽도 아니었다. 두 가지 성격을 모두 갖춘 인물은 후에 삼국을 통일한 왕건이다.

야망의 군인 견훤

중앙정부로부터 독립을 꾀한 여러 호족들 가운데서 가장 일찍 두각을 나타낸 이가 견훤이었다. 신라의 장군이었던 견훤은 전통적인 무인귀족의 범주에 속하는 사람이었다. 다만 시골태생에 현달한 가문 출신이라고 판단할 수 있는 근거가 없는 것으로 봐서 그의 골품이 그렇게 높은 편은 아니었을 것이다.

『삼국사기』에 실린 견훤의 탄생 설화가 이를 말해 준다. "처음에 견훤이 아직 강보에 쌓여 있을 때였다. 아버지는 들에서 밭을 갈고 있고 어머니는 밥을 나르러 갔다. 아기를 수풀 밑에 두었더니 호랑이가 와서 젖을 먹였다. 마을 사람들이 그 이야기를 듣고 이상하게 여겼다. 과연 자라면서 체격과 용모가 웅대해지고 특이했으며 기개가 호방하고 범상하지 않았다."

설화가 역사적 사실과 정확히 부합될 리는 없으나 "호랑이가 젖을 먹였다"는 구절은 상징하는 바가 있다. 견훤이 출중한 무인이 될 것이라는 일종의 예언이었다. 또한 설화 속에서 그 어머니, 아버지가 평범한 농부로 등장하는 것은 그들의 가문이 대단하지 않다는 뜻으로 읽힌다. 이 설화는 견훤이 용력이 출중한 장군이었음에 초점을 맞추고 있다.

『삼국유사』에 나오는 또 다른 설화는 견훤과 후백제의 연관성을 시사한다. 그의 출신지에 대해서는 여러 설이 있지만 그중 상주(경상도)일 것이라는 짐작이 가능하다. 그러나 『삼국유사』는 그가 출세한 무진주(전라도)를 설화의 무대로 설정했다. 대개 다음과 같은 이야기다.

광주 북촌에 한 부자가 살았다. 그 부자에게 과년한 딸이 있었는데 몰래 연애를 했다. 씩씩한 남자와 밤마다 만나 신나게 놀았는데, 신원을 도무지 알 수가 없었다. 그래서 남자의 옷자락에 바늘을 꽂아 두었다. 아침에 실을 따라 그가 간 곳을 찾아보았다. 북쪽

담장 아래 있는 큰 지렁이 허리에 바늘이 꽂혀 있었다. 얼마 후 딸은 아이를 낳았고, 이 아이는 열다섯 살이 되자 자기 이름을 견훤이라고 불렀다.

설화 속 지렁이는 토룡土龍, 즉 견훤이 장차 왕이 된다는 암시다. 또 견훤의 외조부는 '부인'으로 경제적 배경이 든든하며 설화의 무대는 광주다. 낯선 지방에서 새 나라를 세운 견훤의 입장을 고려해 무엇인가 설명이 필요했던 것이다. 견훤의 외갓집이 실제로 그랬을 가능성은 별로 없다. 다만 그가 광주의 부호에게 장가를 들었을 가능성은 높다. 이 설화는 '무장'이 '부인'과 연합해 후백제라는 나라를 세웠다는 뜻으로 해석할 수 있다.

견훤, 후백제를 건설하다

그는 서남해안을 방어하는 장수였다. 박영규와 김총 등 순천 지역 호족들의 호응이 컸던 점으로 보아, 그 지역에서 세력을 키웠을 것으로 짐작된다. 순천이라면 오늘날 갈대숲과 철새로 유명한 지역이다. 바다가 가깝고 내륙에 기름진 평야가 있어서 경제 활동이 유리하며, 지역 거점인 광주와도 가까워 문화적으로도 상당한 혜택을 누렸을 천혜의 고장이다.

바다를 낀 평야 지대는 통일신라 시대 말기의 경제 여건으로서는 최상이다. 벼농사의 중요성에 대해서는 강조할 필요조차도 없으나 연안 무역의 발달에 대해서는 약간의 설명이 필요하다. 바닷가를 따라 이어진 무역로. 그 길은 국내는 물론 일본과 중국 등지로도 길게 뻗어 있었다. 그것은 동남아시아로도 이어지는 멀고도 큰 길, 곧 부의 원천이었다.

연안 항로를 따라 전개된 무역의 힘을 상징하는 이는 바로 장보고(?~846)다. 장보고 당대에는 해상 세력이 아직 지방의 독자 세력으로 성장하지 못했을 때다. 시대적 여건이 충분히 성숙하지 못했기 때문이다. 장보고는 견훤이나 왕건처럼 한미한 가문 태생이었다. 그는 탁월한 지도력을 발휘해 크게 성공했고, 중앙의 왕위 쟁탈전에도 개입했다. 그러나 자객의 칼에 맞아 숨을 거두었다. 장보고의 일대기는 국제 교역이 사회 변화의 변수로 작용할 수도 있는 새 시대가 밝아오고 있음을 보여 주는 서막이었다.

서남해안에 파견된 견훤은 '작은 장보고'를 꿈꾸었을 것이다. 연안에 출몰하는 해적을 무찌르고, 내륙에 출몰하는 도적을 체포하며, 세금 운송의 안전을 도모하는 것이 그의 임무였으리라. 그런 일에 종사하는 가운데 견훤은 지방의 세력가들과 연합해 자신의 정치적 역량을 강화했고, 세력이 웬만큼 불어나자 무진주(광주)로 진출했다(892). 서남해안의 호족들을 거느리고 신라를 거꾸러뜨리고자 한 것이다.

8년 뒤 견훤은 전주에 입성해 새 나라 후백제의 창건을 선포하고 스스로를 왕으로 칭했다(900). 그의 세력은 점점 강해져 920년에는 신라의 수도 경주로 통하는 대야성(합천)을 함락시켰다. 대야성은 예부터 신라의 요충이었다. 김춘추의 사위인 품석도 대야성의 도독으로서 백제의 침략을 막다가 전사했다. 이 사건을 계기로 김춘추는 삼국통일의 대장정을 시작한다. 견훤이 신라의 남쪽 관문인 대야성을 격파하자 대세는 일단 그쪽으로 기우는 듯했다.

견훤은 그 여세를 몰아 927년, 경주까지 쳐들어갔다. 포석정에서 경애왕(재위 924~927)을 살해하고 경순왕(재위 927~935)을 옹립했다. 그는 신라의 왕을 죽이고도 감히 신라의 종말을 선언하지 못했다. 신라 1000년의 무게를 아직은 감당할 자신이 없었기 때문이다. 당시는 신라 왕조에 충성을 바치는 세력들이 오늘날의 경상남북도에 광범위하게 산재해 있었다. 견훤은 아쉬움을 머금고 경순왕을 세워 둔 채 철수했다.

후백제는 외교력도 상당했다. 922년과 929년에는 일본에 사신을 보내 우호관계를 맺기도 했다. 견훤은 925년에 중국의 후당後唐에게도 조공을 바쳐 그로부터 백제왕이라는 관직을 받기도 했다. 그 이듬해에는 오나라 및 월나라와도 수교를 맺었으며, 927년에는 북쪽의 거란과도 친선을 맺었다. 후백제의 외교적 성과가 이처럼 많았다는 사실은 한반도 서남해안의 경제적 특징과 뗄 수 없는 관계임을 알 수 있는 부분이다.

서남해안은 무역과 농업의 선진 지역이었다. 앞서 말한 장보고가 청해진(완도)을 구축한 것은 이를 암시하는 것으로 해석할 수 있다. 연안을 따라 펼쳐진 긴 항로를 중심으로 무역업이 성행했으며, 곳곳마다 해상 세력이라 불릴 만한 부자들이 존재했다. 그들은 정치 사회적으로 안정된 사회를 열망했다. 견훤은 서남해안의 치안을 지키던 장수로서 해상 세력이 마음 편히 무역에 종사할 수 있도록 하겠노라는 약속을 했을 것이다. 그럼으로써 무역상들이 그에게 지지를 표명함과 동시에 정치 자금도 제공했을 가능성이 크다. 무역 루트를 통해 후백제는 일본이나 중국의 여러 왕조들과도 사신을 교환했을 것이라는 추리가 가능하다. 거란과의 관계 역시 마찬가지였을 것이다. 해상 세력의 후원이 없었더라면 후백제의 외교 활동이 그렇게 활발하지는 못했을 것이다.

서남해안의 해상 세력을 등에 업고 집권 초기 견훤은 빠른 속도로 성장했다. 연전에 발굴된 견훤의 궁궐터가 엄청난 규모를 자랑했던 것도 견훤의 위세를 말해 준다. 사람들은 머지않아 견훤이 신라를 무너뜨리고 후삼국을 통일하리라 기대했을 것이다. 그에게는 이미 충분히 검증된 정치력이 있었다. 용맹한 무장이요, 출중한 지략과 결단력을 갖춘 견훤이었다. 그는 이미 오랜 통치 경험을 쌓은 후백제의 당당한 왕이었다. 그러나 견훤의 한반도 재통일의 야망은 끝내 달성되지 못했다.

견훤과 궁예의 대립

견훤의 일차적 경쟁자는 궁예였다. 궁예는 '멸도滅都' 운동, 즉 통일신라의 경주를 쓸어버리겠다는 반反 신라 운동을 폈다. 승려 출신이었던 그는 미륵 신앙을 정치에 이용했다. 본래 미륵 신앙은 화랑제도와 깊은 관계가 있었다. 『삼국유사』에는 미륵 선화 미시랑의 전설이 실려 있다. 미륵이 미시랑이라는 화랑으로 현현했다는 것인데, 이와 같은 맥락에서 사람들은 미래불인 미륵의 하생下生을 바랐다. 『미륵하생경』에 기록된 이상 세계가 구현되기를 염원했던 것이다. 궁예는 이런 미륵 신앙을 이용해 민중 속으로 깊이 파고들었다.

통일신라 시대에 널리 유행한 미륵 신앙은 상생上生 신앙이었다. 죽은 뒤 미륵이 주재하는 도솔천에 다시 태어나 수도를 계속하기를 꿈꾸었던 것이다. 그러다가 미륵과 함께 지상에 내려오기를 바라는 하생 신앙이 발생했다. 새로운 미륵 신앙이 유행한 지역은 오늘날의 전라도와 충청도. 거기서 유행하던 미륵 하생 신앙은 점차 북쪽으로 번져 나갔다. 10세기에 이르러서는 속리산을 거쳐 오대산을 비롯한 강원도 일대에도 미륵 신앙이 널리 퍼졌다.

궁예는 이런 미륵 하생 신앙을 종지로 삼았다. 스스로 미륵불을 자처하며 20여 권의 책을 썼다. 단 한 권도 전해지지는 않았으나, 그가 미륵 하생 신앙을 자신의 정치적 야욕과 결부시킨 것만은 분명하다. 궁예는 종교를 무기로 현재의 강원도와 충청북도, 경기도 일부를 차지했다. 영토는 좁지 않았으나 경제적으로나 군사적으로는 견훤보다 열세였다.

한반도의 요충지를 점령해야 새 세상의 주인이 될 수 있었다. 궁예도 서남해안의 중요성을 충분히 인식하고 있었으므로 서해안으로의 진출을 꾀했다. 그가 개성의 세력가였던 왕건 일가에 주목한 것은 우연이 아니다. 궁예는 개성을 교두보로 삼아 서남해안으로 내려가고 싶어 했다. 그러나 바다에 대해 잘 알지 못한 그는 바다를 아는 왕건에게 수군을 거느리고 남하해 견훤의 땅을 빼앗으라고 요구했다. 장차 대세는 거기서 결정될 터였다. 재빠른 왕건은 나주를 중심으로 한 서남해안의 요지를 점령했다(903, 910, 914). 일부나마 견훤의 배후지를 차지한 셈이다.

견훤은 새 나라를 건설하고 싶은 야망은 있었으나, 사회 자체를 근본적으로 변화시키고자 하는 의도나 통치철학이 없었다. 오히려 궁예는 미륵신앙에 입각한 지상낙원을 약속하며 이상적인 사회를 제시했다. 물론 여기에도 치명적인 약점은 있다. 과연 종교적 리더십으로 10세기 한국사회의 요구를 해결할 수 있었겠는가. 합리적이고 구체적인 정치적 목적과 실천방안을 제시하지 못한 궁예가 성공할 가능성은 적었다. 이는 견훤도 마찬가지였다. 망해가는 신라를 무너뜨리고 그 전통을 계승하는 새 왕조의 개창자가 되고 싶었을 뿐이다.

왕건
마음을 헤아리는 따뜻함

10세기는 해상 세력이 역사의 중심으로 떠오른 시대였다. 바다에 아무런 기반도 가지고 있지 않던 궁예는 그런 면에서 자격 미달이었다. 반면 견훤은 서남해안의 해상 세력과 융화가 잘되는 편이었다. 그렇더라도 엄밀한 의미에서 그는 변방의 장수였을 뿐, 명실상부한 해상 세력은 왕건 일가였다.

궁예와 연합한 해상 세력가

왕건 집안은 중국과 교역하던 송악(개성)의 부유한 상인이었다. 이런 역사적 사실을 뒷받침하는 설화 중에는, 그의 조상 작제건이 당나라 숙종의 아들이며, 아버지를 찾아 배로 중국에 다녀왔다는 이야기가 전해진다.

여러 대를 거듭해 해상 교역에 종사하면서 왕건 일가는 상당한 군사력을 보유했다. 그 시대는 치안이 부재했기 때문에 교역에 종사하려면 자위 능력을 갖추는 것이 당연했다. 그러므로 왕건 일가는 경제, 사회 및 군사적으로도 명실상부한 실력자가 되었다. 궁예는 그들이 필요했다. 부의 원천인 서남해안으로 진출하려면 우선 황해도 연안 지방부터 차지하는 것이 순서였으므로, 궁예는 한동안 개성에 관심을 쏟았다.

상인답게 왕건 집안에서도 주판알을 열심히 굴렸다. 궁예와의 거래는 엄청난 도박이었다. 왕건의 아버지 용건(왕륭)은 궁예에게 항복하기로 결정했다. 바다에서 자웅을 겨룬다면 모를까 육지에서 궁예가 거느린 군사들을 상대로 싸워 이길 가능성은 희박했다. 그렇다면 궁예의 세력이 더욱 커지기 전에 보다 유리한 조건으로 연합하는 것이 상책이었다. 일단 궁예의 편이 되고 나서 다음 기회를 엿보는 것이 합리적이었다. 용건의 항복을 받은 궁예는 수도를 철원에서 송악으로 옮겼다. 서해안 진출은 그토록 중요한 일이었다.

궁예는 왕건 일가가 거느린 호족과 병력을 자신의 휘하로 재편성한 뒤 후환을 없애기 위해 강력한 조치를 취했어야 옳았다. 그러나 바다의 사정을 잘 몰랐던 궁예는 왕씨들을 함부로 제거하기도 어려웠다. 그 점을 눈치 챈 왕씨는 숙청의 예각을 피하면서 왕건이라는 미래의 도전자를 키워 냈다. 시간이 흐르자 궁예와 왕건 일가의 형세는 도리어 역전되었다.

뒤늦게 문제의 심각성을 알아차린 궁예는 독심술을 내세워 왕건을 제거하려 했다. 임기응변으로 일촉즉발의 위기에서 벗어난 왕건과 그 심복들은 쿠데타를 일으켰고, 궁예는 궁궐을 탈출을 시도했으나 결국 살해당했다. 왕건은 심복들의 추대를 받아 왕위에 올랐다(918).

궁예 등에 올라 탄 왕건

왕건의 성장에 결정적 기여를 한 계기는 나주전투였다. 왕건은 서남해안의 요충을 차지함으로써 대내외적으로 영향력이 강화되었다. 나주전투는 전후 세 차례에 걸쳐 전개되었는데, 그 대략적인 흐름을 정리해 보면 다음과 같다.

903년경 왕건은 수군을 거느리고 금성군(나주)을 공략해 후백제로부터 10여 개의 군현을 빼앗았다. 견훤에게는 뼈아픈 상실이 아닐 수 없었다. 910년 견훤은 보병과 기병 3000명을 이끌고 직접 나주성 탈환에 나섰다. 서남해안의 호족들, 특히 해상 세력이 왕건에게 투항한 데 대한 보복 조치였다. 그러나 승리하지 못하고 물러나고 말았다. 그 뒤로도 몇 차례의 해전과 육전이 되풀이되었다. 나주에 대한 양측의 집념은 완강했다.

914년 왕건이 궁예에게 돌아가자 견훤은 그 틈을 이용해 다시 서남해안을 되찾기 위해 노력했다. 그러자 왕건이 되돌아와 견훤이 오월吳越에게 보내는 사신이 탄 배를 나포하기에 이른다. 왕건은 군사 2500명을 거느리고 진도군까지 빼앗는 데 성공했다. 서남해안에서 왕건의 위상은 절대적이었다. 얼마 뒤 왕건이 귀환하자 견훤은 재차 수복을 노렸지만 또다시 실패했다.

나주는 후백제의 배후를 위협하는 요충이었다. 왕건이 그 지역을 장악할 수 있었던 것은 호족들의 성원이 있었기 때문이다. 해로와 수로가 만나는 요충지인 나주의 호족들은 왕건과 마찬가지로 해상 세력이었다. 나주 오씨吳氏, 영암 최씨崔氏, 영광 전씨前氏 등이 그 대표적인 존재였다. 특히 오씨 집안에서는 장화왕후莊和王后(고려 태조비)가 나왔다. 왕후는 고려 제2대 혜종(재위 943~945)의 어머니였다.

견훤은 육전에 능했으나 바다에서의 전투는 사정이 달랐다. 단련된 수군을 직속 부대로 거느린 왕건을 당해 내기란 불가능했다. 또한 가지 고려할 사항은 서남해안에서 교역에 종사해 온 해상 세력의 향배였다. 그들은 견훤보다 왕건을 따랐다. 해안을 따라 오르내리며 때로는 극심한 경쟁을 벌이기도 했지만 해상 세력은 한 배를 탄 동업자들이었다. 그들은 하루빨리 시대의 혼란을 극복하고 마음껏 교역에 종사하기를 꿈꾸었다. 이런 그들의 마음을 정확히 헤아리는 이는 오직 왕건뿐이었다. 서남해안의 부유한 해상 세력이 왕건을 중심으로 연대한 것은 당연한 이치였다.

왕건은 수백 킬로미터를 남하해 낯선 서남해안에서 견훤의 수군을 무찔러 대승을 거두었다. 현지의 해상 세력들이 도와주지 않으면 불가능한 일이었다. 왕건에게 제아무리 탁월한 지휘 능력이 있었다고 해도 그것만으로 승리할 수는 없는 일이었다. 그는 전투에 앞서 해상 세력들을 회유하고 무마하는 데 성공했다.

왕건이 나주와 목포 등지를 점령함으로써 견훤은 운신의 폭이 좁아졌다. 왕건은 견훤의 턱밑에 창을 들이 댄 형세를 여러 해 동안 유지했다. 왕건 덕분에 궁예는 견훤과의 대결에서 상당히 유리한 입지를 얻게 된 셈이다. 궁예는 왕건을 중용하지 않을 수 없었다. 그러나 한편으로는 왕건이 서남해안의 해상 세력을 자신의 동조 세력으로 포섭했다는 사실 때문에 불안했다.

궁예는 도읍을 송악에서 다시 철원으로 옮겼다. 이에 대해서는 두 가지 설이 엇갈린다. 어떤 학자들은 궁예가 송악을 완전히 장악했기 때문에 안심하고 원래의 도읍지인 철원으로 귀환했다고 주장한다. 반면에 궁예가 송악을 장악하는 데 실패해서 철원으로 물러났다고 주장하는 학자들도 있다. 나는 후자의 해석에 동의하는 편이다. 그 얼마 후 궁예가 왕건을 철원으로 불러들여 죽이려고까지 했던 점으로 미루어 궁예의 불안감이 극에 달했음을 알 수 있다. 그 시점에서 궁예는 서남해안으로 진출해 보았자 자신에게 아무런 득이 되지 않는다는 사실을 절감했을 것이다. 궁예는 중부 내륙 지방에서 자신의 지배력을 강화하기로 결심했다.

궁예는 국호도 자주 바꾸었다. 마진, 대방, 후고구려 등으로 잇따라 바꾸었고 그때마다 연호도 달라졌다. 국면 전환을 위해 나름 많은 노력을 기울였으나 좀체 뜻대로 풀리지 않았다. 거기에는 두 가지 이유가 있었다. 우선 한반도의 패자가 되려면 부강한 서남해안의 해상 세력을 장악하는 것이 필수였다. 그러나 왕건이 앞서 그들을 모두 장악해버린 바람에 속수무책일 수밖에 없었다.

궁예가 신라의 왕자 출신이라는 한계도 크게 작용했다. 중부 지방을 무대로 활동했지만 엄밀히 말해 그는 이방인에 불과했다. 따라서 호족들과 융화하는 데도 한계가 있었다. 이런 문제들을 궁예는 종교적 카리스마를 통해 해결하려고 했다. 그러나 미륵 하생에 관한 그의 종교적 약속은 위험천만이었다. 처음에 궁예는 다시 태어난 미륵으로 각광을 받았지만 결국 사기꾼으로 전락할 운명에 처하게 된다. 종교적 카리스마가 궁예의 성공과 좌절의 근본 원인이 되고 만 것이다.

미륵 세상에 대한 민중의 염원은 우리가 막연히 짐작하는 것보다는 생명이 길었다. 그것은 나타났다 사라지기를 되풀이 하며 20세기

초반까지도 이어졌다. 그러면서 기성 체제에 도전하는 대항 이데올로기를 생산해 냈다. 궁예의 전통 위에서 『정감록』 문화가 출현했고, 이는 동학, 증산도 등으로 꽃을 피웠다. 궁예가 한국의 사회 정치사상에 미친 영향은 적지 않다.

궁예는 독자적 세력 기반도 없고, 시대의 총아인 해상 세력도 회유하지 못한 채 종교적 카리스마에 의존했다. 그러다가 결국 왕위에서 쫓겨나 살해당하고 만다(918). 궁예를 몰아낸 왕건은 곧 옥좌에 오른다. 그러나 왕건은 견훤이나 궁예처럼 스스로 왕위에 오른 것이 아니라 홍유, 배현경, 신숭겸, 복지겸, 박술희 등의 추대가 있었기에 가능했다. 그를 진심으로 믿고 따르는 친척과 친지 및 휘하 세력들도 많았다. 왕건의 집권은 독단과 섣부른 권위를 토대로 한 것이 아니라, 소통과 화합을 바탕으로 했음을 짐작할 수 있다.

그렇다고 해서 옥좌에 오른 왕건의 미래가 장밋빛이기만 한 것은 아니다. 궁예의 추종 세력들이 적잖이 남아 있었다. 즉위 초기 이흔암, 환선길, 진선 등이 반란을 일으켰고, 공주 이북의 30여 개 성이 한꺼번에 후백제에게 투항하기도 했다. 역사책에는 "궁예가 포악해서 널리 민심을 잃었고, 왕건이 대신 왕이 되자 온 나라가 한마음으로 환호했다"고 전해진다. 그러나 미륵 신앙이 강하게 뿌리 내린 여러 지역에서는 궁예에 대한 충성도가 매우 높았다. 강원도와 충청남북도 내륙 지방의 인심을 회유하는 것이 왕건에게는 결코 수월하지 않은 과제였다.

왕건만이 할 수 있었던 포용의 정치

즉위 후 10여 년 동안 왕건은 자신의 지배력을 강화하기 위해 다방면으로 노력했다. 견훤을 대적할 만큼 군비를 충실히 하는 것도 중요했고, 또 여러 지방의 호족들을 자기편으로 회유하는 일은 더더욱 중요한 과제였다. 이런 문제를 풀어가는 과정에서 왕건의 통치력은 그 정체를 확연하게 드러냈다.

"중폐비사重幣卑辭"라는 말이 있다. 왕건의 호족 위무 정책을 일컫는 것으로서, 되도록 선물을 많이 주고 자기 자신을 겸손하게 낮췄다는 뜻이다. 왕건은 호족들을 억압하지 않으려 노력했으며, 그의 정책은 상당히 성공적이었다.

하지만 왕건에게도 생사의 위기가 닥쳤다. 927년 그는 신라를 도우러 출정했다 팔공산에서 견훤과 결전을 벌이게 된다. 그 전투에서 왕건의 군대는 대패했다. 왕건이 특별히 아끼는 용맹한 장수 신숭겸은 왕건을 대신해 전사했고, 왕건은 위급한 사태에 직면했다. 군사 대결에서는 왕건이 견훤의 한 수 아래였던 모양이다.

그러나 정치적으로는 왕건이 견훤보다 한 수 위였다. 이 두 사람은 각자의 세력 근거지를 벗어나 타국의 영토에서 전쟁을 치렀다. 덕분에 그들의 백성은 직접적인 피해를 입지 않았다. 그러나 민심의 차이는 컸다. 왕건에게는 신라를 위해 싸운다는 훌륭한 명분이 있었다. 그랬기 때문에 승패와 무관하게 신라인들의 지지를 받았다. 반대로 전투에 이긴 견훤은 사람들로부터 더 큰 미움을 샀다. 신라인들이 보기에 견훤은 침략자요, 왕건은 자신들을 돕는 선한 세력이었다.

그러자 신라 왕실을 떠받치고 있던 여러 호족들의 마음이 점차 왕건 쪽으로 쏠렸다. 특히 전략적 요충지인 안동 지역 호족들이 합심해 왕건을 편듦으로써 전세는 역전되었다. 훗날 삼태사三太師로 불리는 안동 장씨, 안동 권씨, 안동 김씨의 시조들은 왕건을 도와 견훤에게 설욕할 기회를 선사했다(929). 왕건은 궁지에 빠진 신라를 도우면서 은연중에 한반도 재통일의 중요한 계기를 마련했다. 그에 비해 견훤은 이미 서산에 지는 해로 전락하고 말았다.

왕건의 포용 정책은 한반도에 국한되지 않았다. 926년 그는 발해유민들을 적극적으로 받아들이기로 결정했다. 라이벌인 견훤과는 비교조차 할 수 없는 적극적인 외교였다. 화산 폭발로 인해 망했다는연구 보고가 있기도 한 발해는 갑자기 국세가 기울었다. 대신 요동지방에서는 거란족의 요나라가 일어나고 있었다. 북방의 이 같은 정세 변화에 왕건은 입장이 난처했을 것이다. 발해 문제를 잘못 처리하면 북방 민족의 침략이 뒤따를지도 모를 일이었다. 특히 발해 유민을압박했던 거란족으로부터 보복을 당할 가능성이 컸다. 이래저래 어려운 형국이었다.

염려가 없지 않았지만 왕건은 발해 유민을 수용하기로 결정했다.이로써 그는 고려가 고구려의 후계 왕조라는 대의명분을 지킬 수 있었다. 만약 거란이 발해 유민을 뒤쫓아 내려온다면 어떻게 할 것인가. 왕건은 발해 유민과 함께 거란과 싸워 요동을 회복할 생각도 품었다. 발해 유민은 요동의 지리에 익숙할 뿐만 아니라 거란족의 전법도 잘 알고 있었다. 때문에 전혀 승산이 없는 것은 아니었다.

견훤은 자신에게 유리한 상황이었을 때도 일본 및 거란과 통교했다. 하지만 왕건은 자신의 처지가 불리했을 때조차 움츠러들지 않았다. 그는 변화에 능동적으로 대처함으로써 판세를 바꿨다. 외부의 거센 도전을 대담하게 받아들이는 왕건의 용기는 행운의 열쇠였다.

보통사람은 위기가 오면 방어적이 되기 마련이다. 그럴수록 지켜야 할 대상은 많아지고 입지는 좁아진다. 국면 전환이 필요하지만 용이할 리 없다. 그러나 왕건은 달랐다. 위기가 닥칠 때마다 그는 도리어 개방적인 정책을 폄으로써 사태를 역전시키곤 했다. 오늘날 남북관계가 어려워진 것도 정부의 지나치게 소극적인 대북 정책 때문인지 모른다. 어려울수록 마음을 크게 열었던 왕건에게서 배워야 할 점이다.

포용과 개방을 특징으로 하는 왕건의 정치력은 그의 결혼 정책에서도 드러난다. 그에게는 스물아홉 명의 왕후가 있었다. 왕건은 그들에게서 서른네 명의 자녀를 얻었다고 한다. 하지만 그처럼 많은 처자가 궁궐에서 함께 살지는 않았다. 상당수의 왕후들과는 그저 형식적인 관계에 머물렀다고 한다. 왕건에게 결혼은 호족들과의 정치적 연합을 상징하는 것이었다. 다시 말해 그들을 안심시키기 위한 방편이었다는 뜻이다. 왕건의 결혼 정책은 호색好色의 발로가 아니라, 혼란했던 한반도 내부의 외교 행위였다.

위기와 기회는 동전의 양면과도 같다. 왕건의 복잡한 결혼 정책은 후대에 상당한 정치적 부담으로 드러났다. 왕건이 세상을 뜨자 왕자들이 서로 왕위에 오르겠다며 다투기를 일삼았다. 왕건이 이런 문제를 전혀 예측하지 못했을 리는 없다. 하지만 뒷일은 후세가 감당해야 할 몫이고, 왕건에게 가장 중요한 일은 한반도의 재통합이었다. 그 아버지의 그 아들답게 고려 제4대왕인 광종(949~975)은 국초의 혼란을 극복하고 부왕(왕건)이 세운 고려를 반석 위에 올려놓았다.

왜 왕건은 견훤에게 아버지 대접을 했을까

견훤이 노쇠하자 후백제는 후계 문제에 당면했다. 왕건이 치밀한 성격의 소유자라는 점을 염두에 둘 때 혹시 그가 모종의 이간책을 쓴 것이 아닐까 하는 의심도 들지만, 이를 증명할 길은 없다. 후백제 왕인 견훤에게도 모후가 다른 왕자가 여러 명이었다. 견훤 역시 왕건과 마찬가지로 결혼 정책을 구사했을 가능성이 있다. 상주 출신인 견훤이 낯선 전주 땅에서 왕 노릇을 하자니, 당연히 그런 정책이 필요했으리라. 그러나 견훤은 역사의 패자로 전락하고 말아 자세한 기록이 남아 있지 않다. 어쨌거나 왕건이 살아 있을 때만큼은 복잡한 가족관계를 잘 통제했던 데 비해 견훤은 그렇지 못했다.

견훤은 넷째 왕자인 금강을 후계자로 선포했다. 그러자 신검, 양검, 용검 등 다른 세 명의 왕자들이 쿠데타를 일으켰다. 935년 3월, 그들은 금강을 죽이고 부왕(견훤)을 금산사에 감금했다. 왕건은 이를 절호의 기회로 인식했다. 그는 견훤이 금산사를 탈출해 자신에게 망명하도록 유도했다. 후백제의 내부 붕괴를 노린 것이다. 왕건은 투항해 온 견훤을 상보尙父로 대우했다. 중국 고대에 주나라 무왕이 신하인 태공망을 아버지처럼 받들어 상보로 우대한 전례가 있었던 것처럼 왕건도 그랬다. 그렇게 해서 936년 9월, 왕건은 견훤과 함께 말머리를 나란히 하고 후백제를 정벌했다. 황산(충남 연산)에 이르러 그들은 후백제 군사를 격파했다. 그곳은 옛날 김유신이 계백의 결사대와 맞서 싸운 황산벌이었다. 황산은 백제와 후백제 모두에게 운명의 전쟁터였다. 신검이 항복하자 왕건은 그 역시 살려 주었다. 견원지간이 되어버린 견훤과 신검 부자를 모두 살려 준 왕건의 도량은 그들 부자를 부끄럽게 만들었으리라. 그 얼마 뒤 울화병에 걸린 견훤은 개태사에서 세상을 하직했다. 왕건은 내부 분열에 빠진 후백제를 거저 얻은 셈이었다.

신라 역시 굳이 무력을 사용해서 정복할 필요는 없었다. 견훤이 허수아비 왕으로 추대한 경순왕이 있었기 때문이다. 그는 기울어 가는 신라의 국력을 만회할 방도를 찾지 못했다. 민심도 왕건 쪽으로 기운 지 이미 오래였다. 경순왕의 조정은 항복을 결정했고 935년 11월, 왕건은 피 한 방울 흘리지 않고 신라를 접수했다. 왕건은 장녀인 낙랑 공주를 경순왕과 결혼시켰다. 또한 골품제 아래서 신음하던 6두품 출신의 신라 유학자들을 대거 등용했다. 왕건은 한국 역사상 가장 뛰어난 융합의 지도자였다.

원융(圓融) 화합을 추구하는 그의 능력은 여러 면에서 빛이 났다. 정치적 라이벌을 다루는 과정도 대단하지만, 사상적인 면에서도 유교, 불교 및 풍수도참설을 골고루 수용해 저마다의 장점을 살렸다. 그는 불교 사찰의 수를 제한한 것으로도 유명하다. 왕건이 후손에게 전한 '훈요10조' 가운데 다음과 같은 경고가 있다. "사원은 모두 도선이 산수의 순역順逆을 점쳐서 정한 자리에 개창했다. 도선은 일찍이 '내가 점쳐서 정한 곳 외에 함부로 사원을 세우면 지덕地德이 손상되어 국운이 길하지 못하리라'고 예언했다." 도참설의 대가 도선(827~898)의 입을 빌려 왕건은 마구잡이로 사찰이 생김으로써 가져올 피해를 사전에 예방하려 했던 것이다. 왕건은 견제와 균형을 추구하는 가운데 국운의 융성을 도모했다.

왕건 일가는 영암(전라남도) 지방에서 꽃핀 풍수도참설을 적극 수용한 것으로도 정평이 나 있다. 당대 풍수도참설의 대가인 도선과는 각별한 친분이 있었다고 한다. 도선은 곧 태어날 왕건의 장래에 대해 집터까지 잡아 주었다는 설화도 있다. 그러나 도선이 과연 개성까지 올라가서 그런 예언을 했을지는 의문이다. 도선은 영암의 옥룡사에 주석했고, 그의 제자들도 후백제 땅인 그곳에서 활동했다. 그가 왕건 일가와 밀접했다는 설화는 후대에 조작된 것이 아닐까 싶다.

풍수도참설을 통해 왕건에게 봉사한 이는 도선의 제자 경보 대사였다. 경보는 견훤의 측근이었으나 나중에는 왕건에게로 옮겨 갔다. 사회적 혼란에 시달리던 10세기 민중들에게 풍수도참설은 큰 위안을 주었다. 부와 권세를 약속해 주었으니 당연한 일이었다. 호족들도 풍수도참설에 큰 기대를 걸었다. 그들의 권력을 정당화하고 위세를 더하는 데 풍수지리설만 한 것도 없었다. 그 점을 놓칠 왕건이 아니었다. 왕건은 풍수도참설의 대가인 도선의 학맥을 총동원해 자신에게 유리하도록 예언을 퍼뜨렸다. 훗날 고려 왕조는 풍수도참설의 과잉으로 상당한 혼란에 빠지기도 한다. 하지만 그것은 인종처럼 똑똑치 못한 임금에게나 해당되는 이야기다. 지혜로웠던 왕건은 한반도 재통일에 풍수도참설을 적극 이용해 큰 효과를 보았다.

왕건은 후백제의 항복을 받은 다음에도 그들의 부흥 운동에 대한 경계심을 늦추지 않았다. 자신의 사후에도 후백제 세력을 조정에 끌어들이는 것은 위험하다고 믿었다. '훈요10조' 중에 "차현 이남과 공주 강 바깥의 사람들은 쓰지 말라"고 한 뜻이 거기 있었다. 이 말을 확대 해석해 충청도와 전라도 사람을 일체 등용하지 말라는 뜻으로 해석하는 경우가 더러 있지만, 그는 지나친 비약이다. 왕건의 유훈은 금강 유역, 즉 후백제의 핵심 지역 출신을 당분간 등용하지 말라는 뜻이었다. 알다시피 왕건의 후계자 혜종은 외가가 나주였고, 고려의 재상들 가운데 상당수가 전라도 및 충청도 출신이었다. 융합을 중시하는 왕건이 특정 지역을 권력에서 완전히 배제한다는 것은 도저히 상상할 수 없는 일이다.

시대의 난제를 융합의 지도력으로 해결한 왕건은 역사의 승리자다. 서남해안의 해상 세력을 비롯한 각지의 호족들과 일반 백성들이 그 편이었기 때문이다. 이에 대해 자세히 설명하기엔 지면의 한계가 있다. 어쨌거나 왕건은 백성들에게도 과감한 감세 조치를 베풀어 숨 돌릴 기회를 주었고, 투철한 역사의식으로 발해 유민도 수용했다. 융합을 추구하는 왕건의 통치 철학은 혼미를 거듭하던 한반도에 재통합과 번영의 기회를 약속했다. 그렇게 고려 500년의 역사가 시작되었다.

왕건의 왕건다움은 누구보다도 남의 마음을 잘 헤아렸다는 점에 있었다. 역지사지易地思之는 늘 그의 출발점이었다. 그랬기에 그는 호족들의 마음을 어루만질 수 있었고, 심지어는 자신을 위협하던 적국의 왕 견훤까지도 왕건의 품안으로 들어왔다. 백성들을 위한 조세개혁조치와 다양한 시대사조의 조화로운 융합 역시 왕건의 헤아림에서 나왔다. 공자는 마흔을 "불혹不惑"이라고 하였다. 이것은 자신에게 몰입함으로써 가능한 것이 아니다. 자신의 이기심을 내려놓고 남의 처지를 헤아릴 줄 아는 것이 사물에 혹하지 않는 길이요, 큰 뜻을 이루는 지름길은 아닐까.

3장

조선 왕조가 마주한
격변의 시기

정도전 – 인생의 고비에 숨은 기회의 씨앗

세종대왕 – 목표를 세우고 끈기 있게 밀고 나가라

정도전은 고려 말의 혼란을 수습하고 새 왕조를 개창한, 이를 테면 '조선 왕조의 설계사'였다. 그가 꿈꾼 '새로운 정치'는 백성을 위한 것이었으며, 그 정수는 세종 대왕에게로 이어졌다. 왕은 한글 창제를 통해 '훈민訓民'에 이르고자 했다. 이들이야말로 우리 역사의 황금기를 개척한 최고의 통치자들이 아닐 수 없다.

정도전
인생의 고비에 숨은 기회의 씨앗

태종(이방원)이 정도전을 살해한 것은 현실 정치 권력을 차지하기 위한 어쩔 수 없는 세력 다툼이었다. 흔히들 정도전을 가리켜 '조선 왕조 500년의 역적'이라고 하지만 이는 과장된 말이다. 정도전의 개혁 사상이 담긴 『삼봉집三峰集』은 고스란히 전해져 조선 왕조의 앞길을 밝히는 등불이 되었다. 정도전이 그린 왕조의 '설계도'는 때로 구겨지고 왜곡되기는 했을망정 내내 유효했다.

노비 출신 정도전, 벼슬길에 오르다

조선 왕조의 설계자 정도전鄭道傳(1342~1398). 그의 신분은 정확히 말해 노비였다. 그의 고조부인 정공미는 봉화현(경상북도) 호장이었다. 정씨들은 대대로 봉화현의 토착 지배자였다. 문제는 정도전의 어머니 쪽이었다. 어머니에게 노비의 피가 섞여 있었다. 차공윤이라는 양반이 노비 출신의 첩, 즉 비첩婢妾에게서 낳은 얼자녀孼子女의 자손이었기 때문이다. 정도전의 아내 역시 그런 신분상의 하자를 안고 있었다.

이래저래 정도전의 가계에는 흠집이 많았다.

한국 사회의 고유 관습에 따르면, 부모 중 한쪽이 노비면 자녀들도 당연히 노비였다. 이는 세대가 지나도 변하지 않는 철칙이었다. 그렇다 보니 정도전과 같은 처지의 사람은 벼슬길에 나가 뜻을 펼 기회가 좀체 주어지지 않았다. 그러나 14세기 후반 고려 사회에서는 예외가 허용되었다. 학자들은 이를 두고 당시 사회가 혼란했기 때문이라고 말한다. 그러나 내 판단으로는 고려와 밀접한 관계에 있던 원나라의 영향이 더 중요한 역할을 한 것으로 보인다.

몽골족이 세운 원나라는 세계 대제국이었다. 그 당시는 중국의 역대 왕조에 비해 사회 이동이 더욱 활발했다. 원나라는 회계에 밝은 아라비아 사람들에게 재정과 회계 사무를 전담시킬 정도로 개방적이었다. 이런 원나라와 부마국(사위 나라)인 고려의 관계는 대단히 밀접했다. 고려의 왕들은 대대로 원나라 왕실과 결혼했고, 일생의 상당 기간을 원나라의 수도 대도(연경)에서 보냈다. 고려 귀족의 자녀들도 원나라에서 성장하거나 양국을 왕래하는 경우가 잦았다. 자연히 원나라의 법과 관습에 큰 영향을 받았다. 반대로 고려의 풍습이 원나라에 영향을 주기도 했다(고려양).

특히 주목할 점은 원나라의 개방적 분위기가 고려 사회에 상당 부분 영향을 미쳤다는 사실이다. 13~14세 기 고려 사회에서는 역관 출신, 응방 출신 또는 정도전처럼 신분에 하자가 있는 많은 사람들이 관리로 출세했다.

고려 귀족들은 신분상의 약점을 트집 잡아 정도전을 깔봤다. "가풍이 부정하고 파계派系가 불명하다." 누구의 자손인지 모를 만큼 가문이 미약하다는 세평이었다. "천한 가문에서 몸을 일으켜 함부로 재상의 자리를 훔치더니, 무수한 죄를 지었다"는 식의 비난도 일었다. 이런 악평들은 물론 비열한 뒷공론이었다.

정도전은 어려서부터 성리학 공부에 두각을 나타냈다. 미천한 신분과는 달리 그의 학맥은 화려했다. 그의 스승인 이색李穡(1328~1396)은 당대 최고의 학자였다. 이색은 조선 왕조의 개창을 반대하고 고려 왕조를 위해 절의를 지킨 것으로도 이름이 높은데, 그것은 물론 훗날의 일이었다.

이색 문하에서 정도전은 정몽주, 박상충, 박의중, 이숭인, 이존오, 김구용, 김제안, 윤소종 등을 사귀었다. 그들 대부분은 구 귀족의 후예로서 앞장서 기성 가치를 수호했다. 정몽주(1337~1392)가 그 대표적인 인물이다. 그들과 정도전이 갈라서게 된 것은 나중 일이고, 젊은 시절 정도전은 동료인 그들의 호평을 받았다. 정도전은 언변도 탁월했고, 굽히지 않는 기백과 절조도 있어 인기가 높았다.

정도전을 발탁한 것은 공민왕이었다. 공민왕은 탁월한 화가였고, 고려의 독자성을 회복하기 위해 반원 정책을 편 것으로도 정평이 나 있다. 공민왕은 역시 신분적 한계가 있던 승려 출신의 개혁가 신돈을 중용해 개혁 정치를 추진했다. 그는 신분에 구애받지 않고 유능한 젊은이들을 등용해 고려 사회를 과감하게 개혁하려 했다. 정도전은 정몽주, 이숭인 등과 함께 공민왕의 개혁 정책에 찬동했고, 왕은 그들에게 유학 진흥의 임무를 부여했다. 1370년 정도전은 성균관 박사로 발탁되어 매일 같이 젊은 유생들을 상대로 성리학을 강론했다.

그러나 공민왕의 개혁 정치는 오래 가지 못했다. 그가 비명에 쓰러졌기 때문이다. 때 아닌 공민왕의 죽음으로 구 귀족들이 다시 정권을 쥐었는데, 그들은 공민왕과 대립한 친원파였다. 그들의 세상에서 정도전은 용납되지 않았다. 그는 멀리 회진현(전라도 나주)이라는 궁벽한 시골로 유배되었다. 거기서 정도전은 백성들의 삶이 얼마나 피폐한지를 몸소 경험했다.

백성 중심의 유학자, 백성을 생각하다

우여곡절 끝에 정도전은 재기에 성공했다. 고난을 헤치고 다시 올라온 그는 새 이념과 개혁 사상을 대표하는 인물이 되었다. 정도전은 백성 중심(民本)의 유학자였다. 처음부터 그가 그처럼 과격한 개혁 사상가였다고 보기는 어렵다. 어린 시절 그는 아버지 정운경을 따라 개성으로 올라 왔다. 아버지는 벼슬길에서 승승장구했고, 그 덕분에 정도전은 개경의 귀족적 분위기에 물들었다. 그는 일반 백성들의 고된 삶을 잘 몰랐다. 그러다가 변방으로 귀양을 감으로써 비로소 백성들의 생활을 알게 되었다. 그들의 어려운 처지를 속속들이 이해한 정도전은 일변했고, 정치와 철학의 진정한 의미를 재발견했다. 정치란 도대체 누구를 위한 것이며, 어떻게 해야 올바른 것인가. 이런 문제들에 대해 정도전은 명확한 답을 얻었다.

그는 유교적 이념에 충실한 개혁 정치가가 되었다. 정도전은 자신의 정치사상을 여러 권의 책으로 정리했다. 『조선경국전』과 『경제문감』 등이 그것이다. 『경국전』은 성리학에 입각한 국가 통치 철학, 통치 조직, 국정 운영에 관한 지식을 정리한 것으로 이를 테면 법전이었다. 『경제문감』은 정치, 경제에 관한 정도전의 논문집이다. 또한 그는 조선 왕조의 입장에서 고려 왕조의 역사를 편찬할 때도 중심적인 역할을 담당했다. 『학자지남도』를 지어 성리학자가 나아갈 길을 밝히기도 했다. 『팔진삼십육변도보』라는 군사 관련 서적도 편찬했으며, 『불씨잡변』을 통해 불교 교리를 논박한 사실도 빼놓을 수 없다. 신왕조 창립의 주역인 정도전은 책상 앞에 앉아 있을 겨를이 별로 없었을 텐데도 왕성한 필력으로 다수의 저술을 낳았다. 그것도 대개는 민본 정치의 구현에 직접 필요한 것들이었다.

국가는 백성을 보호하기 위해 존재하는 것이다

정도전의 정치사상은 『경제문감』에 구체적으로 표현되어 있다. 그런 점에서 다음의 일절은 주목할 만하다.

> "대저 백성은 나라의 근본이다. (중략) 옛날 사해를 다스리기 위해 천자가 관작을 설치해 봉록을 지급한 것은 신하를 위해서가 아니라 모두 백성을 위해서였다. 그러므로 성인(제왕)의 동작과 시설, 명령과 법제는 모두 다 백성에 근본을 두었던 것이다. (중략) 제왕이 관리에게 책임을 묻는 것도 오직 백성을 근본으로 여겨서다. 관리가 임금에게 보답하는 길 역시 백성을 근본으로 삼는다."
>
> _정도전, 「현령군수민지본야」, 『경제문감』 하

정도전은 정치의 근본이 백성에 있다는 점을 그저 추상적인 어투로 주장하는 데 그치지 않았다. 국가 자체가 백성을 위해 존재한다는 점을 명확하게 밝혔다. 이는 성리학 본연의 입장이었다. 왕이든 신하든 지배층이라면 누구나 백성들의 삶에 책임을 져야 한다는 것이다.

> "무릇 백성이 만든 음식을 먹는 사람이라면 마땅히 백성을 책임
> 져야 한다. 또 백성이 지은 옷을 입는다면 백성의 근심을 헤아려야
> 옳다." _정도전, 「현령수령불임사」, 『경제문감』 하

엄밀히 말해 왕은 물론 지배층 전체가 백성들의 수고에 힘입어 의식주를 해결한다. 지배층은 백성 덕분에 사는 것이다. 따라서 지배층은 백성들에게 옳은 정치로 보답함이 옳다. 이것이 성리학의 가르침이었고, 정도전은 이를 적극 수용했다.

물론 정도전은 민주주의자가 아니었다. 그는 국민의, 국민에 의한, 국민을 위한 정부를 주장하지도 않았다. 정도전이 꿈꾼 조선은 왕과 지배층의 나라였다. 다만 그는 백성을 위한 조정을 만들자는 의견이었다. 그때는 아직 14세기 말이었고, 정도전의 통치 철학은 동시대 세계 어느 나라에서도 쉽게 찾아볼 수 없는 급진적인 사상이었다.

물론 이것이 정도전만의 독특한 사상은 아니었다. 유교 특히 성리학은 근본적으로 백성 중심이었다. 가령 『대학』이나 『중용』을 살펴보더라도 도처에 그런 통치 철학이 강조되어 있다. 송나라의 대표적 성리학자들, 예컨대 주희(1130~1200)가 말하기를, 왕의 임무는 백성을 먹여 살리는 것이라고 했다. 백성들에게 생업을 보장해 줌으로써 그들이 사시사철 충분히 먹고살게 하는 것이 왕 노릇의 핵심이라고 했다. 동아시아의 성리학자들은 고전을 통해 이런 주장을 익혔다.

그렇다면 정도전의 백성 중심 사상은 특별히 강조되어야 할 이유가

없지 않을까. 그렇지 않다. 성리학자라면 누구나 이런 사상을 학습했으나 이를 실천에 옮겨야 할 필수 지식으로 여긴 사람들은 극히 드물었다. 모든 성직자들이 사랑과 자비를 실천하기 위해 헌신하지 못하는 것과 마찬가지다. 그러나 정도전은 그것을 자신의 사상으로 체화體化했다.

하지만 정도전은 구 귀족들에게 밀려나 권력에서 완전히 소외되었다. 고뇌가 깊어진 그는 삼각산 아래에서 학생들을 모아 가르치기도 했지만 그 또한 용이하지 않았다. 그는 여러 곳을 전전하며 암중모색했다. 그러나 어디서도 자신의 문제를 풀 수 없다는 사실만을 확인할 뿐이었다. 그러자 정도전은 모험적 선택을 감행한다. 이성계라는 전쟁 영웅과 힘을 합친 것이다.

정도전, 이성계를 선택하다

정도전이 이성계를 찾아간 것은 1384년(우왕 10년)이었다. 훗날 그는 "한나라 고조가 장자방을 이용한 것이 아니라, 장자방이 한고조를 이용했다"고 전한다. 장자방이라면 역사에 이름을 남긴 한고조(유방)의 책사였다. 정도전의 속생각은 자신이 바로 조선의 장자방이며, 이성계李成桂(1335~1408)는 곧 한고조라는 의미다.

만약 정도전이 이성계를 선택하지 않았다면 과연 그가 왕이 될 수 있었을지는 알 수 없다. 이성계는 변방 출신 무장이었다. 공민왕 때 그 아버지 이자춘(1315~1361)이 고려에 귀순해 원나라의 쌍성총관부 함락에 큰 공을 세웠다. 그들은 쌍성(함경도) 출신이었다. 그곳은 고려인들이 여진이나 몽골인들과 함께 어울려 사는 다민족 사회였다. 이성계 집안은 이미 여러 대를 그런 사회에서 살았으므로 그 입장이 독특했다. 부하들 중에는 퉁두란과 같은 여진족 출신이 꽤 섞여 있었다.

이성계에 관한 고려 귀족 사회의 입장은 미묘했다. 그들의 눈에 비친 이성계는 여러모로 미심쩍었다. 귀족들은 가문이 쟁쟁한 최영(1316~1388) 장군 편이었다. 정도전이 귀족들에게 배척당했듯이 이성계의 운명 또한 언제 어떻게 될지 아무도 모를 일이었다. 당장 남쪽에서는 왜구가 쳐들어오고, 북쪽에서는 여진족이 국방을 불안하게 만들었다. 그런 고려로서 이성계처럼 탁월한 무장을 함부로 대할 수는 없었다. 그러나 외부 불안 요소가 제거된 뒤 이성계의 운명이 어떻게 될지는 누구도 예측할 수 없었다. 이방인이라고 할 수밖에 없는 이성계의 성공은 잠재적 불안을 안고 있었다.

정도전은 바로 그 이성계를 찾아 함경도로 갔다. 이성계는 동북면 도지휘사로서 여진족의 남하를 막고 있었다. 여러 차례 외적을 퇴치한 공로로 국가적 전쟁 영웅이 된 이성계는, 정도전과 뜻이 맞자 그의 뒤를 봐주었다. 벼슬길이 다시 열린 것은 물론이었다. 그러나 1388년 그들에게 위기가 찾아왔다. 조정의 명령으로 이성계는 조민수(?~1390)와 함께 요동 정벌에 나설 수밖에 없었다. 하지만 이성계는 요동 정벌을 단행할 뜻이 없었다. 정도전을 비롯한 동지들의 판단 역시 마찬가지였다. 그들은 압록강의 위화도라는 조그만 섬에서 회군을 단행했다.

겉으로는 사대의 명분과 무더운 날씨 등을 회군의 이유로 내세웠지만, 그런 사정이 하필 위화도에 도착해서야 분명해졌을 리는 없다. 개경을 출발할 때부터 그들은 작은 나라가 큰 나라를 치러 간다는 사실을 알았으며, 계절은 당시 이미 여름이었다. 이성계 일파의 회군 이유는 변명에 불과했다.

이성계 일파의 정치적 계산은 깊었다. 그들이 보기에 중국 대륙은 이미 역사적 전환기에 들어섰다. 망하는 원나라를 편드는 것은 부질없는 짓이며, 떠오르는 명나라와 다투는 것은 위험천만한 일이다. 더욱이 문제의 요동 지방은 농업 생산성이 극히 낮은 변방 중의 변방이었다. 요동의 패자를 가리기 위해 명나라와 전쟁을 벌일 이유가 없었다. 이겨 봤자 별 이득도 없지만, 지기라도 하는 날에는 이성계 일파의 정치 생명은 끝장날 판이었다. 이렇게 무익한 전쟁을 벌이느니, 차라리 개경을 차지하는 것이 상책이었다.

이성계 일파는 정권을 탈취했고, 자신들이 원하는 개혁 정치를 시작했다. 이성계 휘하에는 두 부류의 참모들이 있었는데, 정도전을 중심으로 한 급진파와 조준(1346~1405)으로 대표되는 온건파가 그들이다. 의견은 사안마다 달랐지만 결정적인 부분에 있어서 그들의 뜻은 하나였다. 고려 왕조를 무너뜨리고 새 왕조를 개창하고 싶다는 점이었다.

정도전은 급진적 전제 개혁을 추진했다. 경제의 중심인 토지 제도를 바꾸려는 것이었다. 그는 개인 소유 토지를 몰수해 농민들에게 동일 규모의 농토를 나누어 주고자 했다. 부자도 가난한 사람도 없이 누구나 국가가 지급한 농지를 경영하며 평화롭게 사는 세상을 꿈꾸었다. 정도전은 빈부의 차이를 부정했던 것이 아니라, 누구라도 출발점이 공평한 기회 균등의 사회를 건설하고 싶었다.

정도전은 지주제를 반대했다. 농지 소득의 절반을 소작료로 가져가는 것은 착취 행위라는 견해에서였다. 농사를 못 짓겠으면 차라리 그 땅을 팔라는 것이었다. 농지는 농부의 소유여야 하고, 그들에게서 거두는 세금은 최소화해야 한다. 국가가 착취자로 둔갑해서는 안 된다. 정도전의 이 같은 주장은 오늘날에도 실천하기 어려울 정도로 급진적이다. 사유 재산을 인정하면서도 경제 정의의 실천을 중시하는 정도전의 꿈은 끝내 역사적 현실이 되지 못했다. 기득권 세력을 근본적으로 위협하는 것이라서 그저 하나의 개혁 구상에 머물렀다. 그럼에도 불구하고 14세기 말 조선의 건국기에 정도전이 이와 같이 웅대한 포부를 가졌다는 사실은 우리가 길이 기억할 만한 일이다.

위기를 혁명의 기회로 삼다

1392년 3월 이성계 일파는 또 한 차례 위기를 맞는다. 해주에 사냥을 나간 이성계가 말에서 굴러 떨어지는 사고가 일어나자 반대파인 정몽주가 숙청의 칼을 높이 뽑아든 것이다. 정몽주는 구 귀족을 대표해 정계 개편을 시도했다. 그는 정도전을 감옥에 가두었다. 이는 이성계 일파를 숙청하겠다는 신호탄이었다.

이성계의 아들이자 최측근인 이방원(태종, 1367~1422)이 비상수단을 강구했다. 그는 부하 조영규(1395년 사망)를 시켜 정몽주를 살해했다. 상황이 그만큼 긴박했던 것이다. 이로써 사태는 반전되었다. 상황의 심각성을 절감한 공양왕은 자신의 부덕을 한탄하며 이성계에게 양위했다. 정도전과 이성계 등이 남몰래 키워온 왕조개창의 야망이 실현되었다. 태조 이성계는 개국공신을 책봉했는데, 당연히 봉화백 정도전의 이름도 그 안에 포함되었다.

태조에게는 여러 왕자들이 있었다. 이방원 등 나이 든 왕자들은 전

왕비인 한씨의 아들들이었고, 방석(1382~1398) 등 젊은 두 왕자는 계비 강씨의 소생이었다. 태조는 말자末子 방석을 세자로 정했다. 이는 정도전의 뜻이기도 했다. 그는 건국에 공이 많은 이방원 등과는 정치적 이해관계를 달리했다. 그들 장성한 왕자보다는 방석처럼 나이 어린 왕자가 더 달가웠던 것이다. 정도전은 세자 방석과 함께 자신이 꿈꾸는 새 나라를 만들고 싶었다.

태조 이성계는 왜 가장 나이 어린 방석에게 왕위를 물려주고 싶었을까. 말자 상속은 몽골을 비롯한 유목 민족의 풍습이었다. 막내아들을 후계자로 삼는 것은 태조의 고향(함흥)에서는 일반적인 풍습이었다. 왕조의 개창에 기여한 공로로 보면 이방원이 으뜸이었지만 태조의 뜻은 다른 데 있었다.

조선을 설계하다

태조의 지원 아래 정도전은 조선 왕조를 성리학 국가로 만들기로 작정했다. 논란 끝에 한양이 새 국도로 정해지자 그의 계획은 더욱 구체화되었다. 조선은 개경을 탈출함으로써 고려의 구 귀족들을 정치적으로 퇴출시킬 터였다. 그들은 새 도시 한양이 필요했다. 정도전은 성리학적 이념을 도구로 새 도읍의 얼개를 짰다. 대궐 안의 대문, 누각 및 건물의 명칭을 성리학적 개념에 따라 정했다. 가령 남쪽을 향해 난 대문은 '숭례문'이라 불렀다. 조선은 예禮를 숭상하는 국가임을 밝힌 것이다. 또 동쪽 대문은 '흥인지문'이라고 했다. 성리학의 최고 가치인 인仁을 일으키겠다는 각오였다. 대궐 이름도 '경복궁'이라고 칭했다. 성리학적 의미에서 경사와 복을 바랐던 것이다. 이런 식으로 큰

것부터 작고 세세한 것에 이르기까지 모두 성리학적 지식에 입각해 이름을 지었다. 500년의 수도 한양의 모습은 이렇게 탄생했다.

정도전은 백성 중심의 나라 조선 왕조를 홍보하고 그 기틀을 다지려고 악곡을 쓰기도 했다. 「문덕곡」「몽금척」「수보록」 등이 그것이다. 그 내용 중에는 지나치게 미화된 부분도 많았다. 태조 이성계는 유교적 덕성을 온전히 갖췄기 때문에 천명을 받아 왕위에 올랐다는 식이었다. 정도전의 악곡들은 왕실의 잔치에서 끊임없이 연주되었고, 오늘날까지 전해진다.

조선을 성리학적 국가로 탈바꿈하기 위해 정도전은 불교와도 이념적 대결을 회피하지 않았다. 개인적으로는 불교계 인사들과 친분이 두터웠지만 말년에는 태도를 일변해 『불씨잡변』을 집필해 불교를 공박했다. 불교는 아버지도 모르고 임금도 모르는 못된 종교라며 그 교리를 비판했고, 사찰과 승려들의 부패상을 가차 없이 폭로했다. 정도전은 고려 왕조가 불교를 국교로 삼았기 때문에 사찰 세력이 지나치게 비대해져 망국의 한 가지 원인이 되었다고 보았다. 새 왕조는 이런 폐해를 극복하고 성리학에 기초한 유교적 도덕 국가여야 한다는 것이 그의 신념이었다.

성리학 국가의 출범을 위해 정도전은 『조선경국전』이라는 일종의 법전을 만들었다. 중국의 고전인 『주례周禮』를 바탕으로 중국과 한국의 역사를 고려해 조선 왕조의 통치 구조와 운영 방식을 고심한 결과였다. 정도전이 바랐던 이상적 통치 형태는 재상 중심이었다. 조선의 왕은 중국 고대의 전설적 제왕처럼 군림할 뿐 직접 다스리지 않기를 원했다. 국가의 중요 사무는 재상들이 책임져야 옳다는 것이었다. 그러므로 과거제를 통해 유능하고 덕성 있는 관리를 선발하는 문제가 국가의 현안이었다. 고려 시대만 해도 과거 시험보다는 음서 제도가 더 큰 비중을 차지했다. 정도전의 생각은 달랐다. 사회적 배경이나 연줄 따위로 관리를 뽑는 것은 위험한 일로 생각되었다. 요직에 나아갈 관리는 반드시 과거 출신이어야 하고, 과거 시험은 널리 개방되는 것이 옳다고 보았다. 따라서 국가는 공교육의 기회 균등을 위해 많은 노력을 기울여야 한다는 것이었다. 현대적인 입장에서 보더라도 정도전의 견해는 타당하다.

재상은 과거 제도를 통해 선발되고 평생 숱한 통치 경험을 쌓은 인재들이다. 왕이 재상의 경륜을 존중해 그들에게 실무를 맡기는 것은 당연한 일이다. 왕은 도덕적 품성을 길러 군자를 높이 등용하고 소인을 물리치는 데 힘써야 한다고 주장했다. 정도전은 유교 국가의 완성을 위해 모든 행사에서 불교와 민간 신앙적인 요소를 뿌리 뽑고 유교 제례만을 시행하자고 말했다. 그러려면 당시의 풍습을 대대적으로 혁신해야만 했다. 또한 민본 정치의 정착을 위해 지배층의 사치를 금지하고 대형 토목 사업도 벌이지 말 것을 요구했다. 정도전은 복지를 지향하는 '작은 정부'를 추구했다.

『조선경국전』은 후배 성리학자들의 비판과 검토를 거쳐 조선의 기본 법전으로 다시 태어났다. 정도전의 사상을 토대로 『경제육전』과 『육전등록』이 만들어졌고, 성종 때는 『경국대전』이 완성되었다. 큰 틀에서 보면 조선 왕조의 통치 규범인 『경국대전』은 정도전의 유교적 이상 국가론을 수용한 것으로 평가된다. 그러나 그의 과감한 개혁 사상을 그대로 물려받지는 못했다. 기득권층의 저항이 컸기 때문이다. 정도전은 시대를 초월한 개혁 사상가였다.

한계에 처한 사상가

중국 대륙의 패자로 등장한 명나라는 조선이 북방의 여진족과 우호관계를 맺는 것은 허용했지만 요동으로 직접 진출하는 것은 반대했다. 명나라의 이 같은 간섭을 용인할 수 없었던 정도전은 이성계에게 명나라를 정벌하자고 넌지시 건의하기도 했다. 중국의 역사를 살펴보면 외이外夷, 즉 유목 민족들이 침입해 황제로 등극한 선례가 적지 않으니 조선도 그렇게 못할 이유가 없다는 주장이었다. 정도전의 이처럼 과감한 제안을 태조는 적극적으로 검토하지 못했다. 노쇠한 왕에게 이와 같은 과감한 주장이 제대로 먹힐 리 없었다.

14세기 말 명나라는 조선에 외교적 압력을 가해 왔다. 일종의 길들이기였다. 그들은 조선이 보낸 표문表文과 전문箋文, 즉 외교 문서의 자구를 트집 잡아 사죄를 요구했다. 심지어는 문제의 외교 문서를 정도전이 작성했다며 그를 중국으로 압송하라고 명령했다. 이른바 '표전문表箋文' 사건(1394년, 태조 3년)이었다. 태조는 정도전을 압송하기는커녕 대규모 군사 훈련을 실시해 명나라의 부당한 요구에 맞섰다. 그 틈을 이용해 정도전은 왕자와 장수들이 개인적으로 거느린 사병私兵을 혁파했다. 위기를 기회로 활용해 그는 특수층의 사적인 무력 기반을 와해시키고 국가의 공병公兵을 강화했다.

사병 혁파를 계기로 정도전은 조정의 또 다른 실력자 이방원과 정면충돌했다. 이방원은 부왕(이성계)이 낙마했을 때 정몽주를 격살擊殺해 조선 건국을 가능하게 만든 결단의 인물이었다. 그는 정도전이 자신의 무력 기반을 잠식하게 내버려 두지 않았다. 이방원은 군대를 이끌고 궁궐로 쳐들어가 세자 방석과 그 형제인 방번을 살해했다. 정도전까지도 멋대로 처형했다. 이른바 왕자의 난을 일으킨 것이다. 정도전은 곧 역적으로 몰렸고, 공신호功臣號와 일체의 재산도 몰수당했다. 오늘날 서울시 종로구청이 바로 그때 빼앗긴 정도전의 집터다. 뜻밖의 죽음을 당함으로써 그의 민본 사상은 후대가 풀어야 할 역사의 과제가 되었다.

정도전은 무죄했다. 그는 조선 왕조의 막중한 공신이요 불세출의 개혁 사상가였다. 태종 이방원과 세종 부자는 이런 사실을 너무도 잘 알고 있었다. 그들은 정도전의 아들 정진을 조정에 남겨 두어 형조판서까지 올라가도록 했다. 태종이 정도전을 제거한 것은 다만 정치적 입장 차이가 너무 컸기 때문이다.

앞서 말했듯이 정도전은 재상 중심의 통치를 추구했다. 그에 비해 태종은 자신이 왕이 되어 직접 통치하기를 바랐다. 이방원은 왕이 되자 '6조직계제'(6조 판서가 왕에게 주요 현안을 직접 아뢰는 방식)를 시행했다. 그는 조정 대신들의 합좌 기구인 의정부의 기능을 축소하고 대신에 실무 부서인 6조의 장관을 직접 상대했다. 태종은 친정 체제를 선호했던 것이다. 그러나 길게 보면 조선 왕조는 정도전의 입장을 따랐다. 태종의 뒤를 이은 세종부터 재상을 통한 정치를 원칙으로 삼았다. 이는 성리학이 추구하는 통치의 기본 형태이자 『경국대전』이 지지하는 조선 왕조의 선택이었다. 정도전은 태종에게 지고도 이겼다.

19세기 후반 흥선대원군은 경복궁을 중수하고 왕명을 빌려 정도전을 정식으로 복권시켰다. 태종에게 처단된 이후 정도전은 줄곧 역적으로 기록되었지만 마침내 누명을 벗었다. 하지만 오해는 없어야 한다. 이미 언급했듯이 정도전의 자손들은 그 아들 정진부터도 아무런 정치적 탄압을 받지 않았다. 정씨 일가는 역적의 자손으로 취급되지 않았다. 정도전의 저술『삼봉집』은 몇 차례나 거듭 간행되었고, 특히 정조 때는 왕명으로 다시 편찬되기까지 했다. 조선의 역대 왕들은 민본 사상가 정도전의 가치를 충분히 인정했던 것이다.

개인적으로 보면 그의 운명은 하나의 비극이었다. 그러나 그를 살해한 조선 왕조는 정도전의 공을 부정하지 못했다. 그의 열정과 지략이 아니었다면 조선 왕조의 개창은 아예 불가능했을지도 모른다. 더욱이 백성 중심 사상은 새 시대의 복음이었다. 그에 따라 조선은 왕과 귀족을 위한 관습적인 의미의 왕조 국가가 아니라, 백성을 위한 나라라는 새로운 기치를 높이 세웠다.

정도전이 왕은 아니었으므로 그가 품었던 이상이 실천에 옮겨지지 못한 부분은 꽤 많다. 그런데다 끝내는 태종 이방원과의 정치적 마찰로 인해 목숨까지 잃었다. 후세는 그의 이 같은 급진적 개혁안을 비판하면서도 또한 존중했다.

정도전의 정치 사상과 그의 활동은 오늘날에도 큰 가치를 지닌다. 그것은 공평하고 정의로운 시민 사회를 건설하고자 하는 우리의 염원과 부합한다. 또한 중원을 정벌하겠다며 창끝을 별렀던 그의 기개도 높이 살 만하다. 그의 결기는 매사에 주눅 들기 쉬운 우리에게 필요한 인생의 무기다. 더욱이 성리학적 이상 국가를 구현하기 위해 정도전이 보였던 사고의 주밀함과 강한 의지는 시대의 간격을 뛰어 넘어 이 험난한 시대의 모범이 되고도 남음이다. 여러 모로 정도전은 불우한 처지였지만 끝내 굴하지 않았다. 그는 당대 최고의 인기 스타 이성계를 전면에 내세워 새 왕조를 개창하기까지 했다. 정도전의 굳센 각오와 지략을 배운다면 우리 역시 자신이 처한 위치에서 돌파하지 못할 일이 무엇이겠는가.

세종대왕
목표를 세우고 끈기 있게 밀고 나가라

한국인이 가장 존경하는 왕은 단연 세종이다. 세종에게는 통상적으로 대왕이라는 존칭이 붙는데, 결코 이상할 일이 아니다. 그는 진정으로 위대한 왕이었기 때문이다. 그는 수많은 업적을 남겼다. 한글을 만들었을 뿐만 아니라 북방에 4군과 6진을 개척해 압록강과 두만강을 경계로 한 우리의 영토를 확정 지었다. '쓰시마정벌'이라는 대외 정벌도 그의 재위 기간 중에 단행되었다. 또한 고유의 음악인 향악뿐만 아니라 중국에서 도입한 궁중 음악인 아악도 정리했다. 세종은 정간보井間譜라는 우수한 채보 방식도 직접 창안했다. 세종의 위업을 나열하자면 끝이 없을 지경이다.

당시에는 천문 관측도 발달했다. 『칠정산내외편』에 관한 연구를 토대로 당시 수준으로는 세계에서 가장 정확한 달력을 만들 수 있었다. 지구의 공전 주기를 매우 정밀하게 측정했고, 위도와 경도의 개념도 확실했다. 가령 강릉이 서울보다 얼마나 북쪽에 있고, 얼마만큼 동쪽에 있는지를 숫자로 표현할 수 있을 정도였다. 앙부일구라는 휴대용해시계까지 개발해 많은 선비들이 시간을 정확하게 인식할 수 있었다. 자동 물시계인 자격루도 존재했다는 점은 잘 알려진 사실이다. 농업 면에서도 많은 혁신을 일으켰다. 경험 많은 농부들의 식견을 종합해 우리 실정에 알맞은 농사 방법도 정리해 간행했다. 그밖에도 그의 업적은 헤아리기 힘들 정도다.

이처럼 많은 업적이 불과 30여 년의 재위 기간 동안에 모두 이루어졌다는 사실은 그 자체만으로 이미 하나의 기적이다. 과연 어떤 통치를 했기에 세종은 그렇게 많은 업적을 남길 수 있었을까. 그의 능력과 사람됨에 우리의 관심이 쏠리는 까닭이 바로 거기에 있다.

기회주의자 충녕대군

세종에 대해 우리가 아직도 잘 모르는 점들은 꽤 많다. 세종이 태어났을 당시 중국과 조선의 관계는 매우 복잡했는데, 앞장에서도 말했듯이 명나라와의 외교적 갈등이 심각한 때였다. 까딱하면 두 나라 사이에 무력 충돌이 일어날지도 모를 상황이었다. 또한 부왕(태종) 내외의 불화도 심각한 수준이었다. 모후 원경왕후 민씨(1365~1420)와 부왕의 사이가 좋지 않아 세종과 그 형제들은 전전긍긍했다.

사실 부왕에게는 문제가 있었다. 태조의 다섯째 아들임에도 형들을 밀치고 스스로 왕위에 오른 자였다. 심지어는 이복동생들과 공신 정도전을 살해했으며, 이성계가 고려 왕실을 전복시키는 데 걸림돌로 작용한 충신 정몽주를 제거하기도 했다. 한마디로 부왕은 야심의 인물이었다. 세종 역시 그 피를 물려받았다.

세종은 태종의 셋째 아들로 태어났지만 어린 시절부터 야심이 컸다. 그는 세자로 책봉된 큰형(양녕대군, 1394~1462)을 시샘했다. 이따금 부왕의 면전에서 은연중에 자신과 형을 비교하기도 했다. 세자의 학문과 그릇이 자신만 못하다는 점을 부왕이 철저히 인식하도록 애쓴 것이다. 결국 부왕은 양녕대군을 세자의 자리에서 쫓아내고 충녕대군을 세자로 삼기에 이른다.

세종은 부왕에게 외삼촌들(민무구 형제)까지도 일러바쳤다. 그들은 장차 왕위 계승 문제에 개입할 여지가 있었으며, 문제는 그들이 자기 편을 들 가능성이 적었기 때문이다. 외삼촌들이 태종에게 불만을 가지고 있다는 사실을 부왕에게 알리자 부왕(태종)은 진노했다. 외척의 발호를 염려했던 부왕은 그들을 몽땅 제거했다. 청소년 시절의 세종은 부왕을 움직여 장래의 정적까지도 없애버린 셈이다.

요컨대 청소년 시절의 세종은 1만 원짜리 지폐에서 보는 것처럼 유교적 덕성으로 가득 찬 군자가 아니었다. 그는 기회에 민감했고 정치적 야욕에 불타는 왕자였다. 결과적으로 그는 양녕대군과 효녕대군(1396~1486)을 따돌리고 왕위를 물려받았다. 『조선왕조실록』에는 세종의 인간적인 면모가 곳곳에 기록되어 있다.

우여곡절 끝에 왕위에 올랐지만 매사가 순조롭지는 않았다. 상왕으로 물러난 부왕(태종)의 성격은 여간 까다롭지 않았다. 상왕이 살아 있던 몇 년간은 세종에게 살얼음판과도 같았다. 상왕은 단순한 후견인이 아니었다. 그는 여차하면 재집권도 불사할 것처럼 정치 현안에 깊이 간여 했으며, 옥사를 일으켜 조정 대신들을 죽이기까지 했다.

상왕이 살아 있는 동안 세종은 일말의 불안감을 갖지 않을 수 없었다. 세종이 즉위하자 조정에서는 중국에 사신을 보내 그 사실을 알렸다. 사행使行의 우두머리는 세종의 국구(장인)인 영의정 심온 (1375~1418)이었다. 자신의 사위가 조선의 국왕으로 즉위한 사실을 명 나라에 알린 뒤 심온은 서둘러 귀국했다. 그가 중국에 가 있던 사이 상왕은 사건을 만들어서 사돈인 심온을 중죄인으로 몰았다. 그 결과 심온이 나룻배에서 내려 의주 땅을 밟기가 무섭게 그를 체포했다. 수 원으로 끌려간 심온은 자살을 강요당했다.

역사학자들은 이를 두고 태종이 외척의 전횡을 염려해 미리 제거 한 것이라고 풀이한다. 그러나 내 생각은 조금 다르다. 심온이 직접적 으로 무슨 문제를 일으켰다면 모를까, 사위(세종)의 즉위 소식을 중국 에 전하고 돌아온 외척을 그렇게까지 무참히 제거한 것은 이렇다 할 명분도 없는 만행이다. 세종의 왕후(심씨)는 상왕(태종)을 대할 때마다 말할 수 없을 만큼 복잡한 심정이었으리라. 세종 역시 상왕의 처분을 부당하게 여겼던 모양이다. 결국은 심온의 복권을 명령했다. 추상같 은 상왕을 모셔야만 했던 세종의 왕 노릇은 가시밭길이었다.

'백성 중심'만이 왕자의 갈 길이다

세종은 부왕(이방원)이 내외의 환란을 극복하고 집권한 과정을 정 확하게 알고 있었다. 왕위를 보전하는 일도 쉬운 일이 아니며, 후세에 이름을 남기는 왕이 되기는 더욱 어려운 일이었다. 그런 점을 인식했 던 세종은 일찍부터 수성守成의 문제를 고심했다.

세종은 백성을 위하는 데서 나아갈 길을 찾았다. 세종은 누구보다 책을 많이 읽었다. 가장 애독한 것은 유교 경전과 역사서였다. 왕은 같은 책을 적어도 수십 번, 많으면 수백 번씩 되풀이해 읽었다. 독서와 사색을 통해 세종은 백성이 나라의 근본이라는 통치 철학을 확립했다. 그 점에 있어서 세종은 정도전과 맥락을 같이 한다.

백성이 나라의 근본이라는 말은 세종이 자주 읽었던 『서경』에도 나온다. 우왕禹王이 다음과 같이 말했다. "백성을 가까이 하고 뒷전으로 밀어 두지 말라. 백성이 나라의 근본이다. 근본이 튼튼해야 나라가 평안하다. 내가 천하를 둘러보니 못난 남녀라도 나보다는 한 가지씩 나은 점이 있더라民可近 不可下. 民惟邦本 本固邦寧. 子視天下愚夫愚婦 一能勝子." 이 구절이 세종의 마음을 사로잡았다. "백성은 나라의 근본이다. 그 근본이 튼튼해야 나라가 평안하다." 세종은 이 말을 늘 가슴에 새겼다.

세종이 지방관을 중시한 것은 그 때문이었다. 지위고하를 막론하고 세종은 지방으로 내려가는 관리를 일일이 불러 접견하고, 막중한 책임을 되새겼다. 그러나 처음부터 그러지는 않았다. 1424년(세종 6년)까지만 해도 2품 이상의 고위 지방관만을 접견했다. 그러나 백성 중심 사상이 깊어진 세종은 태도에 변화를 보였다. 세종은 길을 떠나는 지방관들에게 "그대는 나의 지극한 마음을 본받아 백성을 평안하게 하는 일에 전념하라"고 당부할 정도였다. 지방관들은 누구나 왕의 대리인이라는 점을 잊지 말라는 뜻이었다.

지방관들의 입지를 넓혀 주기 위해서 세종은 일찌감치 '부민고소금지법'을 만들었다(1420). 지방의 아전이나 유력자들이 지방관을 함부로 무시하지 못하게 하려는 뜻이었다. 고소를 허용하는 경우도 있었다. 지방관의 비리, 불법 행위 또는 오판으로 인해 백성들이 억울한 일을 당하면 그들은 관찰사에게 직접 호소할 수 있었다. 그러나 사소한 일로 지방관의 권위에 도전하는 것은 용납되지 않았다.

왕의 역할은 무엇인가. 세종은 이를 간단히 정리했다. "백성들이 원하는 바가 있는 데도 (왕다운) 왕이 없다면 세상은 어지러워진다. (하늘이) 반드시 왕을 세워 다스릴 것이다民生有欲無主乃亂 必立君長而治之." (세종실록 13년 6월 20일) 여기서도 알 수 있듯이 세종은 왕이 존재하는 이유를 백성의 필요에서 찾았다. 억울한 백성이 있어서는 안 될 일이었다. 세종의 민본 사상은 맹자의 혁명 사상에 가까웠다. 성리학 국가인 조선에서 왕이라면 누구든 그런 가르침을 받았지만 세종처럼 내면화한 경우는 거의 없다.

왕 노릇은 하늘을 대신해 다스리는 것, 즉 대천이물代天理物이다. 세종이 생각하는 백성과 왕의 관계는 그런 것이었다. 그는 성리학적 가르침에 충실한 왕이었다. 성리학에서는 왕에게 하늘을 대신해 백성을 먹이고養, 백성을 가르쳐야 한다訓고 가르쳤다. 백성을 물질적 안정과 도덕적 각성으로 이끌어야 할 의무가 왕에게 있다는 것이다. 세종은 그런 정신에 투철했으므로 '훈민정음'을 만들어 낸 것이다. '훈민'이라는 표현을 가볍게 넘길 일이 아니다. 그 말에는 바로 세종의 통치 철학이 반영되어 있다.

중요한 것은 소통이다

성리학에서는 백성을 다음과 같이 정의했다. "백성은 무지하나 하늘의 뜻이 그들을 통해 나타나므로 영험하다." 백성의 양면성을 이보다 적절하게 표현할 수는 없다. 세종 역시 백성의 본질이 그와 같다고 믿었다. 그가 깊은 관심을 가졌던 점은 '백성의 무지'였다. 왕으로서 그들의 무지를 방관하는 것은 옳지 못한 일이라는 것이 세종의 생각이었다. "유교의 황금시대에는 지위고하를 막론하고 소학小學에서 공부했다. 지식의 근본인 도덕 교육이 똑바로 이루어지지 못하는 것은 말세의 폐단이다." 왕은 무지한 백성들이 잘잘못도 가릴 줄 모르는 가운데 범죄를 저지르고 벌을 받는 상황이 반복된다고 확신했다.

왕 노릇을 제대로 하려면 어리석은 백성을 엄벌하는 것에 그쳐서는 아니 되었다. 왜 무엇은 해야 하고, 무엇은 하지 말아야 하는지를 백성들에게 일깨우는 것이 왕으로서의 급선무였다. 하지만 조선의 백성들 가운데는 글을 읽지 못하는 까막눈이 대부분이었다. 이런 사정을 안타깝게 여겨 세종은 '훈민정음'을 창제하기에 이른다. 한글은 세종의 성리학적 통치 철학에서 비롯되었다고 해도 그릇되지 않다. 말 그대로 '훈민'을 위해서였다.

당대의 성리학자들은 대체로 세종의 '훈민정음' 창제를 반대했다. 거기에는 두 가지 이유가 있었다. 첫째, 한문이라는 문명어가 이미 존재했다. 중화 문명의 입장에서 보면 야만의 언어에 불과한 조선의 말을 글로 만들어 가르칠 이유가 없었다. 그런 시각에서 한글의 창제는 조선을 문명의 길에서 벗어나게 해 야만으로 되돌아가게 만드는 것이었다. 둘째, 모든 백성들에게 교육의 기회를 제공하는 것은 황금시대에나 가능한 일로, 현실적으로는 불가능했다. 이미 전국 각지에 유생이 존재하고 있으므로, 일반 백성은 글을 몰라도 그들을 본받으면 될 일이었다. 굳이 쓸데없이 새 글자를 만들어 소란을 일으킬 필요가 없었다.

그러나 세종의 생각은 달랐다. 백성을 제대로 가르치려면 문자의 도움이 필수적이었다. 또 백성들이 무엇을 원하는지를 알기 위해서도 문자가 있어야만 할 터였다. 왕과 백성들이 만나 서로의 의견을 주고받는 데는 명백한 한계가 있었기 때문이다. 따라서 백성들이 일상적으로 쉽게 사용할 수 있는 문자가 창제되어야만 했다. 이런 세종의 믿음은 성리학적 이상에 부합했다. 하물며 15세기에는 일본, 몽골, 여진족들이 제각기 고유한 문자를 가지고 있었으며, 조선의 백성들만 문자의 혜택을 받지 못했다. 세종이 보기에 이는 답답하고도 유감스런 일이었다.

'훈민정음' 창제에 간접적으로 영향을 준 것은 명나라와 몽골(원나라)이었다. 몽골의 역할을 말하는 학자들은 거의 없지만 과소평가될 일이 아니다. 조선인들은 몽골을 통해 온 세상의 다양한 문자를 알게 되었다. 마르코 폴로가 몽골을 다녀감으로써 서양 문자(라틴어)의 존재가 우리에게도 알려졌으며, 그보다 전에 중국에는 히브리어를 사용하는 유대인 디아스포라가 활동한 적도 있었다. 몽골의 재정관들 가운데는 아라비아 사람들이 많았기 때문에 아라비아 문자도 원나라를 통해 알려졌다. 몽골이야말로 음운학 또는 문자학이 발달할 최상의 여건을 가지고 있었다. 고려는 몽골과 문화 교류가 가장 활발했으므로 각국의 문자에 관해서도 상당한 지식이 축적되었을 터였다.

원나라의 뒤를 이어 명나라 때는 음운학이 매우 발달했다. 명나라는 원나라에 비할 만큼 개방적인 세계 제국이 아니었지만, 이미 축적된 지식을 바탕으로 음운에 관한 중국인의 학문적 이해는 정점에 도달했다. 황찬黃瓚과 같은 음운학자가 등장한 배경이 그렇다. 때마침 황찬은 요동에 유배되었고, 세종은 성삼문成三問과 정인지鄭麟趾 등을 무려 열세 번이나 파견해 언어에 관한 일체의 궁금증을 해소했다. 왕은 자신이 미처 이해하지 못하는 언어학적 문제가 발생하면 무엇이든 다 물어 보았다. 그러는 사이 세종을 비롯해 한글 창제에 참여한 집현전 학사들은 당시로서는 세계 최고의 언어학자들로 성장했다.

'훈민정음'의 창제는 세종의 가족 배경이나 문화적 취향과도 관계가 깊다. 조선 왕실은 다문화 전통 위에 성립되었다. 태조 이성계는 다종족, 다문화의 고장인 쌍성에서 어린 시절을 보냈다. 청년 시절 태조는 휘하에 상당수의 여진족 병사들을 거느렸다. 언어와 문화의 다양성은 세종에게 낯선 일이 아니었다. 14세기 후반 고려의 학자들 중에도 원나라에 유학해 다양한 언어 및 문화 체험을 경험한 이들이 적지 않았다. 이런 문화적 전통은 세종 때까지도 남아 있었다. 세종의 중국어 실력이 유창했다는 것은 잘 알려진 사실이다. 누구보다 다문화 전통에 익숙했기 때문에 세종은 내 나라 문자의 필요성을 절감했던 것이다.

한글은 전 세계에서 가장 우수한 문자다. 이는 세종대왕의 열의와 능력만으로 설명될 수 없다. 중요한 사실은 한글이 언어와 문자의 용광로에서 제련되었다는 점이다. 세종은 조선과 중국의 음운학을 집대성했고, 그 바탕 위에 한글을 창제했다. 한글은 세계 주요 문자의 장단점을 학문적으로 정확하게 이해한 바탕 위에서 탄생했다. 그런 점에서 한글이 가장 훌륭한 표기 체제로 평가받는 것은 당연하다.

한글 창제 과정에서 집현전 학자들의 많은 도움을 얻기는 했으나 모든 일을 주도한 이는 세종 자신이었다. '훈민정음'은 세종의 학구적 노력을 바탕으로 탄생했다. 그는 탁월한 언어학자였고, 성리학의 본질을 현실 정치를 통해 구현하고자 노력한 철인왕哲人王이었다. 백성 중심의 통치를 중시했기에 '훈민'에 몰두했던 것이다. 혹자는 세종이 백성을 가르침의 대상으로 삼았다는 사실을 이유로 폄하할지도 모른다. 그러나 세종은 15세기의 왕이었다. 그때는 아직 세계 어느 곳에서도 현대적 의미의 민주 정치를 논한 학자나 통치자가 존재하지 않았다. 역사적 인물은 역사적 맥락 속에서 평가하는 것이 옳다.

사회적 약자인 백성을 제일 먼저 보호하라

어리석은 백성들의 문자 생활을 백성 중심 통치의 핵심으로 이해한 점에 세종의 왕다움이 있다. 그의 통치 철학은 추상적인 구호에 그친 것이 아니었다. 구체적이고 현실적인 의미에서의 왕은 백성들을 위하고 돌봤다. 그가 왕다운 왕이 되기 위해 유달리 애써 노력한 이유는 무엇일까.

그의 재위 기간 동안 특이한 사건 사고가 많았기 때문일 것이다. 그중에는 엽기적인 사고도 있었다. 예컨대 유감동兪甘同이라는 양반 출신의 한 여성은 불의의 성폭행을 당한 뒤 반사회적인 행위를 벌였다. 유감동은 남성 전체에 대한 복수심에 타올라 계층에 상관없이 수많은 남성들과 닥치는 대로 간음했다. 재상과 고위 관리는 물론, 평민과 건달, 범죄자 등 많은 사람들이 관련된 엄청난 사건이었다. 이 백성을 어찌해야 좋을지, 세종의 고민은 더욱 깊어질 수밖에 없었다.

권채權採라는 집현전 학사도 기괴한 사건에 연루되어 세상 사람들의 비난을 받았다. 그 부인이 비첩을 심하게 질투해 갖은 방법으로 학대했는데 사건이 외부에 알려져 여론이 들끓었다. 비첩은 자신의 오줌이나 똥을 먹고 마시도록 강요당했다고 했다. 궁궐 안에서도 심상치 않은 사건이 발생했다. 왕의 며느리, 정확히 말해 세자빈 봉奉씨가 궁녀들과 동성애를 하다 발각된 것이다. 성리학적 도덕관념으로 무장된 세종으로서는 어느 사건 하나도 그냥 넘길 수 없는 재앙이요 변고였다. 왕은 이런 사건들을 겪으면서 '훈민'을 자신이 반드시 해결해야 할 과제로 삼았다.

당사자들을 꾸짖고 처벌한다고 해서 이런 사건 사고가 사라질 리 없었다. 세종은 그래서 더더욱 '훈민'의 중요성을 절감했다. '훈민정음'을 통해 백성을 가르치고, 또 백성의 목소리를 직접 들을 수 있다면 사태를 근본적으로 해결할 수 있을 터였다. 세종은 문자가 문화를 바꾸리라는 기대를 가졌다. 문자가 생각을 드러내고 바꿈으로써 결국 성리학적 이상 국가를 현실로 가져오리라는 기대였다. 왕은 누구보다 현실을 중시했지만 철저한 이상주의자이기도 했다.

세종이 기대했던 대로 한글은 세상을 바꾸었다. 그러나 그것이 15세기의 조선은 아니었다. 그때 식자층은 한글에 대해 강한 거부감을 가지고 있었다. 왕에게는 백성들에게 한글을 널리 보급할 만한 시간조차 허락되지 않았다. 세종이 한글을 반포한 것은 1446년, 그가 승하한 것은 그보다 4년 뒤인 1450년이었다. 아직 그때는 왕실과 양반층 일부가 한글을 사용하는 정도였다. 그러나 한글은 배우기 쉽고 편리한 문자였기 때문에 저절로 민중의 표현 수단이 되었다. 18세기 이후에는 백성들의 상당수가 한글을 애용했다. 나라에서도 윤음(국왕이 백성에게 내리는 글)을 한문과 한글 두 가지로 동시에 발간할 정도였다. 평민 지식인들은 『정감록』과 『동경대』 등을 한글로 작성해 새 시대를 향한 꿈을 펼쳤다.

20세기 한국 사회의 도약 역시 한글을 토대로 삼았다. 만약 한글이 없었다면, 불과 수십 년 만에 우리의 교양과 전문 지식이 이만큼 늘어날 수 있었을까. 한글이 아니었다면 IT 최강국의 영예가 과연 가능했을까. 모두가 한글을 만든 세종의 덕택이다. 왕다운 왕 노릇을 제대로 하고 싶어 한 세종 덕택에 우리는 비약적 발전을 이루었다. 사회적 약자(백성)를 위한 세종의 노력 덕분에 한국의 역사가 달라진 것이다.

'훈민정음' 서문을 통해 세종은 자신의 뜻을 명백히 했다. "어리석은 백성이 하고 싶은 말이 있어도 제대로 다할 수 없는 경우가 많다." 그는 깊이 탄식했다. 둘러 댄 말이 아니라 왕의 고뇌가 응축된 정직한 표현이었다. 왕은 그래서 이런 백성들을 위해 새로 스물여덟 글자를 만들었다고 했다. 무엇이 옳고 그른지도 제대로 판단하지 못하는 어리석은 백성들을 처벌하는 것은 폭군의 만행이다. 세종은 그런 생각을 가진 성리학자였다. 왕은 성리학의 근본 덕목인 충, 효, 열의 사례를 널리 수록한 『삼강행실도』 같은 책자를 한글로 번역하고 싶었으나 겨를이 없었다. 150년쯤 뒤 세종의 후손인 광해군은 『동국신속삼강행실도』를 간행할 때 한문 외에도 한글 번역문을 함께 신도록 명령했다(1617). 광해군이야말로 세종의 뜻을 옳게 이해했던 것 같다.

세종은 정책을 입안할 때마다 그것이 최하층 백성들에게 미칠 영향을 미리 따져 보았다. 공법(세제)을 바꾸기 전에 10만 명도 넘는 백성들에게 일종의 주민 투표를 행한 사실은 특히 유명하다. 투표 결과 과반수가 찬성한 것으로 집계되었지만 아직도 반대하는 사람들이 많다며, 10년 넘게 연구 보완하기도 했다. 세종은 감옥의 설계를 직접 변경하기도 했다. 본래 감옥은 거주 환경이 열악해 죽거나 몹쓸 병을 얻어 나가는 사람들이 많았다. 백성을 옥에 가둔 뜻은 그 안에서 반성을 하라는 것이지 못살게 굴자는 것이 아니었다. 세종은 감옥의 참상이 법의 취지에서 크게 어긋났다고 판단했다. 그는 손수 전국의 감옥을 개조하기로 결심했고, 이를 실천에 옮겼다. 또한 세종은 세상 사람들이 가장 하찮게 여기는 관청 비婢(여종)의 근무 조건까지도 직접 검토했다. 그럼으로써 그들이 안심하고 아이를 낳아 제대로 기를 수 있게 출산 휴가를 지급했다. 역사상 위엄을 자랑하는 제왕은 많았지만, 세종처럼 백성을 자신의 몸처럼 보살핀 왕은 없었다.

물론 세종의 시대가 성리학적 황금시대는 아니었다. 그 시대에도 흉년이 주기적으로 되풀이 되었고 크고 작은 불상사가 간헐적으로 찾아왔다. 왕이 정성을 다해 다스렸지만 시대와 제도의 한계를 넘어서지는 못했다. 하지만 주어진 한계 안에서 세종은 자신이 할 수 있는 모든 정성을 다했다.

웬만한 일은 인재들에게 믿고 맡긴다

세종은 자신이 하고 싶은 대로 무슨 일이든 다하는 독불장군은 아니었다. 그는 유능한 인재를 발굴해서 실무를 맡겼다. 그는 인재를 무척이나 아꼈다. 출신도 가리지 않았고, 과거 행적도 불문했다. 한번 등용한 인재는 끝까지 신뢰하기에 힘썼다. 세종은 나라의 쓰임을 받지 못한 인재가 길거리를 배회하게 만들어서는 안 된다는 확신을 가졌다.

인재를 골라내는 세종의 안목은 특이했다. 성리학적 이념에 충실했지만 그렇다고 해서 이념에 매이지는 않았다. 세종은 '추기급인推己及人'의 인물이었다. '나 자신으로 미루어 다른 사람도 이해한다'는 정신을 실천했다.

세종은 자신에게도 인간적 결함이 많다는 점을 인정했다. 그는 식탐이 있었다. 특히 고기를 즐겼다. 그런 탓인지 어려서부터 성인병에 시달렸다. 요즘으로 말하자면 고혈압과 당뇨로 시달렸을 것이다. 그의 식탐을 잘 아는 부왕(태종)은 "내가 죽어도 너는 절대 흰죽으로는 안 될 것이다. 내가 용서할 테니 (국상 때에도) 너는 고기를 먹어라"하고 말했다고 한다. 이런 내용이 실록에 기록될 정도니 짐작할 만하다. 세종은 욕망이 강했다. 독서욕, 지식욕은 물론이거니와 권력욕도 강했고, 성욕도 적지 않았던 듯하다. 왕에게는 모두 여덟 명의 후궁이 있었고, 그들에게서 18남 4녀를 두었다.

그러나 스스로 그런 점을 애써 부정하지 않았다. 그 또한 위대한 면이다. "나도 그런데 너희도 당연히 그러할 것이 아니겠느냐." 세종은 늘 이런 이해심을 지녔다. 그랬기에 인재를 뽑아 씀에 있어서도 과거의 잘못을 따지지 않았다. 단점은 잊고 장점만을 바라보았으니, 참으로 훌륭하지 않은가.

세종이 그렇게 발탁한 인물 가운데 대표적 경우인 황희는 양반들이 멸시하는 서자였다. 또 황희는 부왕(태종)이 양녕대군을 세자의 자리에서 폐위할 때 끝까지 반대했다. 간접적으로나마 세종을 반대한 셈이었다. 황희에게는 불법과 부정부패 사건으로 얼룩진 과거도 만만치 않았다. 황희는 여러 해 동안 매관매직했고, 자신의 사위가 저지른 살인 사건을 무마하기 위해 조서를 변조하고 사건 심리를 몇 개월

씩이나 지연시켰다. 사사로운 청탁을 받고 죄 지은 관리의 선처를 부탁한 혐의도 있었다. 더욱이 공신 박포가 제2차 왕자의 난으로 유배를 가 있는 동안 그 아내와 간통했다는 소문도 있었다. 황희는 그야말로 문제덩어리였다.

그럼에도 세종은 황희의 장점을 확신했다. 그를 무려 20년가량 정승의 자리에 있게 했다. 세종과 함께 조정에서 일하는 동안 황희는 다른 사람이 되었다. 나중에 그가 정승을 그만두고 은퇴했을 때, 세상 사람들은 입을 모아 그를 "훌륭한 재상"(세종실록 31년 10월 5일)이라고 칭찬했다. 비루했던 황희가 말년에 칭송을 받게 된 이유는 무엇일까.

비밀은 세종의 지도력에 있다. 그는 황희의 약점을 잘 알고 있었지만, 장점을 믿고 기용했다. 탐욕스럽기는 했지만 황희에게는 복잡한 이해관계를 조절하는 능력이 있었다. 세종은 그의 장점을 십분 활용하면서 적절한 견제를 통해 그의 약점을 바로 잡았다. 그 결과 황희는 청렴한 명재상으로 새롭게 태어난 것이다.

즉위 초 세종에게는 어려운 일들이 많았다. 날이면 날마다 왕은 신하들과 혈투를 벌이다시피 했다. 왕이나 신하 모두 자신들의 주장만 고집하다보니 어떤 일도 쉽게 판가름 나지 않았다. 조정은 분열될 위기에 빠졌다. 조정의 평화와 화합을 위해 황희처럼 관대하고 조정 능력이 탁월한 재상이 절실히 요구되었다. 세종은 때를 놓치지 않고 황희를 높이 등용해 문제를 해결했다.

전문성을 갖춘 충성스런 신하들이 적은 것도 세종이 해결해야 할 문제 중 하나였다. 집현전을 설치한 이유도 그 때문이었다. 그런데 집현전 안에도 사사건건 세종의 견해를 반대하는 신하들이 존재했다.

최만리崔萬理가 한글 창제를 끝까지 반대했다는 것은 누구나 아는 역사적 사실이다. 그럼에도 불구하고 세종은 최만리를 포함해 여러 집현전 학사들을 진심으로 아끼고 적극 후원했다. 그들은 왕의 지침에 따라 역사와 유교 경전을 바탕으로 크고 작은 국가의 정책을 수립했다. 그럼으로써 세종 재위 기간 동안 문물이 크게 완비되었다.

세종은 신하들과 격론을 벌이다 지쳐 성을 낸 적도 많다고 한다. 그렇다고 해서 그가 인재를 함부로 버리거나 한 적은 없다. 세종의 조정에는 웬만큼 도량이 넓은 사람이 아니고는 감당이 안 되는 개성적인 인재들이 들어 차 있었다. 세종의 조정은 그야말로 유능하고 의욕적인 '드림팀'이었으며, 왕은 말 그대로 최고의 감독이었다.

세종 때는 출신이 나빠도 재상이 될 수 있었다. 앞서 예로 든 황희도 그랬지만 장영실蔣英實의 경우는 더욱 특별했다. 그는 외국인의 아들이었다. 아버지가 원나라 사람이었다. 게다가 어머니는 부산 동래의 관가에 적을 둔 기생이었다. 그러니까 장영실은 관노의 신분이었다. 하지만 수학과 기술에 능통했다. 그런 사실을 안 세종은 그에게 출세의 기회를 제공했다. 장영실은 과학기술을 통해 왕의 은혜를 갚았다. 그러자 세종은 반대를 무릅쓰고 그에게 재상의 지위를 주어 노고를 위로했다.

우리나라에 과연 이렇게 많은 인재가 있었나 하는 탄성이 터져 나올 만큼 그 시기에는 각 방면에 걸쳐 많은 인재들이 쏟아져 나왔다. 황희, 맹사성, 허조는 조정 대신으로서 국가의 기틀을 바로 잡았다. 김종서와 최윤덕은 4군 6진을 개척했고, 박연은 음악을 정리했다. 그 밖에도 명신名臣이 많았다. 세종이 꾸준히 인재를 양성했기 때문이다. 왕은 신하들의 사소한 잘못이나 실수를 탓하지 않고 장점을 살리도록 도왔다. 인재를 키우고 아끼는 솜씨는 누구도 따라 하기 어려운 세종만의 통치 철학과 경륜을 전제로 한다.

인재 양성에 성공한 세종은 대신들에게 주요 실무를 맡겼다. 정사에 깊숙이 관여한 부왕(태종)과는 달랐다. 오히려 정도전과 비슷한 입장이었다. 세종은 '의정부서사제議政府署事制'를 부활시켜 재상 중심의 국정 운영 체제를 시행했다. 그에 따라 6조의 장관은 중요 현안을 일차적으로 의정부에 보고했고 재상들이 이를 논의했다. 국왕은 의정부의 보고를 받고 최종 결재만 했다. 경륜이 높은 의정부의 재상들이 국정 운영권을 쥐자 왕은 현실 정치에서 한 걸음 물러났다. 성리학 국가 조선에서는 이런 재상 중심 체제가 적합하다는 것이 세종의 판단이었다. 왕이 직접 기른 인재들이 조정에 널리 포진하고 있다는 자신감도 이런 결정에 한몫 했다.

오늘날과 같이 각 방면에서 전문 지식이 요구되는 시대에는 매사를 지도자가 독단으로 결정할 수 없다. 의정부서사제와 유사한 의사 결정 방식이 합리적이다. 이때 지도자가 세종처럼 넉넉한 도량과 학식을 가졌다면 그 성과는 더욱 클 것이다. 그렇지 않으면 무책임한 경영이 되고 말 위험도 있다.

무에서 유를 창조하는 세종의 소통 정치

세종은 무에서 유를 창조했다. 이것이 세종에 대한 나의 평가다. 그가 즉위했을 때 조선에는 제대로 된 것이 하나도 없었다. 변변한 악기나 악보조차도 없었다. 하지만 세종의 시대를 거치는 동안 모든 것이 갖춰졌다. 성공의 열쇠는 그의 정치력에 있었다. 왕은 사랑과 정의를 통해서 많은 사람들을 움직였다.

그가 추구한 백성 중심 정치는 사랑과 정의의 통치 철학으로 드러났다. 그 중점에 소통이 있었다. 한글 창제도 소통을 위한 것이었다. 세종은 과연 소통의 달인이었다. 그에게는 많은 자녀들이 있었음에도 왕의 생전에는 단 한 번도 분란이 일어나지 않았다. 세종 치하에서는 누구도 역모 죄에 걸려 죽거나 유배를 가는 일이 없었다. 세종은 심지어 관가의 노비까지도 챙겼고, 감옥에 갇힌 죄수들의 어려움까지도 챙겼다. 이런 왕은 세상 어디에서도 찾아보기 어렵다.

『세종실록』을 통해 우리는 세종과 그 시대의 많은 문제점을 발견하곤 한다. 그렇다 하더라도 세종에게 대왕이라는 칭호를 붙임에는 누구도 주저함이 없으리라. 그에게는 아무나 흉내 내기 어려운 장점들이 있었고, 누구도 따르지 못할 지도력이 있었다. 세종의 창의력과 탁월한 능력 덕분에 조선 왕조가 500년씩이나 버틸 수 있었는지도 모른다. 그가 만든 제도, 그가 키운 인재들이 조선의 기틀을 세웠다. 오늘날 한국이 세계 무대에서 눈부신 활약을 하게 된 것도 한글이라는 그의 창조물 덕분이라고 확신하는 사람들이 많다. 한국의 역사가 계속되는 한 세종의 위대한 업적은 길이 기억될 것이다. 세계의 여러 위대한 제왕들과 견주더라도 결코 손색이 없다. 그는 왕이기에 앞서 한 사람의 지식인, 약점을 극복한 한 인간으로서도 후세에 길이 표본이 될 것이다. 세종처럼만 한다면 우리는 개인으로서든 지도자로서든 반드시 성공할 것이다.

선비의 나라, 바른 길을 걷는 굳건함

16세기 한국 사회를 지배한 것은 성리학이었다. 조광조(趙光祖, 1482 ~1519)와 이이(李珥, 1536~1584)는 성리학계의 큰 별이었다. 그 시대에는 기라성 같은 성리학자들이 쏟아져 나왔다. 서경덕(徐敬德, 1489~1546), 이언적(李彦迪, 1491~1553), 백인걸(白仁傑, 1597~1579), 이황(李滉, 1501~1570), 조식(曺植, 1501~1572), 김인후(金麟厚, 1510~1569), 유희춘(柳希春, 1513~1577), 노수신(盧守愼, 1515~1590), 기대승(奇大升, 1527~1572, 高峰), 성혼(成渾, 1535~1598)이 그들이다. 이처럼 탁월한 성리학자들이 한꺼번에 배출된 적은 없었다. 그들은 모두 조광조를 스승 또는 선배로 높이 받들었다. 후배 학자들 가운데 이이는 이황과 더불어 조선의 성리학계를 이끌었다. 이황은 주로 초야에 묻혀 학문에 몰두했고, 그에 비해 이이는 현실 정치에 참여했다. 조광조와 이이의 성리학에 초점을 두어 조선 선비들의 사상과 활동을 탐구해 보자.

조광조
나만의 이상을 꿈꿔라

성리학은 고려 말 원나라를 통해 들어왔다. 수용 단계에서 큰 역할을 담당한 학자는 안향安珦(1243~1306, 호는 晦軒), 백이정白頤正(1247~1323, 호는 彝齋), 이제현李齊賢(1287~1367, 호는 益齋) 등이었다. 그들 덕분에 기존의 유교에서 한 걸음 더 나아가 형이상학적 인식이 가능해졌다. 그러나 성리학이 한국 사회에 뿌리를 내리는 데는 상당히 오랜 시간이 걸렸다. 앞에서 살핀 정도전과 세종도 성리학에 정통했지만, 엄밀한 의미에서 그들은 성리학 지상주의자는 아니었다. 특히 말년의 세종은 불교를 독실하게 믿었다. 왕은 신하들의 반대를 물리치고 대궐 안에 내불당을 짓기도 했다. 요컨대 성리학을 중시한 학자들은 많았지만 그 가르침대로 살려고 한 경우는 거의 없었다.

조광조는 달랐다. 그는 성리학을 현실에 완벽하게 구현할 수 있다고 확신했다. 그는 정도전보다 더 급진적이었다. 조광조는 현실 사회를 완전히 성리학의 이념대로 뜯어고치려고 했다. 자연히 그의 한평생은 순탄치 않았다. 역사에 강력한 충격을 주고 그는 무대에서 사라졌다.

조광조, 성리학을 만나다

조광조는 한양에서 태어났다. 그의 고조부 조온趙溫(1347~1417)은 태조 이성계의 조카였다. 조선의 건국에 기여한 공으로 개국공신(2등)에 책봉되었다. 조온은 태종을 도와 정사공신(2등)이 되기도 했는데, 정도전을 살해하는 데 앞장선 것으로 알려져 있다. 그는 좌명공신(4등)이기도 했다. 잘나가던 조광조의 집안은 조부 조충손趙衷孫 대에 이르러 갑자기 기울었다. 1453년 10월 조충손은 안평대군 역모 사건의 관련자로 낙인찍혀 변방에 유배되었고 곧 사망했다. 조광조 일가는 적지 않은 타격을 받았다.

조광조의 일생에 분수령이 된 것은 김굉필金宏弼(1454~1504, 호는 한훤당)과의 만남이었다. '소학동자小學童子'를 자처한 김굉필도 한양 출신이었는데, 영남 사림의 영수 김종직金宗直(1431~1492, 호는 점필재)의 문하에 들어가 그 학맥을 이었다. 그런데 김종직과 김굉필 등은 모두 사화로 희생되었다. 1498년 무오사화로 인해 김굉필은 평안도 희천에 유배되었다. 거기서 그는 자신을 찾아온 조광조를 제자로 삼았다. 6년 뒤인 1504년, 다시 갑자사화가 일어났고 김굉필은 사형을 당했다. 이 사건이 청년 조광조에게 깊은 충격을 주었음은 두말할 나위도 없다.

스승과 선배들을 사화로 잃은 조광조는 비통했다. 그러나 그는 낙망하지 않고 오직 학문에 정진했다. 1515년 조정에 등용된 조광조는 개혁 정치의 꿈을 펼쳤다. 그러나 오래 갈 듯 보였던 중종의 신임은 불과 4년 만에 끝나버렸다. 1519년 겨울 조광조는 서른여덟의 나이로 능주(전라남도 화순)에 유배되었다가 사약을 마시기에 이른다. 스승을 갑자사화에서 잃은 조광조가 기묘사화의 주역이 되어 스승의 뒤를 따르게 된 것이다.

　조광조의 죽음은 하나의 장엄한 서사로 승화되었다. 이렇다 할 죄목도 없이 사약을 받았지만 그는 죽음을 거부하거나 절규하지도 않은 채 순순히 받아들였다고 전해진다. 사람들은 그의 죽음에서 진정한 충신의 모습을 보았다. 또한 조광조는 마지막 순간까지 태연했다고도 전해지는데, 집에 보낼 마지막 편지를 쓸 때도 그의 붓끝은 전혀 흔들리지 않았다고 한다. 후세 사람들은 그에게서 광명정대한 도덕군자의 참모습을 목격했다. 조광조의 죽음은 비참하고 초라했지만 사람들은 그에게서 초월적 영웅의 모습을 읽어 냈다.

　후세 선비들은 조광조를 그리워했다. 그들은 그를 선비의 위대한 모범으로 삼았다. 조광조의 삶과 죽음은 이윽고 전설이 되었고, 그는 도덕적 순교자로 공인되었다. 이황이나 이이 같은 석학들에게도 조광조는 감히 다가설 수 없는 사표였다.

　그러나 그에 대한 후세의 평가가 미화 일색만은 아니다. 정치적 실패의 책임을 묻는 목소리도 적지 않다. 미처 학문과 인격이 완숙되기도 전에 지나치게 급진적이고 과격한 개혁을 추구했기 때문에 실패한 것이 아니냐는 탄식도 있다. 조금 더 천천히 개혁을 추진했더라면 아마 성공을 거두었을지도 모른다. 이런 한탄은 지난 수백 년간 되풀이되었다.

　그러나 나는 그 의견에 동의하기 어렵다. 만약 80세가 될 때까지 조광조가 참고 기다렸다가 개혁에 앞장섰더라면 과연 이루어졌을까? 이황처럼 학문과 인격이 완숙한 노학자가 이상 정치를 시도했다고 해서 제대로 이루어질 수 있었겠는가. 그럴 리가 없다. 조광조가 꿈꾼 성리학적 이상 세계의 실현, 이는 공자가 바랐던 왕도 정치였다. 그 성패는 누구도 장담할 수 없다. 누가 해도 이루어질 수 없는 꿈같은 일이 아닌가.

조광조를 죽음으로 몰고 간 기묘사화

조광조를 죽음으로까지 몰고 간 기묘사화에 대해 이야기해 보자. 1519년 11월 16일(음력) 새벽부터 일은 시작되었다. 사화는 겨우 사흘 만에 일단락되었다. 화를 일으킨 장본인들은 뚜렷한 목표를 가지고 있었다. 그들은 조광조의 목숨을 원했다.

일반적으로 우리는 사화의 주모자를 남곤南袞(1471~1527), 심정沈貞(1471~1531), 홍경주洪景舟(~1521) 등으로 보며, 이들 훈구파 대신이 사화를 모의했고 그들의 꼬임에 빠진 중종이 무고한 선비들을 처단한 것으로 설명하기 일쑤다. 그러나 내가 보기에 이 사건의 주모자는 중종이었다. 그가 조광조를 저버린 것이다. 중종은 조광조의 적들을 선동해 기묘사화를 일으켰다고 확신한다. 통설과 매우 다른 해석이지만 실록을 통해서도 입증된 사실이다.

중종은 대신 홍경주에게 한글로 편지를 써 보냈다. 홍경주로 말하자면 중종의 장인(희빈 홍씨의 아버지)이었다. 왕은 그 편지에 조광조를 제거하지 않으면 나라의 장래가 위험하다며 조광조에 대한 자신의 불만을 토로했다. 왕은 홍경주에게 자신의 편지를 남곤 및 심정 등에게 보이고 함께 상의할 것을 주문했다. 그 밖의 여러 조정 대신들과도 협의하기를 촉구했다. 중종은 날짜와 시간까지 정해 주며 신무문(경복궁의 북문)을 열어 놓을 테니 그리로 들어오라고 당부했다.

중종의 요구대로 홍경주 등은 비밀리에 회동했고, 입궐했다. 대신들이 다 모이자 왕은 조광조 일파를 모두 체포하라고 명령했다. 기묘사화의 실마리를 제공하고 지휘한 이는 다름 아닌 중종이었다.

왕은 네 명의 선비를 죽이고자 했다. 조광조를 필두로 김정金淨 (1486~1521), 김식金湜(1482~1520), 김구金絿(1488~1534) 등은 무슨 일이 있더라도 사형시켜야 한다고 주장했다. 또한 윤자임尹自任(1488~1519), 박세희朴世熹(1491~1530), 박훈朴薰(1484~1540), 기준奇遵(1492~1521) 등 네 명도 함께 중벌을 내려야 한다고 단언했다. 그들이 이른바 '기묘8현'이었다.

그들은 붕당朋黨, 즉 당파를 결성했다는 혐의로 처벌되었다. 신하가 붕당을 만들었다면 그것은 큰 죄였다. 유교 국가에서 신하들이 편을 짜서 권력을 탐하는 행위는 결코 용납되지 않았다. 그러나 그것은 명분에 불과했다. 조선 후기에는 여러 당파가 공공연히 활동했고, 국가도 이를 묵인했다. 설사 조광조가 붕당을 결성했다 하더라도 죽을 이유가 되지는 않았다.

조광조는 과연 당파를 만들었을까. 단언하기 어려운 일이다. 조광조를 중심으로 일단의 관리들이 단결한 것은 사실이다. 그러나 그들이 남몰래 당파를 만든 것은 아니었다. 더욱이 사익을 도모했다고 보기는 애매하다. 중종은 이런 사정을 누구보다 잘 알고 있었다. 그들이 성리학적 가치의 실현을 위해 노력했다는 사실은 온 나라가 다 아는 사실이었다. 그러나 중종은 억지를 부렸다.

왕은 조광조 일파를 내쫓기로 작심했기 때문에 그들을 체포하게 한 다음 붕당 죄로 처벌했다. 자백을 요구하는 취조관에게 조광조는 이렇게 대답했다. "이 나이가 되도록 제가 한 일은 오직 한 가지뿐입니다. 왕을 위해 충성을 다했습니다. 제가 가장 힘써 노력한 것은 이익의 근원을 차단하는 일이었습니다." 자신은 이른바 위훈삭제, 즉 가짜 공신들을 명부에서 삭제하는 데 힘을 기울였다는 해명이었다. 성리학 지상주의자 조광조에게는 사적 이익을 추구하지 못하게 막는 일이 무엇보다 중요했다.

오늘날 우리는 무슨 일을 하건 자신의 이익만을 우선으로 한다. 조광조 같은 성리학자들로서는 결코 용납하지 못할 일이다. 그들은 사적 이익의 추구를 죄악시했다. 지식인이라면 사랑(仁)이 넘치는 정의로운(義) 사회를 만드는 데 뜻을 두어야 한다. 이것이 조광조를 비롯한 성리학자들의 신념이었다. 따라서 뚜렷한 공훈도 없이 공신의 특권을 차지하는 것은 결코 허용되지 않았다.

알다시피 중종은 반정을 통해 왕이 되었다. 그것도 자신이 직접 주도한 것은 아니었고, 연산군의 측근들이 일으킨 것이었다. 중종은 왕위에 오르자 저들의 요구에 따라 100명도 넘는 사람들에게 정국공신의 칭호를 선사했다. 공신들은 요직을 차지하고, 토지와 노비를 하사받았다. 공신들의 일가친척들까지도 특권을 행사했다. 이런 사적 이익의 근원, 즉 공신호의 남발을 바로잡지 않으면 나라의 장래는 없다. 조광조는 그렇게 확신했다.

정국공신들과 그 친인척들은 당연히 조광조 일파를 미워함과 동시에 두려워했다. 중종의 입장은 미묘했다. 왕은 정국공신들을 견제하는 데 찬성했지만 그들이 무더기로 제거되는 것을 바라지는 않았다. 공신들의 권위가 몽땅 부정된다면 반정을 통해 왕이 된 자신의 명분까지 흔들릴 것 같았다. 조광조는 중종의 이런 근심을 헤아렸으므로 백방으로 설득하려 애썼다. 그러나 중종의 의심은 오히려 더 커졌다. 기묘사화는 피할 수 없는 일이 되었다.

기묘사화에 관한 통설 가운데는 의심스런 부분이 있다. 특히 다음 두 가지 사항은 재검토를 요한다. 우선 훈구파와 사림파란 용어의 사용이 부적절하다. 역사학자들은 조광조와 대립한 세력을 모두 훈구파라 부른다. 그러나 그 우두머리로 손꼽히는 남곤은 훈구파라고 보기 어렵다. 남곤 자신은 공신이 아니었다.

그의 스승은 사림파의 영수 김종직이었다. 남곤은 사화에 연루되어 평안도로 귀양까지 갔다. 말하자면 남곤은 사림파의 일원이었다. 그가 조광조 일파와 대립하게 된 데는 모종의 사연이 있었다. 훈구파는 정확한 용어가 아니다. 정국공신을 중심으로 조광조의 급진 개혁에 반대하는 다양한 세력이 포함된 것이라, 기성 세력이라고 이해하는 것이 옳다. 사림파 역시 조광조의 노선에 동조한 것은 일부에 지나지 않았다. 차라리 조광조 일파라고 부르는 것이 적절하다.

후세의 역사가들은 조광조 일파를 '기묘당' 또는 '기묘인'이라고 칭한다. 그렇지만 그들의 정치 성향에는 큰 차이가 있다. 조광조보다 더 과격한 인사들도 있었고, 조광조와는 정치적 행보를 달리하는 사람들도 많았다. '기묘당' 내부는 막연히 짐작하는 것보다 훨씬 복잡했다.

청년 조광조, 서자 박경의 뒤를 잇다

학맥으로는 조광조와 일맥상통했던 남곤이 가장 혐오스런 정적이었다. 그 이유는 무엇일까. 1507년(중종 2년)에 일어난 박경朴耕의 역보 사건이 화근이었다. 양반의 서자로 태어난 박경은 탁월한 성리학자였다. 그는 사림파의 영수 김일손金馹孫(1364~1498)과 가까웠다. 서예에도 조예가 깊었다. 문제는 박경이 정국공신들을 제거해야 한다고 확신한 데서 비롯되었다. 그는 정국일등공신 박원종朴元宗(1467~1510)과 유자광柳子光(1439~1512) 등을 축출하고 자신의 목적을 달성하기 위해 사림파 인사들을 접촉했다. 그 가운데는 남곤, 유숭조柳崇祖(1452~1513) 및 조광조, 김식, 공서린孔瑞麟(1483~1541) 등이 포함되어 있었다.

그런데 남곤은 역모를 제대로 성사시키지 못할 것 같은 두려움이 들었다. 마침내 그는 유숭조, 심정 등과 함께 이 사건을 밀고했다. 그 바람에 박경과 김공저金公著 등은 형장의 이슬로 사라졌다. 조광조와 김식 등은 체포되었다가 곧 훈방되었다. 이로써 조광조는 조정 일각에 위험인물로 기억되었다. 이후 남곤은 조광조 등과 화해를 바랐으나 받아들여지지 않았다. 남곤은 기성 세력의 입장에서 끝까지 조광조를 공격했다.

박경이 바란 것은 어떤 세상이었을까? 그는 조선 왕조를 성리학 지상 사회로 만들고 싶었다. 그러기 위해서는 우선 과거제가 철폐되어야 한다고 믿었다. 과거제의 취지에는 찬성하지만 그 운영 과정에 많은 폐단이 발생하는 것이 문제였다. 특히 과거 시험 때문에 선비들이 시험에만 얽매여 사실상 학문 연구를 포기하는 것이 심각한 문제라고 생각했다. 그래서 박경은 과거제를 폐지하고 대신에 추천제를 도입하고 싶어 했다.

한국 사회는 지금도 시험 지옥의 굴레를 벗어나지 못하고 있다. 각종 고시에다 공무원 시험, 대기업 취직 시험 등 시험을 통과하지 못하면 살아갈 길이 막막하다. 이들 시험은 다양한 인재를 선발하는 등용문 구실을 하기보다 인재를 죽이는 역할을 하고 있다는 비판도 끊이지 않는다. 박경의 문제의식도 똑같았다. 그는 철저한 능력 위주의 사회를 바랐다. 서얼에 대한 차별을 해소하고, 역차별 대상이었던 종친에게도 등용의 기회를 보장하자고 주장했다. 타고난 출신으로 인해 그 누구도 차별받게 해서는 안 된다는 것이 박경의 확고한 입장이었다.

관리들의 승진도 인습에서 벗어나야 한다고 주장했다. 당시 조선 사회는 연공서열 위주의 안이한 관료주의가 팽배했다. 그것을 청산하자는 것이 박경의 견해였다. 젊고 유능한 사람들이 인습에 젖은 노인들에게 질식당하게 내버려 두면 결국 나라는 망하고 만다는 것이 박경의 생각이었다. 지금 생각해도 혁신적인 사고다. 박경은 그런 생각으로 쿠데타를 모의하다가 미수에 그쳤다.

박경 사건의 관련자였던 조광조와 김식 등은 박경의 가르침을 마음 깊이 새겼다. 장차 그들은 조정에 진출해 박경이 품었던 개혁 의지를 실천에 옮길 각오였다. 10여 년 뒤 그들에게는 실제 그렇게 할 수 있는 기회가 찾아왔다. 그들은 박경의 후계자로서 각종 시책을 통해 그 뜻을 살리기 위해 노력했다.

이상한 청년 도학자

조광조는 특이한 사람이었다. 그는 옷을 입어도 항상 닳는 곳이 일정했다. 늘 꿇어앉아 단정한 자세로 글을 읽었기 때문에 무릎이 먼저 닳았고, 두 손으로 팔꿈치를 꼭 잡아 당겼기 때문에 팔꿈치도 쉬 해졌다. 아침부터 밤늦도록 그는 꿈쩍도 안 하고 늘 같은 자세로 공부에만 전념했다. 그는 초인적인 인물이었다.

"세상의 속된 사람들은 조광조를 헐뜯고 비방했다. 미쳤다고 말하는 사람들도 있었다. 조광조를 화근이라 말하며 먼저 절교를 선언하는 경우가 적지 않았다." 역사 기록에 나오는 세평이다. 조광조는 너무나도 원칙적이었다. 요즘 말로 하면 융통성이 없는 청년 학자였다. 그는 영락없이 '소학동자' 김굉필의 제자였던 것이다.

스승 김굉필처럼 조광조도 『소학』을 중시했다. 이 책은 성리학의 근본정신에 입각해 선비의 행동 규범을 낱낱이 밝혀 놓았다. 일거수일투족을 빠짐없이 가르치는 도덕 교과서였다. 조광조는 매사를 『소학』이 명시한 대로 따랐다. 많은 사람들은 그런 조광조를 바보 또는 엉뚱하다고 생각했다. 적잖은 사람들이 그를 비난하고 절교를 선언했다. 그러나 세상에는 이런 조광조를 존중하고, 그의 높은 이상에 공감하는 사람들도 많았다. 그들은 조광조에게서 군자의 모습을 보았다.

조광조는 대단한 미남이었다고 한다. 그런데다가 카리스마까지 풍기는 인물이었다. 그가 왕을 모시고 조정 대신들과 함께 행차라도 할라치면 사람들의 이목이 오직 그에게 집중되었다고 전해진다. 많은 여성들이 그를 흠모했으나 조광조는 자기 관리에 철저해 미동도 하지 않았다고 한다. 여간해서 다시 보기 어려운 군자형 선비였다.

그의 일처리는 공명정대하기로 정평이 나 있었다. 자연히 일반 대중들도 그를 따랐다. 조광조가 시내에 나타나면 평민들이 몰려들어 "우리 나라가 오신다"고 말하며 엎드려 절을 했다. 그들의 억울함을 풀어 준 일이 많았기 때문이다. 나중에 그가 기묘사화를 당해 남쪽으로 멀리 귀양을 가게 되었다는 소식이 들리자 서울의 향도, 즉 상여꾼들이 우르르 몰려들어 조광조를 풀어 달라고 외쳐 댔다. 성균관 유생들을 포함해 1000명을 헤아릴 정도의 선비들이 구명을 요구하며 대궐 문을 밀어 젖히고 궐내로 몰려가기도 했다. 이는 일찍이 유례가 없는 일이었다. 또한 조정에서는 수십 명의 관리들이 동반 사퇴를 하겠다며 그의 석방을 요구했다. 조광조의 인기는 대단했다.

그의 카리스마는 도덕성에 토대를 둔 것이었다. 그에게는 언제나 뚜렷한 명분이 있었다. 공명정대하지 못한 일에는 손도 대지 않았다. 대개 도덕성이 높은 선비는 깐깐하기만 하고 추진력이 없는 것이 일반적이다. 그 점에 있어서도 조광조는 남달랐다. 그는 정열적이었다. 중종에게 경전을 강의할 때도 여간해서 중도에 그만두지 않았다. 중종은 조광조의 열성 때문에 식사 시간을 놓치기도 했고, 피로를 이기지 못해 하품을 하며 졸다가 팔꿈치가 팔걸이에서 미끄러지는 일도 있었다. 중종은 조광조의 열성과 달변에 눌려 그가 요구하는 것이면 무엇이든 다 허락할 수밖에 없었다.

처음 벼슬길에 나갈 때부터 그는 예사롭지 않았다. 1515년(중종 15년) 조광조는 과거에 급제해 사간원 정언(정6품)이 되었다. 그러자 그는 곧 사간원의 선배와 동료 관리들을 모두 사직시키기에 이른다. 상식적으로는 도저히 말이 안 되는 이야기지만 사실이다. 그는 당시 대간이 명분을 무너뜨리고 언로言路를 막은 사실을 꼬집으며 철저한 시정을 요구했다. 오늘날 같으면 상상도 못할 일이다. 가령 금융감독원의 고위 관리들이 뇌물을 받고 어느 저축은행의 뒤를 봐주었다고 해서, 갓 부임한 사무관 한 사람이 원장을 비롯한 선배 관리들을 사직으로 몰고 갈 수 있겠는가. 그러나 조광조는 해냈다. 참으로 대단한 기백이요, 패기가 아닐 수 없다.

그는 추진력도 뛰어났다. 반대파의 잘못을 추상같이 질타했다. 적의 실체를 뚜렷하게 드러냄으로써 동지를 결집하는 응집력도 탁월했다. 그는 동지들과 이념을 공유했고, 그에 배치되는 집권 세력을 가차 없이 공격했다. 정적들에게 조광조란 공포 그 자체였다.

그렇다고 해서 조광조에게 인간적 향기가 전혀 없었던 것은 아니다. 그에게는 사람들을 사로잡는 매력이 있었다. 우정도 대단했다. 때때로 그는 한충韓忠(1486~1521), 김정 등과 밤새껏 대화를 나누었으며, 이들 세 선비는 베개도 하나, 이불도 하나를 사용했다. 조광조는 벗들에게 "죽을 때까지 이렇게 할 수 있겠느냐?"라고 물었고, 그들은 "그렇게 하리라"고 다짐했다. 과연 그들은 평생 서로를 배신하지 않고 마지막까지 신의를 지켰다.

왕은 성리학을 제대로 배워야 한다

성리학자 조광조는 왕도 정치를 추구했다. 한 가지 특징은 그가 유교적 황금시대의 도래를 확신했다는 점이다. 증광 문과 시험에 합격했을 때 그는 "공자에게 3년의 기회를 주었더라면 요임금과 순임금이 펼친 중국 고대의 이상 정치를 실천할 수 있었다"라고 대답했다. 이는 비단 공자에게만 가능한 일이 아니라 당대에도 가능한 일이라고 믿었다. 그는 이상 정치를 하나의 상징으로서가 아니라, 역사적 실제로 인식했다.

그러려면 왕은 명도明道와 근독謹獨에 충실해야 한다. 그는 그렇게 주장했다. '명도'는 천도, 즉 도덕을 확립하는 것이었다. '근독'은 '신독'과 마찬가지로 홀로 있을 때를 삼간다는 뜻이다. 단순히 홀로 있을 때만 삼간다는 뜻이 아니라, 남의 눈길이 미치지 않는 곳에서도 스스로를 속이지 않는다는 뜻이다. 요컨대 조광조가 추구한 이상 세계는 철저한 윤리적 사회, 도덕심을 토대로 한 세상이었다. 그가 추구한 이상 정치의 첫 걸음이자 완성이 바로 그 점이었다.

이는 조광조 혼자만의 생각이 아니었다. 성리학의 근본이념이기도 했다. 『대학』과 『중용』에 압축적으로 잘 나타나 있지만, 그 가운데서도 조광조는 『대학』을 중요시했다. "다른 모든 책이 없어도 좋다. 『대학』 한 권만 있어도 우리는 이상 정치를 완성할 수 있다." 조광조는 그렇게 말할 정도였다. 『대학』은 성리학의 이상 정치, 즉 이상 사회의 프로그램을 담고 있기 때문이다. 과연 성리학을 국시로 삼았던 조선 사회의 식자층에서는 『대학』이 절대적인 호평을 받았다.

『대학』은 증자曾子의 저술로 『예기』의 한 편이다. 중국 송나라 때 성리학자 정호程顥(1032~1085)와 정이程頤(1033~1107) 형제가 거기에 상세한 주석을 달아 이용하기 편리하게 만들었다. 성리학의 집대성자인 주희朱熹는 생의 마지막까지 『대학』의 연구에 매달렸다. 조선 시대 성리학자들이 애용한 『대학』은 주희가 편찬한 것인데, 실은 미완성의 책이었다. 조광조는 『대학』에 성리학의 정수가 들어 있다고 믿었다.

그런데 『대학』으로 나아가기 위해서는 우선 『소학』을 거쳐야 한다. 조광조의 스승 김굉필도 그렇게 믿었다. 김굉필의 학문이 『소학』을 토대로 삼았다면 조광조는 자신의 학문을 『대학』으로 연장시켰다. 자연히 공부의 구심점이 『소학』에서 『대학』으로 이동했다. 조광조는 중종에게 『대학』 공부의 중요성을 늘 강조했고 『대학』에 정통한 학자들을 널리 추천했다. 김식은 그 대표적인 선비였다. 그는 앞서 언급한 대로 조광조의 친구이자 박경 사건에 연루된 적이 있는 청년이었다. 『대학』 전문가 김식은 중종에게 그 책을 강의했다. 조광조는 중종을 설득해 추천제 과거 시험인 현량과를 실시했는데, 그 시험에서 장원으로 뽑힌 이가 다름 아닌 김식이었다.

조선 시대의 치자治者는 당연히 『소학』과 『대학』의 이치를 터득해야만 했다. 전자에는 인간이 지켜야 할 기본 도리와 도덕 원리가 집약되어 있기 때문에 절대로 그냥 지나쳐서는 안 되었다. 후자는 공자의 가르침을 체계적으로 정리한 것이다. 사물의 이치를 밝히는 데서 시작해 천하를 다스리는 유교 궁극의 목적에 이르기까지 각 단계를 논리적으로 연결해서 설명한 것이다. 『대학』을 모르고서는 유교적 이상 정치를 논할 수 없다. 이런 관점에서 조광조는 중종에게 성리학 연구를 적극 권장했다.

이상주의자 조광조 vs. 현실주의자 중종

성리학적 이상 사회를 구현하기 위해 조광조 일파는 끊임없이 중종을 설득하고 교육했다. 왕도 정치의 성패가 왕에게 달려 있다고 믿었기 때문이다. 성리학에 따르면, 왕은 북극성과 같은 존재다. 실무에 종사하지 않지만 왕의 덕성은 통치의 중심이라고 보았다. 조광조는 중종이 한 사람의 위대한 군사君師, 즉 철학적 군주로 거듭날 수 있도록 온 힘을 쏟았다. 그 일에 전념하기 위해 조광조는 조정의 실무를 담당하지 않았다. 그는 조정의 도덕 교사를 자임했다.

그러나 한 가지 큰 문제가 잠복해 있었다. 처음부터 조광조는 그 문제의 본질을 알고 있었다. '왕도 정치' 프로젝트는 좌초될 가능성이 컸다. 중종이 문제였다. 세종처럼 탁월한 군주라면 모를까 중종처럼 평범한 인간으로서는 실현 가능성이 적었다. 중종에게는 그런 열정이 있지 않았다. 이런 왕에게 무슨 기대를 걸 수 있었겠는가. 그래도 조광조는 쉽게 포기하지 않았다.

중종에게 조광조는 자신의 걱정을 털어 놓기도 했다. 그 요점을 정리해 보면, '결국 모든 일은 전하에게 달려 있다. 우리를 끝까지 믿어 줄 것이냐, 중간에 마음이 변할 것이냐. 그렇다면 모든 것이 하루아침에 끝날 것이다. 그러면 나라꼴은 엉망이 되고 만다. 과거에도 사화가 일어나 억울한 생명들이 희생된 적이 여러 번이었다. 그 전철을 밟아서는 절대 안 된다. 전하는 나와 내 동지들을 마지막까지 믿고 따라야 한다, 우리는 오직 전하와 이 나라를 위해 있다'는 내용이었다. 이런 취지의 말을 그는 중종에게 여러 번 고했다. 조광조는 미래에 닥칠지도 모르는 불길한 사태를 예감했는지도 모른다. 그리고 불길한 예감은 곧 사실로 드러났다. 기묘사화(1519)가 바로 그것이다.

조광조가 이상주의자였다면 중종은 현실주의자였다. 왕은 자신의 운명을 스스로 개척할 만한 포부와 능력을 갖지 못했다. 그가 왕이 된 것도 순전히 우연이다. 그가 왕으로 추대되자 비극적 사태가 일어났다. 진성대군(중종)은 즉위와 더불어 왕비 신씨(단경왕후)와 강제로 헤어지게 되었다. 유자광, 박원종, 성희안成希顏(1461~1513) 등 정국 공신들은 신씨의 부친 신수근愼守勤(1450~1506)이 폐위된 연산군(재위

1495~1506)의 처남이라는 이유로 신수근 부자를 모두 죽였다. 왕비도 폐출되었다. 중종은 생각지도 않게 왕이 되었으나 팔다리를 한꺼번에 다 잃어버린 셈이었다. 인간적으로 보면 평범하기 그지없던 중종인지라 그는 겁에 질렸다. 중종은 누구도 마음 놓고 믿지 못했다.

자신을 왕으로 만든 공신들과 싸워 자신을 해방시켜 줄 누군가가 필요했다. 누가 공신들과 대신 싸워 줄 것인가. 이것이 중종의 고민이었다. 부왕(성종) 때의 일을 돌이켜 볼 때 김굉필이나 김종직처럼 강직한 선비가 필요했다. 적어도 그 흐름을 잇는 선비라야 완강한 공신들을 제대로 상대할 수 있을 터였다. 중종은 이조판서 안당安瑭(1461~1521)에게 적당한 인물을 물색해 보라고 부탁했다. 안당은 조광조를 추천했다. 안당의 아들들은 조광조의 절친한 친구였기 때문에 그는 조광조를 잘 알고 있었다. 조정에 나온 조광조는 승승장구했다(1515~1519). 사간원 정원이 되자마자 그가 상관과 동료들을 한꺼번에 싹 물갈이 할 수 있었던 것은, 그 한 사람의 능력과 기개 덕분만이 아니었다. 중종이 무언중에 큰 기대를 가지고 밀어 주었고, 또한 이조판서 안당을 비롯해 신용개申用漑(1463~1519), 정광필鄭光弼(1462~1538) 등 일부 대신들이 적극 후원해 주었기 때문에 가능한 일이었다.

조정에 들어서자 조광조는 끈질기게 왕을 설득해, 자신이 원하는 바를 하나씩 모두 얻어냈다. 적어도 겉으로는 그렇게 보였다. 4년이라는 비교적 짧은 기간 동안 그는 초고속으로 출세했다. 요즘으로 치면 사무관으로 시작해 장관까지 올라간 셈이다. 하루가 다르게 그의 관직은 높아졌다. 상급자들도 모두 그의 눈치를 보는 형편이었다. 조광조는 그 짧은 기간 동안 자신과 뜻이 통하는 선비들을 몽땅 조정에 등용해 요직에 안배했다.

기묘사화가 일어나기 직전인 1519년 하반기, 조정은 조광조의 우군들로 가득 찼다. 안당, 정광필, 신용개는 3정승이 되어 조정을 대표했다. 홍문관, 사헌부, 사간원을 비롯한 요직도 젊고 패기 있는 조광조의 후배들이 모두 장악했다. 이 젊은 선비들은 우군에 해당하는 정승들까지도 마구 공격할 정도로 기세가 높았다. 조광조는 사태가 이렇게까지 진척되기를 바라지는 않았다. 그러나 조광조의 급진파들은 이미 통제 불능의 상태였다. 말하자면 그들은 내일이라도 당장 기성 질서를 무너뜨리고 성리학적 이상 국가를 세울 것처럼 보였다.

중종은 조광조 일파가 이미 선을 넘었다고 판단했다. 불신의 병에 걸려 있었던 왕은 처음부터 조광조를 믿지 않았다. 왕에게 조광조라는 신하는 하나의 정치적 도구였다. 그가 수행해야 할 역할은 정국공신들의 틈바구니에서 왕을 구출하는 것이었다. 그 이상은 필요하지 않았다. 왕은 적당한 선에서 타협하기를 바랐다. 그것이 가능하면 조광조와 오랫동안 함께 갈 수 있는 길이었다. 그러나 조광조는 그 이상을 요구했으므로 이제 무대에서 퇴출되어야 마땅했다.

성리학적 명분과 논리로는 조광조 일파를 감당할 수 없었다. 중종뿐만 아니라 남곤과 심정 등도 마찬가지였다. 왕은 장인 홍경주(희빈 홍씨의 아버지)와 조광조 일파를 쫓아낼 궁리를 했다. 앞서 말한 중종의 한글 편지가 작성된 배경이 그것이다. 이전에 희빈 홍씨는 시녀를 시켜 대궐 뒷동산에서 '주초위왕走肖爲王', 즉 조씨가 왕이 된다는 참언讖言이 적힌 나뭇잎을 만들었다고 한다. 곧이듣기 어려운 이야기다. 하지만 이런 에피소드를 통해 우리는 조광조에 대한 중종의 두려움이 얼마나 컸는지 짐작할 수 있다. 아울러 조광조 일파를 숙청하기 위해 궁중 세력들이 공모했다는 사실도 추측할 수 있다. 왕의 배신으로 조광조는 일대 위기에 빠졌던 것이다.

벼슬길에 나갈 때 조광조는 이미 죽음을 각오했다. 그는 박경이 가고자 했던 길, 스승 김굉필과 김종직, 김일손 등이 바랐던 성리학적 질서를 세우는 데 목숨을 걸었다. 조광조는 자신의 시도가 불발에 그칠 가능성을 충분히 알고 있었다. 스승과 선배들이 무고하게 죽은 역사가 그 증거였다. 그래도 그는 죽음을 두려워하지 않았다. 사화로 인한 죽음이 그에게는 끝이 아니라 하나의 또 다른 시작이었다. 조광조는 성리학의 순교자였다. 그가 목숨 바친 희생의 제단 위에 후세의 선비들은 성리학 국가 조선을 일으켜 세웠다.

중종은 조광조를 제거한 다음에도 비루한 권력 게임을 되풀이하며 오래오래 왕 노릇을 했다. 40년가량 옥좌를 지켰다. 하지만 중종에게는 이렇다 할 업적이 하나도 없었다.

조광조의 갑작스런 등장과 몰락은 문자 그대로 극적이었다. 어느 독일 소설에 이런 구절이 있다. "우리가 현실을 산다는 것은 붕대로 눈을 가리고 벌판을 지나가는 것과 같다." 우리는 현실을 직시한다고 믿지만 제대로 보지 못한다. 붕대가 눈에서 풀렸을 때, 즉 현실이 과거의 일로 바뀌었을 때 우리는 비로소 과거를 제대로 이해할 수 있다. 현재란 늘 그런 것이다. 그러나 조광조는 달랐다. 그는 자신의 시도 자체가 역사적이라는 사실을 누구보다 명확히 알고 있었다. 도덕 지상주의를 고집함으로써 그는 현실에서는 패자가 될지언정 한국 사회가 지향해야 할 뚜렷한 지표를 세웠다. 공자나 예수가 그랬듯이 조광조는 구차한 현실과 타협하지 않고 지고한 이상을 좇았다. 그리해 그는 선비들의 사표가 되었다. 그의 삶과 사상은 후세의 수많은 학자들을 움직였다.

목전의 이익만을 추구하다 보니, 길게 바라보고 공적 이익을 위해 헌신하는 사람이 너무나 드문 현실이다. 조광조처럼 죽기를 각오하고 이상 정치의 실천을 위해 전력투구하는 이가 우리들 가운데 함께 있다면 얼마나 좋겠는가. 현실적 욕망으로 가려진 우리의 두 눈을 번쩍 뜨게 할 그의 날카로운 음성은 과연 어디에 숨어 있는 것일까.

이율곡
통찰이 깃든 지성의 힘

이이는 성리학을 집대성한 대학자였다. 실무에도 밝아 이조판서와 병조판서를 지냈다. 일본의 침략을 염려해 '10만양병설'을 주장했고, 민생을 염려해 선조(재위 1567~1608)에게 당시 사회의 폐단인 '만언봉사'를 올렸다. 이이는 극단적인 선택을 지양하고 늘 조화를 꾀했으며, 실용정신에 입각해 나라 일을 정성껏 보살폈다.

조선 최고의 엘리트

이이의 이름을 떠올리면 먼저 '구도장원九度壯元'이라는 별명이 떠오른다. 그는 평생 아홉 번의 과거 시험에 연달아 장원을 차지했다. 특히 1564년(명종 19)의 문과 시험에서는 초시, 복시, 전시에서 모두 장원을 기록했다. 조선 시대에 문과에 급제한 사람은 모두 1만 4620명 정도 되었다. 해마다 서른 명쯤의 급제자가 배출되었던 셈이다. 순위는 고사하고 어떻게든 합격만 하면 다들 가문의 영광으로 기렸다. 그런데 이이는 생원 시험, 진사 시험, 문과 시험 모두에서 장원을 했다.

더구나 진사 시험은 열세 살에 합격했다. 오늘날로 말하면 문학박사 학위를 열세 살에 획득한 셈이다. 조선 시대 생원 진사 시험 및 문과 시험 합격자의 평균 연령은 서른 살을 웃돌았다. 물론 이이도 문과에 장원급제한 것은 20대 후반이었다. 실학자로 이름난 정약용도 대강 비슷한 나이에 문과에 합격했다. 훗날 서재필과 윤치호는 스무 살 미만에 문과에 급제하기는 했지만 그들도 이이처럼 '구도장원'까지는 하지 못했다. 요샛말로 하면 이이는 '공부의 신'이었다.

이이의 벼슬길은 순탄했다. 조광조와 비할 정도는 아니지만 그 역시 고속 승진을 이어갔다. 30대에는 벌써 승정원 동부승지, 우부승지를 역임했고 황해도 관찰사를 지냈다. 40대 초반에는 이미 장관급으로 올라섰다. 하지만 수명이 길지 못해 마흔아홉 살에 세상을 떴다. 그래도 굵직한 벼슬은 다 지냈다. 예문관 대제학, 홍문관 대제학에 이조와 병조의 판서를 두루 지냈다. 이미 젊은 시절에 사신으로 중국 명나라를 다녀왔으며, 공무로 늘 바빴음에도 여러 권의 책을 저술했다.

이미 세 살 때부터 시를 지었다는 이 수재는 어머니의 영향을 많이 받았다. 그 어머니는 시詩, 서書, 화畵에 뛰어난 여류 명사 신사임당申師任堂(1504~1551)이다. 그는 사임당의 셋째 아들이었다. 안타깝게도 사임당은 아들이 대성하는 것을 미처 보지 못하고 사망했다. 일찌감치 부모를 여읜 이이는 열여덟 살이 되자 머리를 깎고 스님이 되어 금강산에서 지냈다. 훗날 그를 비판하는 사람들은 이때의 승려 경력을 문제 삼았다. 그러나 10대에 부모를 다 잃은 이이가 3년상을 마치고 인생에 회의를 느껴 절간에 몸을 의탁한 것은 조금도 이상하게 볼 일이 아니었다. 이미 성리학에 심취해 있던 그는 불교 교리에 만족하지 못하고 1년쯤 뒤 다시 세상으로 돌아온다. 그는 스물두 살이 되어서야 결혼을 했다. 당시의 사회 풍습으로 본다면 보기 드문 만혼晩婚이었다. 조선 최고의 엘리트 이이의 경력은 여러모로 특이하다.

조광조의 학맥을 잇다

소년 시절 그는 백인걸에게서 수학했다. 백인걸은 조광조의 제자였다. 이이는 조광조를 가슴에 품고 자랐다. 스물세 살에는 예안(현재 경북 안동)에 있는 당대의 석학 이황을 찾아가 성리 철학에 관해 심오한 문답을 나눴다. 그때 이황은 이이의 학식에 감탄해 "후생이 가외可畏다", 즉 후배라도 두려워할 만하다고 말했다고 한다. 이황은 서울서 찾아온 청년 학자를 보고 깜짝 놀라 이 청년이 앞으로 조선의 학계를 이끌어 나갈 큰 학자가 되겠다고 예감한 것이다. 이이가 도달한 철학적 수준은 이미 굉장했다. 몇 년 뒤 이이가 문과 시험에 합격했을 때에는 이미 전국적인 명사가 되어 있었다. 앞서 말했듯이 이이의 출셋길이 고속도로처럼 확 트인 것이다.

조광조처럼 그는 사헌부와 사간원의 청요淸要한 벼슬을 두루 지냈고 홍문관의 최고위 직책까지 역임했다. 그러나 두 사람 사이에는 큰 차이점이 있다. 조광조는 실무적인 관직을 역임한 적이 전혀 없었다. 그에 비해 이이는 조정 실무에 두루 밝았다. 특히 그는 인사 실무에 정통했다. 철학자였으면서도 군사적인 업무에도 밝아 병조판서까지 지냈다.

두 사람 사이에는 더욱 중요한 차이가 있었다. 조광조는 당장 이 자리에서 성리학적 이상 국가를 실현하고야 말겠다는 의지를 불태웠다. 이이는 지금이 개혁을 시작할 때라는 입장이었다. 그는 경장更張을 주장했다. 조광조가 전격적인 혁명을 꿈꾼 것과는 달랐다. 이이의 주장은 '성리학의 진리는 현실 문제와 직결되어 있기 때문에 앉아서 망하기를 기다리는 것보다 조금씩이라도 경장하는 것이 옳다'는 것이었다. 그대로 놔두면 조선 왕조는 썩어 무너진다. 따라서 날마다 어느 한 구석이라도 뜯어고치자는 것이었다.

그때는 1392년, 조선 왕조가 창건된 후 150년 정도가 이미 지났을 때다. 선대가 애써 완비한 제도가 여러 면에서 악용되고 있는 상황이었다. 제도의 모순도 적지 않았다. 이이는 국정의 폐단을 누구보다 예리하게 느꼈다. 일반적으로 학자들은 세상사에 어둡기 일쑤다. 그러나 이이는 달랐다. 그에게는 사물을 입체적으로 분석하는 눈이 있었다. 당시 사회를 바라보는 이이의 눈에는 문제점들이 가득했다. 그러나 당장 해결해야 할 폐단들을 한순간에 처리하기란 불가능한 일이었다.

그럼에도 이이는 처리하기 복잡한 현실의 여러 가지 문제를 결코 외면하지 않았다. 포기하지도 않았다. 그는 모든 항목을 꼼꼼히 기록해 선조에게 개선책을 제안했다. 그것도 거시적인 차원에서 거칠게 접근한 것이 아니라, 실천 가능성을 염두에 두고 세부적인 개혁안을 궁리했다. 그는 조광조처럼 불타는 정열로 덤벼들지 않았다. 이이는 차분하면서도 집요했다. 이이의 개혁은 옹골찼다.

동시대의 석학 이황은 아예 이런 일체의 현실 문제로부터 초탈했다. 이황은 조광조의 역사를 통해서 세상이 녹록하지 않다는 것을 실감했다. 또한 자신의 천품이 한 사람의 성리학자임을 깨달았다. 그래서 이황은 자기 자신을 실무적인 일에 종사하는 관리라고 생각해 본 적이 없었다. 이황은 자신의 몸가짐을 엄숙하고 단정하게 해 성리 철학을 궁구해 학문적 진리를 제자들에게 전하고 시대와 더불어 공유 하는 것으로 만족했다. 이황은 시대의 양심이었고, 자신의 천성을 지 키며 사는 것 자체를 일생의 사명으로 여겼다. 그는 타고난 학자였다.

이이는 이황보다 훨씬 실천적이고 기민했으며 날카로웠다. 이는 그 가 직접 쓴 글에서도 잘 나타난다. 『석담일기』를 보자. 석담은 이이의 또 다른 호였다. 이 책은 나중에 『선조실록』을 구성하는 데 중요한 사 료로 쓰였다. 임진왜란을 겪느라 당대의 문헌이 많이 일실되었는데, 다행히 이 책이 남아 있어 선조대의 역사 서술에 기여했다. 그런데 『석담일기』를 읽어 보면, 어느 누구도 이이의 날카로운 인물평을 무사 히 통과하지 못했다는 짐작을 하게 한다. 내로라했던 수많은 인물치 고 이이에게 단점을 들키지 않은 경우가 없었다. 그는 면도날보다 예 리한 사람이었다.

그런 점은 조광조와도 닮았다. 물론 여기에도 조광조와 이이의 결 정적인 차이가 존재한다. 조광조는 글을 남긴 것이 전무했다. 성리학 지상주의자로서 그는 문학적인 글 따위를 쓰는 행위는 일종의 낭비라 고 간주했다. 지극히 실천적이고 철학적인 글을 쓰는 것 외에는 관심 을 두지 않았다. 홍문관 시절 조광조는 달마다 정기적으로 제출해야 할 시문이 정해져 있었지만 그것마저 거부했다. 그러나 이이는 기꺼이 글을 썼다. '구도장원'이라는 별명에서도 짐작할 수 있듯이 이이는 붓 을 잡으면 붓이 알아서 척척 써내려 가는 것과 같은 신필의 경지에 오 른 사람이었다. 이황의 글 솜씨도 조광조와는 비교할 수 없이 유려했지만 이이의 상대는 아니었다. 이황의 글은 조용한 학자의 글이었다. 그러나 이이의 글은 아름답고 화려하고 멋졌다.

앞에서 말한 여러 가지 차이점에도 불구하고 이이는 조광조의 학맥을 이어받은 손孫제자였다. 앞서도 잠깐 언급했듯이 청소년 시절 이이는 백인걸에게서 학문을 배웠다. 백인걸은 명종 때 을사사화를 당해 오랫동안 고향 파주에 묻혀 지냈다. 그는 조광조를 연상시키는 강직함으로 이름을 떨쳤다. 백인걸은 일평생 조광조의 복권과 문묘 배향을 위해 투쟁했다. 이이는 백인걸과 함께 파주에 살았고 그때 조광조에 대해 많은 사실을 알게 되었다. 훗날 이이는 조광조의 비문도 지었다. 그는 명실상부하게 조광조의 학풍을 계승했다. 이이가 지은 조광조의 비문에는 다음과 같은 구절이 담겨 있다. "그는 마음속으로는 요순 시대를 그리워했고 몸으로는 유학의 실행에 힘쓰며 항상 바른 말을 하려고 했다." 조광조의 행실에 대한 이이의 솔직한 평가다. 내 생각에 이는 조광조의 삶에 대한 평가일 뿐 아니라, 이이 자신이 나아갈 길을 고백한 것이기도 했다. 실제로 그는 요순의 시대를 그리워했고 성리학을 실천하고 바른 말을 하는 사람으로 살았다. 조정에선 이이는 욕먹을 것을 뻔히 알면서도 강직함을 발휘해 논쟁을 회피하지 않았다.

정명하지 않으면 나라를 다스릴 수 없다

조광조의 노선은 비현실적이었다. 그대로는 실천하기가 불가능했다. 이이는 그 점을 감안해 상당 부분 수정했다. 그은 많은 저술을 통해 조선 사회가 앞으로 나아가야 할 길을 모색했다. 그 대표적인 저작이 『동호문답』 『만언봉사』 『성학집요』 세 가지라 하겠다.

『동호문답』은 1569년(선조 2년) 왕도 정치의 요체를 문답형으로 서술한 것이다. 당시 그는 사가독서賜暇讀書 중이었다. 그것은 일종의 연구년에 해당했다. 인재 양성에 힘쓴 세종이 만든 제도로서 젊은 문신들에게 일정 기간 동안 독서에 전념할 수 있게 보장한 것이다. 이이는 조선의 현실 정치를 조목조목 비판하고 국가가 추구해야 할 미래의 모습을 서술했다. 그 제목을 '동호문답'이라 했던 이유는 무엇일까. 이이가 머물던 '독서당'이 한강 가에 위치했는데 세상 사람들은 이를 '동호'라 불렀기 때문이다. 이 책이 중요한 까닭은 그가 추상적이고 이론적으로만 조선의 미래상을 제시한 것이 아니라, 중국의 고전과 역사를 뒤져 각종 제도와 사상의 장단점을 비교 검토하고 그것을 주제로 정리했다는 점에 있다.

『동호문답』의 주제는 모두 열한 가지다. 「논군도論君道」에서는 임금의 도리를 논의했다. 중국 역사상의 이름난 제왕의 업적을 논평하고 그 바탕 위에 왕도 정치를 주장했다. 「논신도論臣道」는 착한 신하의 전형을 두 가지로 나눠 비교 검토했다. 자기 혼자만 착한 일을 한 신하도 있지만 천하와 더불어 선행을 함께 한 신하들도 있었다는 점을 밝혔다. 「논군신상득지난論君臣相得之難」에서는 훌륭한 제왕과 신하가 함께 한 시대에 태어나 위업을 이룬 경우가 드물었다는 점을 아쉬워했다. 여기까지는 유교적 이상 정치의 원론에 해당한다.

이어서 「논동방도학불행論東方道學不行」에서는 한국 역사에는 유교적 업적이 거의 없었다며 분발을 촉구했다. 「논아조고도불복論我朝古道不復」 역시 같은 맥락에서 조선 시대의 유교 정치는 고대 중국의 이상 정치에 비교할 때 많은 문제가 있다고 진단했다. 그는 이런 처지에서 벗어나기 위해 「논당금지세論當今之勢」를 썼다. 당시의 현실 상황을 정리하고 이상 정치를 이룰 방법을 탐구했다.

실제 정치를 개선하기 위해 「논무실위수기지요論務實爲修己之要」, 즉 마음을 바로 잡아 성실하기에 힘쓰면 자신을 수양할 수 있다고 보았다. 그런 다음에 「논변간위용현지요論辯姦爲用賢之要」로 간신을 가려내고 현명한 신하를 등용해야 된다고 주장했다. 또한 「논안민지술論安民之術」이라 해서 제도상의 폐단을 없애 민생을 살피고, 언론의 자유를 보장하며 부국안민의 방법을 탐색했다. 이로써 부국강병의 기초를 삼았다.

이이는 여기서 한 걸음 더 나아가 「논교인지술論教人之術」을 주장했다. 교육의 중요성을 강조하고, 적절한 방법을 제시한 것이다. 끝으로 「논정명위치도지본論正名爲治道之本」이라 해서 나라의 급선무는 백성을 평안하게 하는 것인데, 그 요체는 명분을 바로 세우는 것이라는 주장이었다.

여러 가지 주장을 폈지만 『동호문답』의 핵심은 결국 하나로 요약된다. 나라를 옳게 다스리려면 도덕을 바로 세워야 한다는 점이다. 이는 조광조의 생각과도 같았다. 다만 이이는 자신의 뜻을 정명正名이라는 용어로 응축했다. 무엇이든 제 이름에 걸맞아야 한다는 주장이었다.

실질적인 개혁안을 왕에게 바치다

그로부터 5년 뒤인 1574년(선조 7년) 1월 이이는 『만언봉사』를 선조에게 올렸다. 그 무렵 자연재해가 많이 일어나자 왕은 신하들에게 1

147

만 자의 긴 상소문을 올리라고 명령했다. 이이는 마치 기다렸다는 듯이 조선 사회의 문제점을 일일이 지적하고 해결책을 제시했다. 서두에서는 변법變法의 필요성을 강조했다. 본론에는 기묘, 을사사화를 겪은 뒤 관리의 기강의 해이해진 점, 서리가 부패한 점, 인재가 등용되지 못한 점, 각종 제도가 타락한 점, 형정刑政이 잘못된 점, 조정의 각종 조치가 제때 시행되지 않는 점 등을 날카롭게 파헤쳤다. 여기까지는 총론에 해당한다.

끝부분에서 이이는 폐단을 더욱 구체적으로 비판하고 해결책을 논의했다. 주요 내용은 다음과 같이 네 가지로 간추릴 수 있다. 첫째, 공안貢案 개혁이다. 연산군 때 공물은 함부로 늘어나는 바람에 각 지역에서 생산되지도 않는 물건이 공물에 포함되었다. 인구를 다시 조사하고 공물액을 바로 잡아야 한다. 둘째, 선상選上의 폐단이다. 공노비를 뽑아서 서울로 올려 보내도록 했지만 실제로는 사람은 오지 않고 돈으로 대신 사람을 사서 보내는 풍조가 유행한다. 앞으로는 공노비의 신공身貢을 나라에서 거두어 해당 관청에 나누어 주는 것이 옳다. 셋째, 병사兵使, 수사水使, 만호萬戶 등에게 봉급을 지급하자. 그들이 봉급을 제대로 받지 못하는 형편이라 '방군수포放軍收布', 즉 군역을 면제해 주고 대신 베를 거두어 차지한다. 이런 폐단을 없애야 한다. 넷째, 지방의 군사들이 멀리 변경까지 '부방赴防'을 찾아가서 군역을 치르는 관례를 폐지하자. 대신에 변경 지방의 주민들을 훈련시키고 그들 중에서 능력이 뛰어난 사람은 신분이 노비라 해도 권관權管(하급 무관)으로 뽑아 쓰자.

이이는 결코 추상적인 개념만 희롱하는 부정적 의미의 성리학자가 아니었다. 그는 조정의 실무를 정확히 파악했으며, 민생에 도움이 되고 부국강병에 실질적으로 기여할 수 있는 개혁을 추진했다.

오늘날에도 개혁은 필요하다. 이이가 『만언봉사』에서 제안했듯이 이상을 향하되 현실을 조금씩 뜯어고쳐 나가려는 일관된 시도가 없어서 아쉽지 않은가. 여름철만 되면 전력이 부족해서 난리, 비가 한동안 내리지 않으면 가뭄 걱정, 집중 호우가 며칠만 계속되면 전국이 물난리 걱정, 해마다 우리를 괴롭히는 문제가 어디 그뿐인가. 각 분야의 전문가들이 지혜를 모은다면 영 풀지 못할 난제도 아닐 성 싶다. 우리에게 부족한 것은 이이의 마음가짐과 태도다. 지역과 계층을 초월해 우리 모두의 평화와 공존공생을 최우선으로 삼을 때다.

경세 사상이 응축된 『성학집요』

끝으로 『성학집요』에 대해 간단히 알아보자. 이는 『만언봉사』보다 1년 뒤에 저술되었다(1575). 조광조도 그랬지만 이이 역시 성리학적 통치에 가장 요긴한 책으로 『대학』을 손꼽았다. 『성학집요』의 내용이 『대학』에 국한되지는 않았지만 그것을 중심으로 삼은 것은 명백한 사실이다. '연보'에서도 말하기를, "선생이 경전과 사서史書 중에서 학문을 닦고 정사를 돌보는 데 있어서 요긴하다고 생각되는 중요한 말씀들을 묶어 다섯 편으로 차례를 정해 나누고 차箚를 붙여 진상했다"면서 "『대학』을 지침으로 삼았다"고 밝혔다.

모두 다섯 편으로 구성되었는데, 제1편은 통설이었다. 수기修己와 치인治人을 설명한 것이다. 이는 『대학』에서 말하는 '명명덕明明德' '신민新民' '지어지선止於至善'에 해당한다. 요컨대 책의 강령을 밝힌 것이다. 제2편은 '수기편修己篇'이다. '명명덕', 즉 밝은 덕을 어떻게 밝히는지를 해설했다. 이어서 제3편 '정가편正家篇'이다. '제가齊家' 또는 집안을 올바로 다스리는 방법을 논했다. 이어지는 제4편은 '위정편爲政篇'으로 『대학』에서 말하는 '치국평천하'와 '신민'의 개념을 풀어서 설명한 것이다. 요컨대 성리학적 이념에 입각해 나라를 다스리고, 그리해 백성을 새롭게 하는 방법을 논의했다. 끝으로 제5편은 '성현도통장聖賢道通章'이라 했다. 『대학』의 이념이 역사적으로 실천된 사례를 덧붙였다. 이로써 이 책의 주장이 역사적으로 증명된 것임을 밝혔다. 이이는 성리학적 이상 국가를 건설하는 것이 지난한 일이기는 하지만 결코 불가능하지 않다는 점을 선조에게 알리고 싶어 했다.

이상의 세 가지 저술에는 한 가지 공통점이 있다. 다름 아닌 '경장' 사상이다. 이는 다시 세 단계로 나눌 수 있다. 첫째, 잘못된 제도와 관습을 하나씩 고쳐 경장해 나가면 마침내 궁극적인 개혁을 성취할 수 있다. 둘째, 경장은 함부로 할 일이 아니다. 식견과 안목을 갖춘 인재를 구해 맡기지 않으면 안 된다. 셋째, 경장은 어느 한 사람의 전유물이 아니다. 조정의 신하들이 모두 적극 참여해야 성과를 거둘 수 있다. 이것이 다름 아닌 이이의 경장 사상이다.

이상에서 보았듯이 이이는 조화와 실용의 정치를 추구했다. 그는 현실과 이론을 조화시키되 차근차근 단계를 밟아 올라가자는 주의였다. 때문에 이이에게는 지지자도 많았고, 이를 반대하는 사람들도 적지 않았다. 반대자가 많다는 것이 문제일 수는 없었다. 중요한 것은 그들을 설득하는 가운데 보다 합리적인 해결책을 찾아내는 것이었다.

오늘날 『성학집요』를 그대로 흉내 낼 필요는 없다. 다만 반드시 염두에 두어야 할 점이 있다. '경장'이 그것이다. 이이가 제안했듯이 이는 누구 한 사람에게 맡길 수 있는 문제가 아니다. 모두가 지혜를 모아야 한다. 그러려면 우리 사회의 '공동선'에 대한 시민적 합의가 우선일 텐데, 지금 우리의 사정은 어떤가. 양극화의 늪에 빠진 이 사회를 구하지 못하면 '공동선'도 '경장'도 물 건너간 이야기일 수밖에 없다.

10만 군인을 양성하는 것이 조선의 살 길이다

이이가 거센 반대에 부딪쳐 해결하지 못한 문제도 있었다. 그는 일본의 침략을 경계했고, 나름대로 대비책을 마련했다. 그러나 반대파를 설득하는 데 실패했다. 이른바 '10만양병설'의 문제다.

병조판서로서 이이는 여러 차례 10만의 군인을 양성하자고 주장했다. 그런데 그때는 아무도 그 말에 귀 기울이지 않았다. 대신들은 태평 시절에 민심만 소란하게 만드는 부당한 처사라며 반대했다. 대신들 가운데 식견이 높기로 정평이 나 있던 유성룡까지도 이에 반대했다. 이이의 주장은 결국 좌절되고 말았다.

임진왜란이 끝난 다음 유성룡은 그때 일을 부끄러워하며 이렇게 회고했다. "율곡 선생이 그 이야기를 할 적에 나는 그것이 기우라고만 생각했다. 이제 와서 돌이켜 보니 하나도 틀린 것이 없었다. 율곡이 생전에 그렇게도 많은 개혁안을 쏟아 냈는데, 우리는 왜 그런 개혁안이 필요한지 이해하지 못했다. 오늘날 돌이켜 보니 선생이 말한 그런 개혁안을 우리는 정말 간절히 필요로 하고 있구나." 유성룡처럼 진솔하고 유능한 대신이 아니면 누가 이렇게 자신을 되돌아보겠는가.

역사의 불행이라면 유성룡과 이이가 정치적으로 늘 대립된 입장을 취했다는 사실이다. 이이는 자신이 아무 당파에도 속하지 않는다고 주장했지만 세상은 그를 서인으로 간주했다. 유성룡은 동인의 젊은 영수였다. 이이는 마흔여덟 살에 정계를 은퇴했다. 당파 싸움 때문이 주요 원인이었다. 그리고 그 이듬해에 안타깝게도 그는 세상을 버렸다.

이이가 제시한 개혁안은 오늘날까지도 빛을 잃지 않았다. 국가의 기강은 여전히 어지럽고, 형식주의에 치우쳐 민생을 어렵게 하는 처사들이 얼마나 많은가. 만약 이이가 남들처럼 오래 살아 임진왜란 (1592) 당시에도 생존했더라면 어땠을까. 이이는 유성룡과 함께 힘과 지혜를 모아 난국을 타개할 수 있었을 것이다. 그랬더라면 조선의 역사는 지금 우리가 알고 있는 것보다 훨씬 통쾌했을 것이다. 이이가 죽고 없었기에 유성룡이 홀로 국정 운영의 무거운 짐을 지게 되었던 것은 아닐까.

다가올 세상에서 우리는 과연 이이처럼 탁월한 인재를 제대로 알아볼 수 있을지 슬며시 염려가 되기도 한다. 매사 극단적인 흑백의 대립만 되풀이 되는 것이 우리 사회다. 날카로운 지성의 소유자이면서도 늘 조화를 추구했던 이이. 시대를 대표하는 성리 철학자인 동시에 실무에 밝았고, 굵직한 모든 문제를 단계적으로 해결해 나가기를 바랐던 그는 현대를 살아가는 우리의 스승이다.

5장

어려움을
돌파하는
지혜

이순신 – 깊이 생각하고, 철저히 계획하라

광해군 – 주변을 널리 포용하라

역사에는 탁월한 능력을 가지고도 그 능력을 마음껏 펼치지 못한 비운의 주인공들이 존재한다. 명량해전에서 전사한 이순신(李舜臣, 1545~1598)은 변방의 무장으로 생을 마감하기에는 너무도 아까운 인물이었다. 서인에게 폐위당한 광해군(재위 1608~1623) 역시 무척이나 안타까운 지도자다. 공적은 많았지만 허물은 극히 적은 명군이었기 때문이다. 이 비운의 지도자들의 능력과 포부 그리고 그들을 거꾸러뜨린 운명에 관해 이야기해 보자.

이순신
깊이 생각하고, 철저히 계획하라

이순신은 난세가 키운 영웅이었다. 그는 이름 없는 하급 무인으로 출발해 늦게까지 제대로 된 자리 하나 차지하지 못했다. 그러다가 임진왜란을 만나 국가의 명운을 개척한 공로를 세웠다. 어린 시절 친구 유성룡柳成龍(1542~1607, 호는 서애)의 정치적 후원도 여기에 한몫했지만, 이순신의 탁월한 경영 능력이 있었기에 가능한 일이었다.

전쟁터에서 이순신은 그 어떤 장수보다 부하들을 성공적으로 지휘했다. 작전 지역에 파견된 지방관들과 현지 양반들의 지지와 동의를 얻는 데도 으뜸이었다. 이보다 더 중요한 사실은 그가 백성들의 절대적 신뢰와 사랑을 한 몸에 받았다는 점이다. 그에게는 전쟁으로 뿔뿔이 흩어진 각계각층을 하나로 묶어 전쟁에 동원하는 놀라운 능력이 있었다. 이순신만큼 인적 물적 자원을 효율적으로 조직하고 관리할 줄 아는 이는 없었다.

따지고 보면 그의 성취는 탁월한 공감 능력에서 비롯된다. 광화문 네거리에 우뚝 서 있는 우람한 구릿빛 동상과는 딴판으로 이순신의 내면에는 달빛만 고와도 잠을 이루지 못하는 섬세한 시인이 살고 있었다. 그는 진정한 의미에서 한 사람의 선비였던 것이다.

난세의 영웅 이순신

이순신은 싸워서 진 적이 한 번도 없다. 그러려면 신무기도 있어야 하고 군사들도 제대로 먹여야 했을 것이다. 전쟁 수행에는 비용이 많이 들었다. 하지만 당시 조정은 그에게 넉넉하게 군자금을 지원하지 못했다. 도리어 일본에 보낼 사신의 배를 만들어라, 다른 장수들의 군량을 지급하라는 식으로 성가시게 굴기 일쑤였다. 이런 악조건에도 불구하고 이순신은 작전 지역 안에서 필요한 모든 물자와 비용을 스스로 조달했다. 만약 모든 장수들이 이순신처럼 스스로 전쟁 비용을 조달할 수 있었다면, 임진왜란은 7년씩이나 지지부진할 이유가 없었을 것이다. 그는 나무랄 데 없는 경영의 귀재였다.

경영자 이순신의 성공 비결은 무엇일까. 선비 이순신! 여기에 답이 있다. 그는 꼼꼼한 선비답게 매사에 빈틈이 없었다. 탁월한 문장가이기도 했다. 18세기의 실학자 이덕무李德懋(1741~1793)는 역대 한국의 대표 문장가들 가운데 이순신의 이름을 포함시켰다. 간결하고 섬세한 이순신의 문예적 감수성, 이것이 인간 이해로 승화되었다는 사실이 중요하다. 공감 능력은 그의 보물이었다.

전란에 대한 백성들의 공포심은 물론, 지방 실력자들인 양반들의 고충도 그는 십분 이해했다. 혈혈단신 지방으로 파견된 관리들의 애로 역시 그만큼 진정으로 공감한 사람이 드물었다. 폭넓은 인간 이해를 바탕으로 그는 각계각층의 친구요, 보호자가 되었으며 그들과 함께 누란의 위기에서 나라를 지켜 냈다. 용장 또는 지장이라서 성공했다기보다는 인간 경영에 성공했기 때문에 불패의 신화를 쓸 수 있었던 것이다.

다만 여기에 경계할 점이 하나 있다. 이순신의 삶은 지금껏 끝없이 미화되었고, 실상과 달리 전해진 부분도 없지 않다. 일일이 설명할 겨를은 없지만 그에게도 단점은 있었다.

우선 경쟁심이 너무 지나쳤다. 전쟁 중 그는 원균과 심하게 공을 다투느라 불필요한 잡음을 불러일으킨 측면도 있다. 이해심이 많은 그였지만 어떨 때는 부하들에게 지나치게 가혹했다. 좋은 말로 그냥 넘어 가기에는 곤란한 중벌을 그는 되풀이해서 시행했다. 『난중일기』 곳곳에서 우리는 부하들을 매질하고, 심지어 백성들의 목을 베는 이순신을 만날 수 있다. 그러면서도 정작 자신의 상관들에 대한 그의 태도는 순순하지 않았다. 그는 상관의 명령에 무조건 복종하는 스타일이 아니었다. 오랫동안 그가 미관말직만 전전한 데는 일정 부분 이런 약점들이 작용했기 때문이리라. 요컨대 이순신은 분명 훌륭한 지도자였지만 각도를 달리해 보면, 크고 작은 단점이 없지 않다는 말이다.

시작은 평범한 무관이었다

무관 이순신의 출발은 평범하다 못해 초라했다. 그의 집안 덕수 이씨德水 李氏는 조선의 명문가였다. 대대로 훌륭한 학자와 관리들을 배출했다. 하지만 그의 조부 이백록李百祿 대에 이르러 가운이 기울기 시작했다. 이백록은 중종 때의 개혁 정치가인 조광조 일파에 속했다. 그런데 뜻밖에도 조광조가 기묘사화로 목숨을 잃자 이백록에게도 기회가 사라졌다. 아버지 이정李貞은 벼슬길에서 더욱 멀어져 일상생활마저 어려웠다. 그들은 한양 한복판 건천동(현재 인현동)에 대대로 살았지만, 생활이 어려워지자 하는 수 없이 이순신의 외가(초계 변씨)를 따라 아산(충남)으로 낙향했다.

어릴 적 이순신은 건천동에서 유성룡을 만나 친구가 되었다. 세 살 위인 유성룡과 그는 5년 동안 함께 지냈다. 유성룡이 기억하는 10대의 이순신은 문무를 겸비한 재목이었다.

"순신은 어린 시절 얼굴 모양이 뛰어나고 기풍이 있었으며 남에게 구속받으려 하지 않았다. 다른 아이들과 모여 놀라치면 나무를 깎아 화살을 만들고 그것을 가지고 동리에서 전쟁놀이를 했다. 자기 뜻에 맞지 않는 자가 있으면 그 눈을 쏘려고 해 어른들도 그를 꺼려 감히 그의 문 앞을 지나려 하지 않았다. 또 자라면서 활을 잘 쏘았으며 무과에 급제해 발신發身하려 했다. 말 타고 활쏘기를 좋아했으며 더욱이 글씨를 잘 썼다."
_유성룡, 『징비록』

유성룡은 이런 이순신을 사랑했다. 그러나 이순신이 아산으로 내려가자 그들은 한동안 서로 연락을 주고받지 못했다.

이순신의 무과 급제는 비교적 늦은 편이었다. 서른두 살에야 겨우 급제했다. 무과는 문과나 생원 진사 시험과는 달리 뽑는 인원도 많았다. 때로 수백 명을 뽑기도 했고, 합격자들 가운데는 평민들도 적지 않았다. 그의 무과 급제는 주위 사람들의 관심을 끌만한 특별한 사건이 아니었다. 급제한 뒤에도 그의 벼슬길은 암담했다.

그는 자기 확신이 강했다. 상관이 조금이라도 부당한 명령을 내리면 절대 따르지 않았다. 윗사람들의 눈에 들지 못하는 것은 당연지사였다. 여느 무부武夫들과 달리 시문詩文을 즐기고 독야청청한 선비 스타일이라, 동료들과도 잘 어울리지 못한 것 같다. 결국 변방으로 변방으로만 빙빙 돌았다. 그와 같이 집안 배경이 좋은 무관이라면 서울에 남아 요직을 섭렵하는 것이 일반적인 추세였다. 하지만 융통성이 없는 청년 이순신은 함경도로 쫓겨나 동구비보권관董仇非堡權管 따위의 하급 장교 노릇을 했다. 세상 사람들은 그의 재주 없고 고지식함을 비웃었을 것이다.

조산보만호造山堡萬戶 시절에는 하마터면 큰일 날 뻔한 적도 있다. 여진족이 쳐들어왔는데 이순신이 속한 부대가 완전히 참패를 당한 것이다. 그 일에 대해서는 이순신 쪽 설명이 다르고, 그 상관의 해명이 달랐다. 분명한 사실은 문제의 전투에서 조선 병사 열한 명이 죽었고, 160명이 포로로 끌려갔으며, 말도 열다섯 필이나 약탈당했다는 것이다. 이순신의 진술에 따르면, 사전에 그는 지역 사령관인 이일李鎰(1538~1601)에게 병력의 증파를 요구했다고 한다. 그러나 이일의 주장은 달랐다. 현장의 책임자 이순신의 무능으로 전투에서 졌기 때문에 그 목을 베어 마땅하다는 것이었다. 조정에서는 이순신에게 '백의종군白衣從軍'을 명했다. 즉, 장교의 품계는 유지하되 지휘권을 박탈한 채 보직 대기를 명령했다. 이순신은 나중에 또 한 차례 백의종군을 한다.

다시 보임을 받았지만 역시 미관말직이었다. 그가 쓸 만한 벼슬을 얻은 것은 마흔다섯 살이 되었을 때다(1589년). 그때야 겨우 선전관이

되었다. 이 직책은 무관 벼슬 중 노른자에 해당했다. 가문 좋고 능력이 탁월한 장교에게 주는 벼슬이었다. 빠르면 20대, 늦어도 30대에 거쳐 가는 요직이었건만 이순신은 왜란이 일어나기 4년 전에야 선전관이 되었다. 그때부터 막혔던 벼슬길이 열렸다. 쉰을 바라보는 나이에 이순신은 정읍(전북) 현감이 되었다. 그런 다음 기회가 왔다. 전쟁의 기운이 감돌자 조정에서는 무관을 발탁하는 특별 인사를 단행했다. 조정의 실력자로 발돋움한 유성룡은 옛 친구 이순신을 잊지 않았다. 우여곡절 끝에 그는 전라좌수사(정3품)로 발탁되었다.

앞서 조정에서는 황윤길黃允吉(1536~?)과 김성일金誠一(1538~1593, 호는 鶴峰)을 일본에 사신으로 파견해 적정을 탐지했다. 유명한 이야기이지만 그들의 보고는 완전히 엇갈렸다. 황윤길은 일본이 쳐들어올 것이라고 했다. 하지만 김성일은 그럴 걱정이 없다고 잘라 말했다. 조정의 실권을 쥔 동인들은 김성일(동인)의 말을 믿고 전쟁을 크게 염려할 필요 없다고 결론지었다. 그래도 께름칙한 점이 있었던지 만약의 사태를 전혀 대비하지 않을 수는 없다는 것이 유성룡의 생각이었다. 그 바람에 이순신이 전라 좌수사가 되어 이를테면 여수 지역 해군 사령관으로 부임하게 된 것이다.

이순신, 전쟁을 준비하다

부임하자마자 이순신은 전함부터 만들기 시작했다. 거북선도 지었다. 당시 수군은 엉망이었다. 조선 초기만 해도 전함도 멀쩡하고 군사도 어느 정도 훈련되어 전투 준비 태세가 웬만큼 갖춰져 있었다. 그러나 평화가 오래 지속되자 군사들의 기강은 점점 흐트러졌다. 이순신이 부임했을 무렵에는 완전히 오합지졸이었다. 이순신은 그들을 독려해 백방으로 노력함으로써 군비를 확충했다. 가까스로 거북선을 완성하자 공교롭게도 임진왜란이 터졌다. 아슬아슬한 일이었다. 거북선의 완공이 조금만 더 늦었더라면, 조선의 역사는 그릇되고 말았을지도 모를 노릇이다.

조선 수군의 주력은 '판옥선'이었다. 이 배는 바닥이 평평하고 높이가 껑충했다. 그 위에 대포를 장착했다. 이순신의 수군은 왜군에 비해 화력이 월등했다. 이미 여러 종류의 대포를 개발했기에 가능했다. 그런 화포가 탑재된 판옥선은 수적으로 우세한 왜선을 제압했다. 전투시에는 판옥선의 주위에 여러 척의 '협선'을 배치해 전투 수행의 효과를 높였다.

특수 함정 거북선의 활약도 눈부셨다. 그 수는 적었지만 돌격전의 최강자가 바로 거북선이었다. 거북 모양의 이 배는 기동성이 탁월한 데다 선체가 견고했다. 덩치가 큰 왜선과 부딪혀도 부서지기는커녕 오히려 상대 배에 큰 피해를 입혔다. 또한 거북선에는 다양한 총포가 비치되어 있어 어떤 상황에서도 적선을 타격할 수 있었다. 거북선은 키가 큰 배는 아니었다. 하지만 선체 위에 단단한 뚜껑을 덮었고 거기에 뾰족한 창칼 등을 꽂아 두었기 때문에, 누구도 그 위로 침범할 수 없었다. 거북선은 왜군의 두통거리였다.

판옥선과 거북선을 거느린 이순신은 늘 바다에서 왜적을 상대했다. 당시 왜군들은 해상 전투라는 개념조차 몰랐다. 그들은 뭍에 상륙한 다음 해안에서 싸우는 것을 당연하게 생각했다. 그러나 이순신의 전쟁 개념은 달랐다. 적이 뭍에 상륙하면 크든 적든 현지 백성들에게 피해를 주기 마련이므로, 저들이 상륙하기 전에 먼저 물속에 빠뜨릴 방법을 개발한 것이다.

그는 무조건 싸우고 보자는 식의 전형적인 맹장이 아니었다. 그는 부하들과 함께 양쪽 진영이 구사할 수 있는 모든 전략 전술을 여러모로 검토했다. 이쪽에 승산이 충분하다고 판단될 때만 출격했다. 포탄이 비 오듯 쏟아지는 전장에서도 그는 언제나 침착했다. 부하들 역시 사전에 여러 전술을 충분히 협의하고 공유했기 때문에 우왕좌왕하는 적이 없었다. 조선 수군의 승리는 우연이 아니었다. 전략의 공유와 소통이야말로 이순신의 승리 제조기였다.

이순신은 군량 확보에도 남다른 재능을 보였다. 본디 수군의 군량은 바닷가에 설치된 여러 고을이 책임지도록 되어 있었다. 그러나 비상시에 그런 시스템이 원활할 리 없었다. 이를 미리 내다본 이순신은 일찌감치 자급자족의 방책을 마련했다. 농지 개발이 제대로 되지 않은 빈 땅을 찾아 수군이 직영하는 농장을 설치한 것이다. 그만큼 꼼꼼한 사람은 어디에도 드물었다.

임진왜란 중에 다른 장수들의 휘하에서는 굶어 죽는 병사들이 속출했다. 그러나 만반의 준비를 갖춘 이순신의 수군은 무사했다. 권율과 원균 등 군량 부족으로 애로를 겪는 여러 장수들에게 이순신의 수군은 수시로 군량을 지급해 주었다. 굶주림을 호소하는 해당 지역 양반들에게도 자주 은전을 베풀었다. 이순신의 경영 능력은 탁월했다.

그에게는 또 한 가지 장점이 있었다. 지형지물을 충분히 활용했다는 점이다. 그는 오랜 기간 동안 함경도에서 장교 생활을 했다. 남해안에서는 잠시 수군 장교를 역임한 것이 전부였다. 바다를 잘 모르는 이순신이었다. 그러던 어느 날 갑자기 서남쪽 드넓은 바다를 관리하게 되었다. 그로서는 당황스런 일이었지만, 곧 돌파할 방법을 찾았다.

틈이 날 때마다 그는 술과 떡을 마련해 각지의 노인들을 초빙해 음식을 대접했다. 바다에 관한 지식을 넓히기 위해서였다. "이 지역의 물살은 어떻습니까? 이곳에는 배를 숨기기에 편리한 곳이 있습니까? 바람은 계절별로 어떻게 달라집니까? 암초는 어디에 많습니까?" 그는 노인들을 통해 이런 궁금증을 해소했다. 이순신은 작전 지역에 관한 상세한 지식을 수집 정리했다. 부임한 지 불과 수개월 만에 그는 이 모든 지식을 자신의 것으로 소화했다. 이제 그는 우리의 바다 안으로 쳐들어오는 모든 적들은 반드시 무찌를 수 있다는 확신을 가지게 되었다.

이길 수 없는 싸움은 하지 않는다

전쟁은 1592년 음력 4월에 터졌다. 기왕 이순신 같은 인재를 배치하기로 작정했다면 적의 침입 루트로 예상되는 경상도 해안에 배치하는 것이 옳았다. 그를 동래(부산)로 보냈더라면 임진왜란이라는 전쟁은 불발에 그쳤을 것이다. 이순신이 쳐들어오는 적들을 초전에 몽땅 물속에 수장시켜버렸을 테니 말이다. 일이 그렇게 되지 못한 것은 조정의 실수였으며, 국가의 큰 불행이었다.

그때 경상도 해안에는 이순신 같은 장수가 없었다. 그곳의 조선 수군들은 전쟁을 치를 준비가 전혀 안 되었다. 그들은 쉽게 뚫렸다. 경상도의 어느 수군절도사는 적을 막을 엄두가 나지 않자 자신의 전함들을 몽땅 불 질러 물속에 처넣고는 육지로 도망쳤다. 원균도 그런 처지였다. 싸울 뜻은 있었다지만 부하고 전함이고 다 잃어버린 불쌍한 장수가 되고 말았다. 그는 허겁지겁 이순신에게 구원을 요청했다.

전라도 수군을 경상도 바다로 투입해서 적군을 방어해 달라는 것이었다. 이런 요청을 듣고서도 이순신은 바로 움직이지 않았다. 이순신다움이란 그런 것이다. 원균은 대책 없이 서둘러 움직이는 용장에 불과했으나, 이순신은 그와 체질적으로 다른 선비였다. 그는 이길 수 없는 싸움을 함부로 벌일 만큼 무모하지 않았다. 낯선 남해 바다 동편에서 전라좌수영 소속의 전함 기백 척으로 1000척이 넘는 왜적을 갑자기 어떻게 상대할 것인가. 이순신은 전라우수영의 함대와 연합 작전을 펴기로 했다. 사정이 아무리 급박하더라도 연합 함대가 아니고서는 승리의 가망이 전무했다. 1592년 5월, 원균의 요청을 받은 지 보름 정도 지나서 이순신은 적선을 찾아 움직였다. 그들의 연합 함대는 이기고 또 이겼다.

전라도에서도 그랬듯이 개전 초기 낯선 경상도 바다에서 또한 그는 익숙한 노인들의 도움이 필요했을 것이다. 그의 적응 속도는 놀라울 정도였다. 1592년 5월 7일, 옥포에서 왜선 30여 척을 격파했다. 그달 말 사천포해전에서는 거북선을 투입해 왜선 13척을 깨뜨렸다. 그 다음 달에는 당포에서 왜선 20척을 수장시켰다. 뒤이은 제1차 당포해전에서도 26척을 격파했다. 잇따라 그해 7월 초에는 한산도에서 70척을 물리쳤다. 두 달 뒤 부산포해전에서는 무려 100여 척을 침몰시켰다. 불과 다섯 달 사이에 이순신의 함대는 무려 200척도 넘는 적선을 격파했다. 왜군들은 공포에 떨고 말았다.

조선 수군이 나타나기만 하면 적들은 싸울 의지를 잃었다. 그들은 연전연패를 거듭하며 매번 수십 척 또는 100척씩이나 되는 귀중한 전함을 상실했다. 하루아침에 그 많은 배들을 다시 만들 수는 없는 노릇이었다. 왜군은 보급로가 차단될 위기에 빠졌다. 이순신 덕분에 전쟁은 전혀 다른 국면에 돌입했다.

1592년 4월, 큰 저항 없이 부산에 상륙했던 적군은 육지에서 승리의 행렬을 이어나갔다. 20만 명을 헤아리는 왜군은 길을 나누어 북상했다. 그들이 부산에서 서울까지 쳐들어가는 데 걸린 시간은 채 20일도 안 걸렸다. 왜군은 달아나는 선조를 맹추격했다. 자신감을 잃은 선조는 압록강 너머 명나라 땅으로 망명할 생각까지 했다. 대신들이 거듭 말리는 바람에 그 일은 유야무야 되었지만 국운은 막바지에 이르렀다. 이때 남쪽에서 승전보가 연거푸 올라왔다. 이순신이었다. 조정은 그에게 '삼도수군통제사'라는 높은 벼슬을 내렸다(1593).

수군의 주력은 이순신의 직속 관할인 전라좌수영 소속이었다. 여기에 이름뿐인 원균의 경상도 수군과, 여로 모로 미약했던 충청도 수군들이 합세했다. 이순신이 건재함으로써 조선의 바다가 평안할 수 있었다. 그는 특히 전라도 해안을 철통같이 방어했기 때문에 왜군은 어디서고 수륙 연합 작전을 펼 수 없었다.

저들의 육군은 이미 중부 지방까지 올라갔지만 수군은 이순신에게 길이 막혀 미동도 하지 못했다. 만약 저들이 육해군 공동 작전을 펼쳤더라면, 조선은 여지없이 유린되었을 것이다. 그러나 전라도, 충청도 쪽으로는 상륙조차 불가능했기 때문에 조선은 되살아 날 여지가 있었다. 전라도는 물론 충청도까지도 이순신 덕분에 무사할 수 있었다. 조정은 이들 지역에서 군사를 징발하고, 군량을 조달했다.

승승장구하는 이순신을 왜 선조는 싫어했을까

　명나라 군대가 조선의 거듭된 요청에 따라 참전했다. 조선의 국력으로는 도저히 왜군을 격퇴하기가 불가능하다고 판단했기 때문이다. 그러나 남의 나라 전쟁에 끼어든 명나라 군대가 적극적으로 싸울 리는 없었다. 한양은 수복되었지만 전쟁은 곧 소강 상태에 빠졌다. 이런 와중에 일본은 이중간첩을 보내 조선의 조정을 흔들어 댔다. 적들은 한편으로 휴전하겠다며 강화회담을 벌였고, 다른 한편으로는 조선 내부에 균열을 내고자 온갖 노력을 다했다.

　'요시라'라고 하는 쓰시마 섬 출신의 이중간첩이 암약했다. 그는 조정에 대략 다음과 같은 정보를 넘겼다. '일본군의 주축은 가토 기요마사加藤淸正와 고니시 유키나가小西行長 두 장군이 거느리고 있는데, 두 사람은 서로 앙숙이다. 요시라 자신은 고니시 편이라서 내부 사정을 훤히 알고 있다. 고니시는 서둘러 평화협정을 맺고 일본으로 무사히 퇴각하기를 바라지만, 가토가 조선 정복의 의지를 불태우고 있어 문제가 복잡하다. 가토가 군대를 이끌고 조선에 상륙하는지 시각과 날짜를 알려줄 테니, 이순신을 출동시켜 그를 죽여라.' 이런 첩보를 믿고 선조와 조정 대신들은 이순신에게 출동 명령을 내렸다.

　그러나 이순신은 그 명령을 듣지 않았다. 적중에서 흘러나온 첩보를 믿고 움직이는 것은 위험천만한 일이라고 판단했기 때문이다. 가토가 상륙하려다가 조선 수군을 발견하면 달아날 테니 이는 소용없는 일이며, 만일 그게 아니더라도 저들이 미리 요소에 군대를 매복시켜 두었다가 출동한 조선 수군을 협공할지도 모를 일이었다. 게다가 요시라가 말한 그날은 출동하기에 여건이 원체 나빴다.

그러나 조정에서는 요시라의 말만 믿고 이순신을 한양으로 압송한
다음 모진 고문을 가했다. 선조는 이순신을 죽이려고 했다. 그는 개
전 초기부터 이순신을 미워했다. 이순신이 지나치게 잔꾀를 부린다고
생각했다. 선조의 눈에 비친 이순신은 거짓말쟁이이고 공명심이 지나
친 사람이었다. 엄밀한 의미에서 그에게도 실수는 있었다. 수많은 보
고서를 올리다 보니, 몇 가지 사소한 착오가 발생했던 것이다. 선조는
그 점을 기억하고 있었다.

왕은 이순신이 조정을 기만했다며 죄명을 정했다. 임금을 무시했
다는 죄부터 시작해서 적을 토벌하지 않고 나라를 저버린 죄, 다른
사람(원균)의 공을 빼앗고 모함한 죄까지 보탰으며, 방자해서 거리낌이
없는 죄, 즉 상관들과 조정 대신들에게 오만불손하게 군 죄까지 죄목
에 덧붙였다. 정말로 이순신에게는 윗사람의 말을 잘 듣지 않는 단점
이 없지 않았던 모양이다. 그렇더라도 그동안 남쪽 바다에서 그가 세
운 전공戰功에 비하면 아무 것도 아닌 일이었다. 하지만 선조는 이런
여러 가지 죄를 덮어씌워 이순신을 아예 죽일 작정이었다.

그러나 선조의 미움을 사적 감정으로만 축소하려든다면 그 또한
사태를 잘못 읽은 것이다. 이순신에 대한 논죄는 조정 대신들 사이의
권력 투쟁이 불거져 나온 것으로 보아야 한다. 조정이 당파 싸움에
휘말린 지는 이미 오래였다. 이순신은 동인의 영수 유성룡의 후원을
받았다. 따라서 반대파인 서인들은 그를 달가워하지 않았다. 더욱 큰
문제는 북인들에게 있었다. 그들은 조식(호는 남명)의 제자들이었는데,
누구보다 앞장서 이순신을 시기하고 미워했다. 이순신이 조정의 정치
적 싸움에 걸려든 것이다.

우의정 정탁鄭琢(1526~1605, 호는 약포)이 동인을 대표해 선조에게 애원했다. "이런 일로 명장을 죽이는 것은 지나칩니다. 아직도 전쟁이 끝나지 않았습니다." 결국 이순신은 다시 백의종군했다(1597). 그는 맡은 일도 없이 도원수 권율權慄(1537~1599)의 막하에 들어가게 되었다.

치밀한 계획 없이는 승리를 이끌 수 없다

그때 초대형 사건이 일어났다. 칠천량해전이었다. 이순신이 압송된 다음, 그의 라이벌 원균이 삼도수군통제사가 되었다. 원균은 평소 이순신이 상부의 명령을 무시하고 제때에 수군을 출동시키지 않았다고 불평했다. 심지어 그는 선조에게도 종종 이순신을 비방하고 헐뜯는 글을 올렸다. 그런데 이번에는 원균이 바로 그 문제에 봉착했다. 권율은 원균에게 칠천량으로 출동해 적과 싸우라고 명했다. 원균이 재빨리 움직이지 않자 권율은 그를 붙들어다 매를 때렸다. 할 수 없이 원균은 대군을 거느리고 출동했지만 참패하고 말았으며 그 자신도 칠천량에서 전사했다. 수년간 이순신이 길러 놓은 조선 수군은 돌이킬 수 없는 지경에 이르고 말았다.

어떤 사람들은 조선 수군이 거둔 승리의 원인을 우세한 화력과 장비 등 물적 능력에서 찾는다. 그러나 사실은 그와 다르다. 원균의 칠천량 패전에서 보듯, 지휘관의 능력이 더 중요하다. 원균은 경험이 많은 수군 사령관이요, 용맹한 장수였다. 그러나 그는 어이없이 무너지고 말았다. 그것도 아주 대참패했다. 이순신이 이길 수 있는 싸움이라고 해서, 원균이나 또는 그밖에 다른 장수도 능히 이길 수 있다고 생각하면 착각이다. 왜적과의 싸움은 항상 수적으로 우위를 점한 적들과의 조우였다. 그렇기 때문에 이쪽의 전략 전술과 판단력 그리고 인적 화합이 승리의 관건이었다. 요컨대 이순신의 인품 그리고 선비로서 갈고 닦은 지식과 혜안이야말로 조선 수군을 승리로 이끈 견인차였다.

이순신은 다시 삼도수군통제사로 임용되었으나, 자신의 함대는 오간 데 없이 사라지고 남은 것이라고는 고작 열두 척의 배뿐이었다. 조정에서는 아예 수군을 폐지하자는 주장이 봇물처럼 터져 나왔다. 배도 다 없어졌으니 상륙한 왜군들이나 상대하라는 것이었다. 이순신은 강력히 반대했다. 바다에서 적을 막아야 백성의 피해를 막을 수 있기 때문이었다. 배는 열두 척밖에 없지만 이것으로 최선을 다해 보겠다는 것이 이순신의 취지였다.

칠천량에서 대패하자 왜군이 전라도로 쏟아져 들어 왔다. 바로 정유재란이었다. 그로 인해 온전했던 전라도와 충청도는 분탕질을 당했다. 목포의 동쪽 바다는 모두 적의 수중으로 들어갔다. 껍데기만 남은 수군을 가지고 장차 나라를 어떻게 지킬 것인가. 이순신의 고민은 깊어만 갔다.

그야말로 최악의 상태에서 이순신은 명량해전을 승리로 이끌었다. 열두 척의 배로 133척의 적군을 대적했다. 우선 정확히 몇 시에 바다의 조류가 얼마만큼 빨라지는지를 조사했다. 물살의 흐름을 적절히 이용해서 적전함 서른한 척을 침몰시켰다. 역시 이순신이었다. 그는 남해안의 여러 지역을 차례로 수복하기 시작했다. 그러다가 마침내 퇴각하는 왜적을 노량해전에서 소탕하고 장렬하게 전사했다(1598).

그의 죽음에 관해서는 말이 무성하다. 자살이냐, 전사냐, 아니면 죽을 생각을 가지고서 무방비 상태로 그렇게 당했던 것이냐 등등. 나의 판단에는 전사가 확실하다. 전사할 당시 그의 모습에 대해서는 여러 가지 다른 기술이 존재하지만 분명한 것은 이순신이 마지막까지 전투를 독려하던 중 적탄에 맞아 숨을 거두었다는 사실이다. 그가 쓰러지자 부장 송희립이 이순신을 대신해 군대를 지휘함으로써 마지막 전투를 대승으로 이끌었다.

『난중일기』를 보면 경영자 이순신이 보인다

이순신은 장군이 아니었다. 그는 활을 든 선비였다. 『난중일기』를 통해 만난 이순신은 특히 그랬다. 일기장에서 본 그는 아름다운 문체의 소유자다. 그의 글은 간명하면서도 아름답다. 곳곳에 시도 등장한다. 일반적인 무사의 모습과는 완연히 다르다. 그는 탁월한 문사였다.

일기에서 드러나는 이순신은 호랑이처럼 엄격하면서도 어머니처럼 자상하다. 서로 대립된 개념이 함께 존재한다. 자상하고 친절한 사람은 대개 엄격할 수 없다. 하지만 이순신은 양면적이었다. 이순신다움이 바로 여기에 있다.

특히 강조할 점은 이순신의 섬약함이다. 그의 정서적 예민함은 병적일 정도로 지나쳤다. 일기마다 그 흔적이 선명하다. 피리소리를 좋아한 그는 조카더러 밤새 연주를 부탁하기도 했다. 쉰 살이 넘은 나이에 잔잔한 바다에 비단처럼 고운 달빛이 퍼지기라도 하면 한잠도 이루지 못했으며, 바람소리만 크게 일어도 잠들지 못했다. 이는 우리가 떠올리는 용감한 장수, 광화문 네거리를 호령하는 동상 속의 그 모습이 아니다. 그는 유약하다고 할 만큼 매사에 지나치게 민감하고 섬세했다. 이순신은 파토스의 인물이다. 그래서 그는 조정에 보낼 허다한 보고서도 자신이 직접 쓰는 경우가 대부분이었고, 밤새워 시를 읊조리며 뜬눈으로 보낸 적이 많았다.

그는 강철 같은 체력의 소유자도 아니었다. 자주 아팠다. 아파도 오래오래 끙끙 앓을 정도로 아팠다. 『난중일기』를 보면 그가 칼을 빼들고 검술을 연마했다는 구절은 눈에 띄지 않는다. 그는 그저 활시위만을 당기고 또 당겼다. 그밖에 다른 어떤 무기도 다룬 자취가 없다. 활쏘기는 무사들만의 독점물이 아니다. 활쏘기는 공자도 강조한 선비들의 수련 과목이었다.

이런 이순신이었기에 경영자로서의 그는 유난히 꼼꼼했다. 군량을 조달하기 위해 치밀한 계획을 세운 뒤 농장을 경영했으며, 군량미로 쓸 쌀을 직접 되질하기도 했다. 멀리 제주도까지 사람을 보내 농사지을 소를 사오기도 했고, 전투가 없을 때는 부하들에게 고기잡이를 권유했다. 간혹 그들은 1만 두름도 넘는 청어를 비축했으며, 소금을 굽기 위해 솥을 만들기도 했다. 이순신은 전란 중에 5000명이나 되는 3도의 수군을 먹여 살리는 아버지였다.

그 외에도 전함을 만들고 집을 짓고 화살과 조총을 만들고 화약을 확보하는 데도 그는 열심이었다. 전쟁 중이었기 때문에 도리어 군인의 징발이 어려웠다. 붙잡아 온 군인들도 다 도망가는 판이었다. 수군의 핵심은 노를 젓는 '격군'들이었다. 필요한 수만큼 격군을 확보하기란 거의 불가능했다. 이런 난제들도 이순신은 훌륭히 해결했다. 인간 이해를 바탕으로 한 그의 경영은 성공적이었다. 다시 태어난다면 그는 기업체든 지방자치 단체든, 아니면 우리나라 전체를 부흥시키고 말 것이다.

　나이가 들어서는 인맥 관리도 잘했다. 이 점은 일반이 추측하는 것과는 전혀 다른 부분이다. 그는 수백 개의 부채를 미리 만들어 두었다가 요로의 대신들에게 선물로 보내는가 하면, 대신들에게 유자나 귤을 보내기도 했다. 전복이나 미역도 대량으로 확보해 두었다가 팔기도 하고 선물도 했다. 이순신은 지기인 유성룡뿐만 아니라 자기를 위험에서 구해 준 정탁 등 스무 명가량의 조정 대신들과 늘 편지를 주고받았다. 그 편지를 들고 한양을 오가는 종의 발길은 멈출 새가 없었다. 특히 말년에는 능숙한 편지 정치로 자신을 압박하면 정치적 부담을 줄이는 데 성공했다.

　그는 명나라 장수들도 능수능란하게 잘 다루었다. 지나치게 아부하지는 않았지만 선물 공세며 기 싸움으로 그들의 마음을 녹이고 평정했다. 그의 명성은 명나라 조정에까지 알려져 '제독'이라는 높은 관직을 얻었다. 노년의 이순신은 청년 시절처럼 청백하기만 했던 것은 아니다. 그는 점점 노회한 관리자로 변신했다.

　끝내 버리지 못한 안타까운 점도 있었다. 질투심이 너무 강했다고나 할까. 그는 원균의 약점을 수집했다. 원균이 죽은 다음에는 경상도 수사로 부임한 다른 장수와도 사이가 썩 좋지 않았다. 뿐만 아니라 지휘 체계상 자신보다 높은 사람들, 즉 도원수나 순찰사, 체찰사 등과는 끝내 불화했다. 이순신은 자신의 직계 부하들하고만 평화를 유지했다. 너무나도 자존심이 강한 선비라서 그랬던 것은 아닐까. 여간해서는 윗사람을 인정하지 못하는 성격은 이순신의 단점이었다. 그로 인해 이순신은 숱한 애로를 겪었다. 정조는 그의 생애를 짧게 평하면서, 전쟁이 일어남으로써 그는 비로소 능력을 발휘했다고 말했다.

영웅의 아이콘이 된 이순신

워낙 공적이 뚜렷했던 만큼, 이순신의 사후에는 수없이 많은 찬사가 쏟아졌다. 관직도 높아졌다. 1604년(선조 37년)에는 '선무1등공신'에 봉해졌고 좌의정에 추증되었다. 광해군 때는 영의정으로 높아졌다. 그를 추모하는 사당도 많아졌다. 고향 아산에는 충신문과 사당이 세워졌다. 통영(경남 충무)에는 충렬사가, 여수에는 충민사가 건립되었다. 이순신의 유물은 보물 제326호로 지정되었다. 이와 별도로 『난중일기』는 국보 제76호가 되었다. 충무 시에 보관된 유물은 보물 제440호로 지정되었다.

정조는 어명을 내려 『이충무공전서』를 편찬해 영구히 그를 기념하게 했다. 구한말에 나라가 어려워지자 사람들은 그를 성웅으로 기렸다. 신채호와 이광수 등 허다한 문인 학자들이 그에 대한 많은 글을 남겼다. 김훈의 소설 『칼의 노래』, 드라마 '불멸의 이순신' 등 이순신을 소재로 한 소설과 영화는 끝이 없다.

그 많은 작품과 연구서들은 우리를 일깨우기에 족하다. 이순신은 과연 난세가 키운 영웅이었다. 그는 탁월한 장수, 최고의 경영자였다. 이순신의 그 같은 성공은 그가 본질적인 의미에서 선비였기 때문에 가능한 것이었다. 섬약하다고까지 할 수 있는 그의 문사적 기질을 바탕으로 그는 소통과 공유에 능했다. 이로써 연전연승의 기적을 연출했다. 우리는 그의 인문 정신을 본받아야 한다. 이순신의 맨 얼굴이 궁금한 독자들은 『난중일기』를 다시 한 번 읽어보는 것이 어떨까.

광해군
주변을 널리 포용하라

광해군의 목표는 왕조의 재건이었다. 7년 전쟁을 통해 나라는 온통 쑥대밭이 되었기 때문에 하루바삐 왕조를 재건하는 것이 국정 목표로 떠오른 것은 당연했다. 그런데 당시의 국제 정세는 조선에 매우 불리했다. 다시금 전쟁의 수레바퀴에 치일 가능성이 커보였다. 명청 교체기를 맞아 광해군은 이들 두 나라에 밉보이지 않는 실용적 외교 전략을 구사했다. 광해군이 후세에 높은 평가를 받는 이유다.

그러나 정치가 광해군은 결국 실패했다. 15년이나 왕위를 지키다가 쫓겨났다. 왕이 국정 파트너로 삼았던 대북파는 소수파 정권이었고, 그들은 편협했다. 반대파를 권력에서 소외시킨 그들은 이른바 인조반정仁祖反正이라는 역풍을 맞아 침몰했다.

여러모로 주목할 만한 업적을 낸 광해군, 그 등장과 성취와 몰락을 좀더 자세히 알아보자.

임진왜란을 통해 성장한 광해군

광해군이라면 아직도 연산군과 더불어 조선의 양대 폭군으로만 기억하는 사람들이 있다. 그를 축출한 인조반정 세력은 폐모살제 廢母殺弟, 즉 인목대비(1584~1632)를 폐출하고 이복동생인 영창대군 (1606~1614)을 죽였다는 도덕적 비난을 퍼부었다. 아울러 명나라를 배신하고 만주족을 가까이했다는 혐의도 씌웠다. 궁궐을 중수한다며 재정을 낭비했고, 그런 과정에서 풍수지리설을 지나치게 믿었다는 점도 도마 위에 올렸다. 요컨대 패륜과 실정 끝에 광해군은 몰락하고 말았다는 주장이다. 이 말대로라면 광해군은 나쁜 왕이 되고 말 것이다.

하지만 반대파의 비난은 역사적 사실과 부합하지 않는다. 그를 왕좌에서 축출한 반대파들의 억지에 가까운 말이었다. 실제는 크게 달랐다. 광해군은 임진왜란 때나 전후에나 국난 극복에 많은 공헌을 했다. 그야말로 왕이 될 만한 큰 재목이었다.

광해군은 선조의 둘째 아들로 후궁에게서 태어났다. 이름은 이혼 李琿이다. 기휘忌諱라고 해서 과거 조선과 중국에서는 높은 사람 또는 어른의 이름을 함부로 입에 담아서는 안 되었다. 조선 왕실에서는 민간에 불편을 주지 않으려고 일부러 구슬 옥玉 변을 사용해 왕자들의 이름을 벽자僻字로 지었다. 여하튼 광해군은 세자로 책봉될 가능성이 적은 편이었다.

그러나 1592년 임진왜란이 일어나자 상황이 급변했다. 광해군은 피난지 평양에서 갑자기 세자로 책봉되었다. 그의 형 임해군臨海君 (1574~1609)은 타고난 능력이 부족했다. 왜란 중 그는 왜군의 포로가 되어 조정에 누를 끼치기도 했다. 광해군과는 여러모로 대조적인 인물이었다.

왜란 중에 광해군은 많은 공을 세웠다. 그러면서 자연스럽게 장차 자신과 정치적 운명을 함께 할 동조 세력을 발견했다. 그들이 다름 아닌 북인이었다. 그들은 여러 가지 정치적 사안으로 인해 대북과 소북파 등으로 갈라졌다. 그들 중에서 광해군을 전폭적으로 후원한 것은 다름 아닌 대북파였다.

왜란 때 광해군은 '권섭국사權攝國事'라는 이름으로 국정에 조력했다. 말 그대로 그는 국가의 일을 임시로 관장했다. 분조分朝라고 해서 조정의 일부 기능을 위임받은 광해군은 평안도, 강원도, 황해도 등지를 순회하며 민심을 수습하고 군사를 모집했다. 한양이 수복된 다음에는 수도 방위도 책임졌다. 1597년 정유재란이 일어나자 그때는 전라도와 경상도로 내려가 군량과 군대를 모으고 무기를 조달했다. 『난중일기』를 살펴보면 전라도에 내려온 광해군이 이순신에게 장창長槍의 제작을 부탁했다는 내용도 있다. 이처럼 광해군은 난리 가운데 일신의 위험을 무릅쓰고 조선팔도를 누비고 다니며 국난 극복에 힘 쏟았다.

그러나 광해군의 혁혁한 업적은 제대로 평가되지 못했다. 정식으로 세자까지 되었음에도 불구하고 부왕(선조)의 마음은 자주 흔들렸다. 왕은 계비(훗날의 인목대비)가 영창대군을 출산하자 어린 대군에게 마음이 쏠렸다. 계비는 연안 김씨로 서인 명문가 출신이었다. 서인들은 당연히 영창대군을 밀었다. 광해군의 정치적 미래는 불투명해졌다. 그러나 대북파가 그를 옹호함으로써 어려움을 극복하고 옥좌에 올랐다. 광해군은 그 점을 끝내 잊지 않았다. 소수파 정권의 탄생은 필연의 추세였다.

제왕 중심의 정치뿐이다

대북파의 정치 철학은 서인 및 남인들과는 크게 달랐다. 그 뿌리는 조식에게 소급된다. 이황은 남인의 정신적 스승이고, 조식은 북인의 정신적 지주였다. 그들의 제자는 각기 남인과 북인으로 나뉘었다. 각기 스승의 학문을 계승해 독특한 학풍을 이루었던 것이다. 서인은 이이의 학설을 계승했지만 그 가운데는 이황의 학설을 수용한 것이 많았다. 서인과 남인의 학문에는 자연히 서로 공통되는 부분이 많았다. 요컨대 서인과 남인이 넓은 의미로 한편이라면 북인은 독자적인 세력이었다.

명종 때 이황과 조식은 고려 충신 정몽주의 출사出仕에 관해 한 차례 논전을 벌인 적이 있었다. 선죽교에서 철퇴를 맞고 쓰러진 정몽주에 대해 조식은 비판적이었다. 그 이유가 흥미롭다. "신하는 훌륭한 임금이 있을 때 벼슬길에 나가야 한다. 정몽주가 왕다운 왕도 없는 고려 말에 출사한 것은 잘못이었다. 그는 대학자요 고려의 충신이었지만 잘못된 선택을 하고 말았으니, 안타까운 일이다." 조식은 정몽주의 학식과 인품을 높이 평가하면서도 내심 혹독한 비판을 가했다.

이황의 견해는 전혀 달랐다. "정몽주는 만고에 길이 빛날 충신이었다. 신하는 언제나 왕을 보좌하고 왕을 바로 잡고 왕을 잘못된 길에서 구하는 역할을 해야 한다. 설사 훌륭한 왕이 없다고 해도 신하는 나라를 위해서 벼슬하는 것이 옳다." 이것이 이황의 노선이었다. 남인이든 서인이든 조선의 선비들은 대체로 그렇게 생각했다.

선비가 국가의 원기元氣라고 믿은 이황은 명종 때도 벼슬길에 나아갔다. 명종 때는 정치가 어지러웠다. 모후(문정왕후)와 외척들이 정권을 농단해 을사사화를 일으키는 등 국정이 소란했다. 하지만 이황은 조정이 부르면 벼슬길에 나가곤 했다.

조식은 노선이 달랐다. 그는 벼슬길에 나서기를 꺼려했다. 한번은 이황이 조정에 조식을 추천해서 그에게 벼슬이 내린 적이 있었다. 그때도 조식은 끝내 사양했다.

단성현감에 임명되자 조식은 상소를 올려 명종을 구중궁궐에 갇힌 나이 어린 고아에 비유하고, 문정왕후를 궁중의 못된 과부라고 비판했다. 널리 알려진 조식의 사직 상소문 사건이었다. 문제의 글에서 조식은 조선을 곧 쓰러질 한 그루 고목나무에 비유했다. 명종은 왕다운 왕이 아니었기 때문이다. 그러므로 조식은 자기 같은 선비가 벼슬할 이유가 없다고 믿었으며 그대로 행동했다.

앞의 이야기에서 드러난 것처럼 국가의 중심이 어디 있는가에 대한 이황과 조식의 견해는 완전히 달랐다. 이황은 조선을 선비들의 나라라고 생각했다. 인격과 학문이 도야된 선비들이 과거를 통해 조정에 나가 왕을 보좌하고 왕을 왕답게 교육하는 것이 옳다는 견해였다. 이는 한마디로 말해 선비가 나라의 중심이라는 주장이었다. 그에 비해 조식은 현왕賢王 중심의 국가를 상정했다. 자격이 없는 왕이 지배하는 조정에는 나갈 필요가 없다는 것이다. 본질에 있어 조식은 국왕 중심의 국가관을 주장했던 것이다.

조식의 후예인 대북파는 광해군에게서 참다운 왕자王者를 발견했다. 임진왜란 7년 동안 그들은 전국 각지를 누비며 동분서주한 광해군에게서 자신들이 의지할 만한 미래의 왕을 보았다. 따라서 대북파는 광해군에게 절대적인 충성을 맹세했다. 광해군 역시 대북파처럼 충성스러운 신하들과 함께 나라를 이끌어 나가기를 원했다. 전란의 와중에서 그는 자파의 정치적 이익을 위해 정쟁에 혈안이 되었던 서인, 동인(남인, 북인)에게 진력이 났다. '다른 당파들은 다 소용없고 나에게 충성심이 각별한 대북파와 함께 곧 나라를 재건하겠다.' 광해군은 이런 생각을 더욱 굳혔다.

그러나 선조는 광해군에게 왕위를 물려줄 생각이 별로 없었다. 왕은 젖먹이 영창대군을 후계자로 생각하고 있었다. 왕의 심리를 묘사한 흥미로운 일화가 있다.

말년의 선조는 광해군이 날마다 문안 인사를 드리러 오면 이유 없이 심통을 부리고 야단을 쳤다. 심지어는 "너를 세자로 삼은 것은 임시 조치였다. 세자라는 말은 아예 입에 담지도 말라"는 말까지 했다고 한다. 이는 훗날 서인들이 조작한 이야기일지도 모른다. 어쨌든 왕실의 복잡 미묘한 분위기를 여실히 표현한 것만은 분명하다.

그들 부자의 갈등을 묘사한 다른 설화도 있다. 선조가 사망하기 얼마 전 그림 한 장을 그렸단다. 대나무 세 그루였다. 하나는 아주 늙은 대나무, 또 하나는 아주 어리고 싹이 푸릇푸릇한 대나무, 마지막 한 그루는 추하게 이리저리 뻗은 거센 대나무였다. 왕은 대신들에게 그림을 보여주면서 소감을 물었다.

소북파의 거두 유영경柳永慶(1550~1608) 등은 "왕의 뜻이 광해군을 떠나 영창대군에게 있구나"라고 직감했다. 늙은 대나무가 선조, 어린 대나무는 영창대군, 기세는 좋지만 못난 대나무는 광해군으로 이해했기 때문이다. 그때 이항복李恒福(1556~1618) 등 몇몇 대신들은 그림의 뜻을 모르겠다고 대답했다. 이 설화 역시 광해군의 왕위 계승이 심각한 위기에 직면했음을 상징한다.

그런 위기를 극복한 대북파는 집권하자마자 유영경 등 반대파 대신을 숙청했다. 하지만 이항복과 같은 온건파는 그대로 벼슬에 붙여두었다.

우선 무너진 왕조를 재건하자

옥좌에 오른 광해군은 차례로 많은 업적을 쌓았다. 왕은 전란으로 무너진 왕조의 기강을 세웠고 재건에 필요한 사업을 강력하게 추진했다. 1608년부터 경기도에서 대동법을 실시한 것도 그 가운데 하나였다. 이전에는 각 지역의 토산물을 공물貢物로 바치는 공납제가 존재했다. 하지만 법을 시행한 지 오래되어 폐단이 심해졌다. 그 사이 기후도 바뀌고 토질이나 산업도 변해, 이미 해당 지역에서 사라지고 만 물품들이 많았다. 그런데 장부에는 여전히 토산품으로 등록되어 있어 그것을 제때 구하지 못해 곤욕을 치르는 백성들이 부지기수였다. 이처럼 모순된 사회 현실을 광해군은 왜란 중에 직접 목격했다. 그래서 그는 무슨 수를 써서라도 이런 잘못을 바로잡으려고 애썼다.

공납의 폐단을 제거하기 위해 광해군은 전세(토지세)를 바탕으로 그 위에 일종의 부가세를 추가했다. 대동미大同米가 그것이다. 이제 백성들은 공납 대신 약간의 쌀만 추가로 더 납부하면 되었다. 한양에서는 그 쌀을 가지고 조정의 필요에 따라 꿩을 사든 닭을 사든지 하면 될 일이었다. 당시에는 이런 최소한의 개혁마저 반대하는 신하들이 많았다. 광해군은 그들의 반대를 물리치고 민생 위주의 개혁을 실천에 옮겼다.

같은 맥락에서 광해군은 새로 양전量田 사업을 시행했다. 임진왜란이 일어난 다음 전국적으로 인구 이동이 심했고, 황폐된 농지도 많았다. 토지 대장에는 엄연히 논밭이라고 기록되어 있지만 실제로는 놀고 있는 땅도 많았고, 여기저기 새로 개간된 논밭도 있었다. 그런데 토지 대장이 전쟁 중 불에 타버려 세금을 정확하게 거둘 근거가 마땅하지 않았다.

양전 사업은 꼭 필요한 일이었다. 그런데도 이를 반대하는 양반들이 많았다. 그들은 위세를 이용해서 세금을 내지 않고 버텼다. 국가 운영에는 반드시 재원이 필요했다. 세원의 정확한 파악은 국가 경영의 토대였다. 그것이 부실해 양반들이 탈세를 일삼았기 때문에, 취약 계층인 평민과 노비들만 더욱더 피해를 입었다. 광해군은 그런 현실을 용인할 수 없었다. 많은 양반들의 반대에도 불구하고 왕은 양전 사업을 관철시켰다.

잿더미가 되어버린 수도 한양의 재건에도 왕은 박차를 가했다. 왜란 때 한양은 불바다가 되었다. 대궐과 공공시설은 사라졌고 백성들의 집도 상당수 피해를 입었다. 광해군은 국가의 면모를 일신하기 위해 재건 사업을 시작했다. 궁궐도 다시 짓고, 국가의 기무를 관장하는 관청 건물도 세웠다. 이런 식으로 광해군은 전후 복구 사업을 성공리에 완수해 나갔다.

광해군의 머릿속은 단 한 가지 생각뿐이었다. 백성들의 안위가 최우선이었다. 우리는 아직도 광해군을 폭군으로 잘못 알고 있는 경우가 많다. 하지만 실록, 즉 『광해군일기』를 읽어 보면 그렇게 믿을 만한 근거가 없다. 이는 광해군을 축출한 서인들이 편찬한 것임에도 아무리 뒤져 보아도 광해군을 폭군으로 규정할 단서가 발견되지 않는다. 실록을 통해 본 광해군은 도리어 성격이 침착하고 사려 깊은 인물이었다. 그는 중대 현안은 여러 신하들에게 일일이 물어 보아 결정하는 차분한 왕이었다. 폭군이라는 이미지는 광해군에게 걸맞지 않는다. 그는 백성의 편에 선 왕다운 왕이었다.

실리 외교의 귀재

광해군은 국제적인 분위기에 민감했다. 당시 북쪽에서는 큰 소용돌이가 일고 있었다. 명나라는 임진왜란 때 조선에 수년 동안 대규모 파병을 하느라 재정적으로 큰 타격을 입었다. 왜란은 그들에게 백해무익한 소모전이었다. 명나라의 시선이 조선을 향하고 있는 사이 요동 지방에는 새로운 세력이 등장했다. 후금(청)이었다. 명나라와 후금 사이에는 갈등이 생겨 마침내 전쟁으로 발전했다. 중원의 승자가 아직 결정되지 못한 그 상황이 광해군에게는 불편하기 짝이 없었다. 도무지 미래를 예측하기 어려웠다.

광해군은 신중했다. 그는 북쪽에서 일어나는 변화를 최대한 정확히 파악하기 위해 백방으로 노력했다. 왕은 후금 및 명나라와 수시로 연락을 주고받으며 정세를 파악했다. 민감한 그들의 내부 사항도 일일이 파악했다. 첩자를 보내고 뇌물을 주어서라도 광해군은 그들의 기밀을 탐지하고자 했다. 만약의 경우에 대비해 왕은 북쪽 국경선 지역에 서둘러 군사력을 증강했다.

광해군의 시선은 남쪽도 놓치지 않았다. 북쪽의 상황이 급박한 만큼 남쪽에서는 아무 문제도 일어나지 않도록 사전 조치를 강구하느라 분주했다. 혹시 일본이 재침략을 해올 기미는 없는지 신중하게 살폈다. 평화를 정착시키기 위해 왕은 저들과 '기유약조'라는 조약을 체결했다. 또 오윤겸吳允謙(1559~1636)을 저들에게 보내 전란 중에 포로로 끌려간 백성들을 되찾아 오게 했다. 돈을 주고 사서라도 우리 백성을 데려오게 할 셈이었다. 왕은 자신의 백성들을 끝내 포기하지 않았다.

용의주도한 왕의 등거리 외교도 막다른 골목에 봉착했다. 명나라는 거듭해 조선의 파병을 요구했다. 어쩔 수 없이 조선의 군대를 파견할 수밖에 없는 상황이었다. 왕은 원균처럼 용맹한 장군을 사령관으로 삼지 않았다. 그 대신 강홍립姜弘立(1560~1627)이라는 문인 성향의 무사에게 군사를 맡겼다.

강홍립은 중국어에 능했고, 후금 사정도 숙지했다. 광해군은 그에게 전권을 주었다. "군대를 이끌고 명나라와 함께 싸우되 죽기를 각오하고 싸울 필요는 없다." 상황이 불리하면 가엾은 우리 백성들을 죽이지 말고 살 궁리를 하라는 부탁이었다. 무언중에 항복을 권유한 셈이었고, 그 뜻을 헤아린 강홍립은 전세가 불리해지자 후금에 투항했다. 덕분에 조선의 군사들은 개죽음을 면했다. 후금에 항복한 강홍립은 후금과 조선 진영을 오가며 일종의 이중첩자 노릇을 했다. 얄궂은 운명이었지만 그는 조국을 배신하지 않았다.

광해군은 강홍립이 항복한 다음에도 한양에 남아 있던 그의 가족들을 끝까지 보호했다. 강홍립과의 신의를 지킨 것이다. 이로써 강홍립 역시 조선을 위해 노력하지 않을 수 없는 측면도 있었다. 강홍립은 조선의 피해를 최소화하는 데 힘을 보탰다. 후금의 포로가 되었던 그의 부하 1만 명은 나중에 모두 귀환했다. 광해군은 강홍립의 가족들을 지켜줌으로써 강홍립이 조국을 잊지 못하도록 만들었는지도 모른다. 참으로 탁월한 선택이었다. 여기에 바로 광해군의 특징이 있다.

나중에 광해군이 옥좌에서 축출되자 명나라에서는 도리어 불편한 심기를 드러냈다고 한다. 광해군과 같이 훌륭한 왕을 왜 쫓아냈는지 이해하지 못하겠다는 것이었다. 광해군은 등거리 외교에도 불구하고 후금과 명나라 양쪽에 다 좋은 인상을 남겼다. 교활했기 때문에 양국의 인정을 받은 것은 아니었다. 그는 조선의 특수 사정을 가지고 두 나라 조정을 모두 설득한 외교의 귀재였다.

성리학적 명분만 가지고 판단한다면 도저히 등거리 외교를 펼 수 없다. 명나라가 조선을 도와주었던 만큼 조선 역시 많은 희생을 무릅쓰고 명나라를 도왔어야 했다. 명나라를 위해 죽는 것이 곧 국가에 대한 충성으로 해석될 수 있었다. 실제로 명나라는 강홍립과 함께 출정했다가 전사한 김응하金應河(1580~1619)를 기렸다. 명나라 신종神宗은 그를 요동백遼東伯에 추봉했고, 가족들에게도 하사금을 지급했다. 광해군도 김응하에게 영의정을 추증하고 충무忠武라는 시호를 내려주었다. 그러나 거기까지였다. 광해군은 김응하의 죽음을 통해 명나라에 대한 대의명분을 챙겼지만, 싸워봤댔자 질 것이 분명한 명나라를 위해 조선의 백성을 더 이상 희생시킬 생각은 조금도 없었다.

광해군에게 가장 소중한 것은 조선의 백성이었다. 그는 이미 전란으로 죽고 다치고, 전염병과 굶주림으로 쓰러지고, 적군에게 포로로 잡혀 조국과 가족을 떠날 수밖에 없었던 가엾은 백성들을 자신의 눈으로 똑똑히 보았다. 이를 못내 안타까워했던 광해군은 무슨 수를 써서라도 이 백성을 살리는 것이 자신의 책무라고 확신했다. 또다시 이 땅에 전쟁을 초래해서는 절대 안 될 일이었다.

국가의 존재 이유를 재확립하다

광해군에게는 문화의 재건이 중요했다. 토지 대장과 세재 개편만으로는 국가를 재건할 수 없다고 그는 확신했다. 문화 부흥, 그것이라야 조선 왕조는 다시 일어설 터였다. 역사 인식의 확립과 도덕의 실천이 왕의 지대한 관심사였다.

윤리적 가치, 문화적 가치, 역사적 정체성을 확립하기 위해 왕은 많은 서적을 편찬 간행했다. 대표적인 것이 『신증동국여지승람』이었다. 이는 1481년(성종 12년)에 완성된 『동국여지승람』을 수정 보완한 것이다. 나라의 인문 지리를 한눈에 정확하게 알 수 있게 한 책이었다. 이로써 국가의 정체성이 더욱 뚜렷해지고, 각지에 산재한 문화유산을 제대로 파악할 수 있게 되었다. 또한 『용비어천가』도 재간再刊했다. 조선 왕조의 건국 배경을 밝히고 높이 기리는 훌륭한 내용을 널리 알림으로써, 그는 왕조 재건의 의지를 천명했다.

아울러 『동국신속삼강행실도』도 편찬했다. 조선 왕조가 추구하는 기본 가치, 즉 충효열忠孝烈을 선양하기 위해서였다. 국초 이래 전국적으로 충신, 효자, 열녀가 많이 나왔지만, 임진왜란을 겪으면서 더욱더 많은 모범 사례가 축적되었다. 반면에 전쟁이라는 대혼란의 와중에서 윤리적 기강이 무너진 부분도 적지 않았다. 광해군은 윤리적 가치의 고양을 위해 새로운 사례들도 추가해 그림과 함께 기록하도록 명했다. 그 내용은 한문뿐만 아니라 한글로도 서술하게 했다. 장차 온 국민에게 읽게 하려는 것이었다. 광해군은 성리학 국가 조선의 면모를 일신하고자 했다.

조선의 역사적 정체성을 재확립하기 위해서도 왕은 거듭 노력했다. 『국조보감』을 편찬해 국정에 귀감이 될 선례를 참고할 수 있게 했다. 또 전란의 상처가 아물지 않았음에도 불구하고, 부왕(선조)의 실록, 즉 『선조실록』도 편찬했다.

실록과 관련해서 보탤 말이 있다. 왜란 때 전국의 사고史庫에 보관된 실록들은 모두 불타거나 노략질의 대상이 되었다. 남은 것은 전주 사고의 『조선왕조실록』뿐이었다. 이것은 다 이순신의 덕택이었다. 그가 서남해안을 지켰기 때문에 보존이 가능했다. 그 뒤 정유재란 때 전주 사고도 적의 수중에 들어가게 되었는데, 안의安義와 손홍록孫弘祿이 이를 지켰다. 그들은 실록을 내장산으로 옮겨 놓았던 것이다.

광해군은 전국의 사고를 다시 수리하도록 했다. 평지에 있던 전주 사고는 만약의 경우에 대비해 무주의 적상산이라는 높은 산으로 옮겼다. 왕은 전주 사고의 실록을 바탕으로 실록을 전부 새로 찍어 각지에 깊숙이 수장했다. 광해군의 투철한 역사의식은 남다른 점이 있었다.

또한 그는 의학 발전에도 마음을 썼다. 전쟁으로 인해 많은 인명이 살상되었고, 전염병과 영양실조로 백성들이 고생하는 것을 직접 목격한 그였다. 광해군은 의학의 필요성을 절감했다. 왕의 특별한 보호와 관심 속에서 허준許俊(1539~1615)은 『동의보감』을 마무리했다. 이는 선조와 광해군의 후원으로 빛을 본 위대한 결실이었다. 중국인들도 이 책의 덕을 보았다. 『동의보감』은 청나라에서도 재간행되었고, 일본에서도 인기가 높았다. 한의학의 고전인 『동의보감』이 광해군의 관심 속에서 완성되었다는 점은 흥미로운 사실이다.

앞서 말했듯이 광해군 시대는 다방면에서 문화 부흥이 일었다. 왕은 국가의 재건을 외형적, 물질적인 면에서만 도모하지 않았다. 그는 윤리와 도덕, 역사와 의술에서 나라의 존재 이유를 발견했다. 백성들의 삶을 개선하는 것이 왕의 도리라는 점을 광해군은 잊지 않았다.

'문화 투쟁'에서 실패한 비운의 왕

광해군은 훌륭한 왕이었지만 결국 그에게도 난제는 있었다. 선조가 그렸다는 그림 속 어린 대나무, 즉 영창대군의 처리가 현안이었다. 영창대군의 외조부인 김제남金悌男(1562~1613) 등 서인들이 조정의 실권을 쥔 대북파 이이첨李爾瞻(1560~1623) 등과 충돌했다. 결국 영창대군과 김제남 등은 역모죄에 연루되어 죽음을 면치 못했다(1613). 영창대군의 모후(인목대비)도 서민으로 강등되었다. 나중에 인조반정을 일으킨 서인들은 이 사건을 이유로 광해군을 패륜아로 낙인찍었다.

그러나 이와 비슷한 왕실 내부의 피비린내 나는 숙청은 각국의 역사에서 쉽게 발견된다. 영창대군 사건은 비참하기 짝이 없는 사건이었지만 권력 투쟁의 와중에 되풀이 되는 비극이었다. 하필 광해군만 패륜으로 낙인찍을 일은 아니었다.

광해군의 약점은 따로 있었다. 그는 서인과 남인 등 조정에서 소외

된 정파들을 적절히 회유하지 못했다는 점이다. 다양한 인사들을 회유해 조정에서 함께 국정을 논의하도록 했어야 하는데 그 부분이 미흡했다. 만일 제거해야 할 대상이라면 과감히 숙청했어야 했다. 그런데 반대파를 제거하는 데도 어설펐다. 결국 화근만 키운 꼴이 되었다. 인조반정은 그렇게 해서 일어났다. 반정으로 집권한 서인들은 대북파보다 가혹했다. 그들은 대북파의 씨를 말리다시피 했다. 이이첨, 정인홍, 이위경 등 수십 명을 죽이고, 무려 200명을 귀양 보냈다.

반정 세력들은 광해군이 명나라의 '재조지은再造之恩'을 배신했다고도 비판했지만 사실은 이와 다르다. 실은 인조가 옥좌를 차지한 다음에도 광해군 시대의 등거리 외교가 어느 정도 지속되었다. 다만 새로운 집권층은 광해군처럼 원만하게 해내지 못하고 문제만 일으켰다. 그 결과가 정묘호란(1627)과 병자호란(1636)이었다. 조선은 또다시 전쟁의 회오리에 휘말렸다. 광해군이 그토록 피하고자 애써 노력한 모든 것이 수포로 돌아가고 만 것이다. 광해군이 옥좌에 앉아 있었더라면 아마도 다시 일어나지 않았을 역사의 비극이었다.

다행히도 호란은 왜란에 비해 큰 피해를 남기지 않았다. 전쟁 기간이 짧았고 적군이 짓밟은 지역도 의주에서 남한산성에 이르기까지 대로변에 국한되었다. 그러나 왜란의 상처에서 채 회복되기도 전에 입은 타격이다 보니 백성들의 상처는 더욱 깊었다.

반정을 당한 광해군은 참으로 억울했을 것이다. 반정 세력은 차마 광해군을 죽이지 못하고 유배를 보냈다. 강화도에 갇힌 채 왕은 여생을 쓸쓸하게 지내다가 눈을 감았다(1641). 그는 마지막까지 누군가 자신을 위해 반정을 일으켜 역사를 바로잡기를 바랐겠지만, 헛된 기대였다.

조선 시대에는 다양한 정치 세력들이 일어났다 쓰러지기를 반복했다. 자빠질 때는 역적이라는 낙인이 찍혔다가도 세월이 지나면 다시 복권되는 경우가 대부분이었다. 하지만 대북파는 끝내 복권되지 못했다. 서인이 대북파의 씨를 말려버렸기 때문인지, 누구도 그들을 위해 변명해 주지 않았다.

공功과 실失을 가늠할 때 광해군에게는 공이 훨씬 많았다. 과오라고는 거의 없었다. 수적으로 우세한 서인과 남인을 제대로 관리하지 못한 점이 유일한 실책이라면 실책이었다. 어떤 사람들은 광해군이 붕당 정치의 소용돌이에 휘말려서 실패했다고 주장하기도 한다. 그러나 그렇게 볼 수만도 없다. 만일 광해군을 붕당 정치의 희생양이라고 한다면, 그의 정치적 기능을 지나치게 수동적으로 판단한 것이다.

통치 철학이 한 나라의 흥망을 좌우한다

앞서 잠시 언급했듯이 광해군과 대북파는 반대파(서인, 남인)를 상대로 일종의 문화 투쟁을 벌였다. 그들의 대결은 통치 철학을 둘러싼 투쟁이었다. 신하를 위주로 한 군신 공치로 갈 것인가(서인, 남인), 제왕을 중심으로 한 왕도 정치를 펼 것인가(대북파)의 문제였다. 둘 다 유교 정치임에는 분명하지만, 자세히 들여다보면 지향점이 판이하다는 생각이다.

같은 유교 국가라도 중국의 명과 청조는 황제를 중심으로 한 국가 경영을 추구했다. 그러나 조선 왕조는 달랐다. 왕보다는 신하를 중심으로 한 국가 체제를 지향했다. 정도전, 조광조, 이이 등이 모두 그렇다. 세종 역시 재상 중심의 유교 정치를 추구했다.

조식은 그런 점에서 상당히 예외적이었다. 그는 전통적인 조선의 사림 정치와는 달리 제왕 중심의 성리학 국가를 바랐던 것이다. 그런 점에서 광해군과 대북파의 집권은 역사적인 실험이었다고 할 수 있다. 물론 이 점에 있어서는 좀더 정교하고 치밀한 연구가 있어야 할 것이다.

광해군 정치의 승패는 단순히 그의 왕위가 제대로 보존되었는가, 아닌가의 문제로 볼 것이 아니었다. 이는 성리학 국가를 건설하되 선비 중심으로 갈지, 제왕 중심으로 갈지를 결정하는 선택의 문제였다. 역사는 서인으로 대표되는 전통주의자들에게 승리를 안겨 주었다. 그 뒤로는 감히 제왕 중심을 주장하는 정치 세력이 등장하지 못했다. 그런 상태로 조선 왕조는 끝났다.

한국의 현대 정치사를 얼룩지게 한 군사독재 정치는 우리 역사의 예외적인 국면이었다. 그때 한국인들이 제왕적 지배 체제를 용납한 것은, 일제 군군주의를 경험한 직후라 가능했을 것이다. 더욱이 한국 전쟁을 거치면서 군부가 폭발적으로 팽창했기에, 한국사는 그런 예외를 인정했다고 볼 수 있다. 하지만 장군들은 결국 역사의 승자로 기록되지 못했다. 민주주의를 회복하려는 시민들의 노력이 중요한 역할을 했지만, 거기에는 우리 역사를 지배해 온 선비 중심의 오랜 전통도 한몫했다.

현재의 대통령 중심제는 막중한 권력을 대통령 1인에게 허용한다. 집권 초기 한국의 대통령은 명실상부하게 국정을 장악한다. 그러나 집권한 지 3~4년이 되면 사정은 달라진다. 대통령의 국정 장악 능력은 점차 약화되어 집권 말기가 되면 사실상 실종된다. 어떤 의미에서 이는 한국 사회의 전통이기도 하다. 이 나라는 누구 한 사람의 마음대로 움직일 수 있는 나라가 아니다. 광해군처럼 탁월한 군주조차 제왕 중심의 통치에 실패하지 않았는가.

백성을 설득할 수 있었던 세종대왕은 끝까지 존경을 받았다. 소통과 공감, 연대와 조화를 중시했던 세종은 매사에 백성들을 최우선으로 고려했다. 그럼으로써 전례 없는 성공을 거두었다. 이야말로 한국의 정치사에서 발견되는 성공의 열쇠가 아닐까 한다.

광해군은 어렵게 출발했지만 끝까지 왕으로서 성심성의껏 정치에 전념하였다. 그는 누구보다 신중했기 때문에 복잡다단한 국제환경에도 굴하지 않고, 조선왕조의 국가적 이익을 제대로 방어하였다. 하지만 그는 결국 옥좌에서 추락하고 말았다. 포용력이 부족했기 때문이다. 나이 마흔에는 누구나 내 사람이 있다. 그러나 내 사람만 바라보는 것은 위태로운 일이다. 주변을 널리 포용할 줄 아는 사람이라야 할 것이다. 따지고 보면 이 광대한 우주에 너는 누구고 나는 누구겠는가. 우리는 여럿이되 결국 하나가 아닌가.

6장

더 높은 곳을
바라보는 기개

———

정조 – 자신만의 안목으로 길을 닦아라

흥선대원군 – 선택의 기로에서 단호히 행동하는 능력

광해군 이후에도 조선 왕조의 부흥을 꾀한 여러 명의 군주와 대신들이 있었다. 가장 대표적인 인물이 정조와 흥선대원군이다. 그들은 모두 영조(재위 1724~1776)의 자손으로서 여러 가지 개혁을 통해 민생을 살리고 국력을 키우고자 노력했다. 그 성과도 적지 않았다. 그러나 서구 문명의 도전을 이해하고 그에 적절히 대응하기에는 그들의 힘이 미치지 못했다.

정조
자신만의 안목으로 길을 닦아라

지난 30여 년 동안 한국의 역사학자들은 정조(재위 1776~1800)의 인간 됨됨이와 그 정치적 업적을 거의 일방적으로 호평해 왔다. 이를 상징하는 것이 '조선 후기의 르네상스 군주 정조'라는 표현이다. 그러나 최근에는 정조와 그 시대에 대한 새로운 평가가 나오기 시작했다. 지난 몇 년간 나는 정조에 대한 재평가 작업에 매달려 왔다. 그런 가운데 나는 정조 시대를 이해하는 하나의 새로운 코드로서 '문체반정文體反正'의 가치에 주목하게 되었다. 한마디로 정조는 성리학을 부흥시킴으로써 그 시대가 당면했던 많은 문제를 해결하고자 했다. 성리학 부활이라는 낡은 카드로서 새로운 흐름을 차단하고자 했던 것이다. 일반 사람들이 짐작하는 것과는 달리 그는 보수 개혁 군주였다. 이런 정조를 나는 '문체반정의 군주'라고 부른다.

정조는 왜 누구보다도 보수적인 왕이 되었을까. 이 점을 옳게 이해하려면 우리는 그의 파란만장한 일생부터 살펴보아야 한다. 먼저 그가 왕위에 오르기까지의 과정이 순탄하지 않았다는 사실에 주목할 수 있다. 어렵게 왕이 된 정조는 군왕으로서 위상을 강화하기 위해 비상한 노력을 기울였다. 이 역시 좀더 자세히 알아보아야 할 문제다. 그와 관련해 관심을 끄는 것이 규장각이다. 일종의 왕립 도서관이자 고전 연구소였던 규장각은 '문체반정'을 비롯해 정조의 개혁 정치를 가능하게 만든 정책적 산실이었다. 그의 개혁은 과연 문예 부흥으로 평가될 만한 것일까. 또 정조가 서양의 신기술까지 이용해 건설했다는 신도시 화성은 어떻게 평가되어야 할까. 이런 궁금증을 차례로 풀어나가다 보면, 자연히 정조의 역할과 한계가 뚜렷하게 드러날 것이다.

태생적으로 정조의 권력 기반은 불안정했다. 비명에 죽은 사도세자(1735~1762)의 아들이다 보니 매사가 순탄하지 않았다. 영조는 자신의 친아들이자 후계자로 예정된 사도세자를 뒤주에 가두어 굶겨 죽이는 비극을 연출했다. 왜 그래야만 했을까. 사도세자가 비정상적인 성격의 소유자라서 그랬다고도 하지만 그다지 설득력이 없다.

사도세자와 영조 부자간에도 당쟁이 개입되어 있었다. 사도세자가 죽임을 당하게 되었을 때 영조의 나이는 예순아홉 살, 재위 38년째였다. 그런데 연로한 영조와 장성한 아들 사이에는 오래 전부터 긴장감이 조성되어 왔다. 아버지 영조는 노론을 중심으로 정국을 이끌었는데, 세자 주위에는 소론이 많았기 때문에 자연히 잡음이 들끓었다. 그런 판국에 1759년(영조 35년) 진즉에 환갑도 지난 영조가 방년 열다섯 살의 정순왕후貞純王后(1745~1805)를 계비로 맞아들이자, 언제 무슨 변고가 일어날지 예측할 수 없는 상태가 되었다. 세자를 교체할 의도가 없었다면 영조는 굳이 재혼할 이유도 없었다. 계비는 세자보다 열 살 연하였던 데다 노론 명문가 출신이라, 부자간의 갈등은 더욱 깊어졌다. 젊은 왕후가 왕자를 출산하기라도 하는 날이면 세자의 비극적 종말은 피할 수 없는 일이 되고 말 터였다.

영조는 그다지 오래 기다리지도 않았다. 조선 왕조의 정치사를 살펴보면 형제간에 서로 죽이거나 가까운 친척을 살해한 일은 적지 않았다. 그래도 임금이 왕세자인 세자를 뒤주에 가두어 굶어 죽게 할 정도는 아니었다. 참혹하게 죽은 사도세자의 아들로서 정조는 그 조부의 왕위를 물려받았다. 이런 사실이 정조에게는 쉽게 해결하기 어려운 정치적 부담이었다.

정순왕후의 측근 인사들은 세손(정조)에게도 부담스러운 존재였다. 영조는 1759년(영조 35년) 그를 세손에 책봉했다. 세손 시절 정조에게는 여러 차례 위기가 있었다. 특히 정후겸鄭厚謙(1749~1776) 등이 앞장서 세손을 공격했다. 그들은 세손을 비방하는 투서를 날리기도 하고, 세손의 거처에 괴한을 잠입하게 해 동정을 염탐하기도 했다. 세손은 홍국영洪國榮(1748~1781) 등 측근의 도움으로 위기를 모면했다.

드디어 세손은 병든 영조를 대신해 대리청정하게 되었는데(1775), 반대파는 그때도 비판의 수위를 낮추지 않았다. 외갓집마저 세손에게서 등을 돌렸다. 외삼촌 홍인한洪麟漢(1722~1776)은 조카의 대리청정을 반대하며 "동궁께서는 노론과 소론을 알 필요가 없고, 이조판서와 병조판서를 알 필요가 없습니다. 조정의 일에 관해서는 더더욱 알 필요가 없습니다"라고 했다. 즉 세 가지 사항을 반드시 알아야 할 필요는 없다는 이른바 삼불필지설三不必知說을 제기했다. 이는 세손의 정치 참여를 근원적으로 봉쇄하자는 견해였는데, 다른 사람도 아닌 외삼촌이 꺼냈다는 점에서 더욱 충격적이었다. 세손의 처지는 그야말로 고립무원이었다.

허다한 반대와 핍박에도 불구하고 세손은 영조의 뒤를 이었다(1776). 하지만 정조가 왕이 된 다음에도 정순왕후 일파는 순순히 항복하지 않았다. 장헌세자의 죽음을 찬성한 많은 대신들(벽파)도 정조의 통치를 방해했다.

여기서 한 가지 강조할 점은 조부인 영조의 이중적 역할이다. 결과적으로만 보면, 영조는 왕위를 물려줌으로써 정조의 앞길에 축복을 준 셈이다. 그러나 정조에게서 아버지(사도세자)를 빼앗아갔고 그를 끊임없는 갈등과 불화에 빠뜨리는 등 화근을 제공했다고도 말할 수 있다. 한 인간으로서 정조는, 비록 말로 표현할 수는 없었지만 조부인 영조에 대해 애증이 교차하는 마음을 가졌을 것이다.

진정한 지배자는 '군사'여야 한다

세손 시절, 정조는 장차 앞일이 어떻게 될지 예측하기 어려웠다. 죽고 살고는 하늘에 달렸으니 어떻게 할 수 없는 일이고, 혹시 살아남아 왕이 되거든 제대로 된 왕 노릇을 해보리라는 열망을 키웠다. 죄인(사도세자)의 아들인 자신의 처지를 고려할 때 신하들보다 월등한 능력을 기르는 것이 무엇보다 절실한 과제로 떠올랐다. 정조는 온힘을 다해 공부했다. 학업에 매달리는 순간만큼은 시름도 잊을 수 있었다. 그는 궁여지책으로 성리학에 몰두했다.

그의 공부는 여섯 살부터 시작되었다. 영조는 그에게 『동몽선습』을 외우게 했고, 일곱 살이 되자 『소학』을 강독하게 했다. 이후에도 영조는 수시로 세손을 데리고 경연에 참석해 당대 최고의 학자들과 경전에 관해 씨름하게 했다. 정조는 왕이 될 때까지 많은 공부를 했다. 왕이 된 다음에도 자신의 정통성을 유교 경전 속에서 찾아내고, 그것을 통해 자신의 입장을 합리화해 통치의 근간으로 삼았다. 훗날 정조의 문집 『홍재전서弘齋全書』가 간행되었다(1814). 분량도 만만치 않아 184권, 100책에 해당하는 거질이었다. 조선의 역대 임금들 가운데 유례없는 일이었다.

정조가 성리학 공부에서 주목한 것은 '군사君師'라는 개념이었다. 앞서 조광조에 관하여 이야기할 때도 잠시 언급했듯이, 유교의 이상적인 통치자를 가리킨다. 한 시대의 이데올로그(이론적 지도자)가 되는 것이 정조의 목표였다. 『정조실록』에서 확인되듯, 왕은 당대의 명망 있는 학자들을 불러 유교 경전에 대해 토론할 때가 많았다. 눈여겨본 바로, 정조가 던지는 날카로운 질문을 요령 있게 답할 줄 아는 학자는 거의 없었다. 학문적 진검승부에서 정조를 이길 만한 학자는 극히 드물었다. 송덕상宋德相(1710~1783) 같은 산림山林 학자도 정조의 탁견에 혀를 내둘렀다.

정조는 그림에도 뛰어났으며, 음악에도 조예가 깊었다. 학예의 능력으로 말하면 정조는 세종과 견줄 만했다. 세종의 지적 관심은 정조보다 더 열려 있었다. 세종은 특정한 학문 분야를 고집하는 성품이 아니었다. 그는 불교도 도교도 외면하지 않았고, 더구나 실용적인 것이면 어느 것이나 관심을 가졌다. 심지어는 풍수지리설까지도 배우고 싶어 했다.

그에 비해 정조의 관심 범위는 제한되어 있었다. 항상 정적들에게 둘러 싸여 있었던 그로서는 결점으로 지적될 만한 행위를 해서는 곤란했다. 자연히 그의 학문은 기성 이데올로기인 성리학에 국한되는 경향을 보였다. 정조가 '군사'를 자처한 데는 그와 같은 맥락도 상당히 중요하게 작용했을 것이다.

정조의 현실 정치 수단들

군왕의 권한을 확립하는 과정에서 정조는 세종과 아주 다른 모습을 보였다. 그는 정적들을 제거해야만 하는 입장이었다. 세종과는 달리 이를테면 손에 피를 묻힐 수밖에 없었다. 그는 왕이 되기 전 자신을 반대한 사람들을 죽이거나 귀양 보냈다. 또 사도세자의 죽음에 찬성했던 사람들을 용서하기 어려운 입장이었으므로 그들도 귀양을 보냈다. 반역을 꾀한 혐의가 있는 사람들도 처형했다. 가령 정후겸, 홍인한, 홍상간洪相簡(1745~1777), 윤양로尹養老 등을 사형에 처했으며, 정순왕후의 친정 오빠인 김구주金龜柱(1740~1786)도 죽었다. 정조의 심사는 결코 평안하지 못했을 것이다.

설상가상으로 정조는 세손 시절 자신을 위기에서 보호해 주고, 무사히 왕위에 오르도록 후원한 외척 홍국영마저 숙청했다. 홍국영을 숙청한 명분은 왕비 김씨의 음식에 독약을 넣은 죄였지만, 이유는 따로 있었을 것이다. 현재 남아 있는 역사 기록에서는 홍국영의 실각을 정조의 입장에서만 바라보는 경향이 있다. 즉위한 지 겨우 4년이 지난 1780년에 홍국영처럼 공이 많은 신하를 서둘러 처단한 것은 성급한 일이었다는 생각이다.

어린 시절을 불우하게 보낸 정조는 누구든 마음 놓고 믿지를 못했다. 홍국영이 누구인가. 정조를 위해서라면 목숨도 아끼지 않은 신하였다. 하지만 그가 권력을 집중시키고 있다는 혐의가 들자 정조는 곧 숙청해버렸다. 왕은 곧 외롭고 불안해졌다.

곤경에 빠진 정조는 권력을 강화하기 위한 현실적인 방안을 탕평책에서 구했다. 왕은 자기 스스로가 당쟁의 피해자였기 때문에 탕평책의 필요성을 더욱 절감했다. 이는 조부인 영조가 썼던 탕평책과 마찬가지로 각 당파의 인재를 골고루 등용하는 정책이었다. 하지만 중요한 차이점이 있었다. 영조의 탕평책에 호응하지 않았던 각 당파의 강경론자들峻論을 회유해 조정에 불러들인 것이다. 그런 점에서 정조의 탕평책은 준론峻論 탕평책이라고 할 수 있다.

그럼에도 불구하고 당쟁은 쉬 사라지지 않았다. 노론의 상당수는 끝까지 종래의 당론을 고수해 벽파僻派로 남았다. 이와는 달리 정조의 탕평책에 찬성하는 남인과 소론 및 일부 노론이 시파時派로 불리게 되었다. 사람들은 마치 노론이 모두 벽파로 정조의 적이었던 것처럼 잘못 생각하는 경우가 있다. 또 정조와 채제공蔡濟恭(1720~1799) 및 정약용의 관계가 드라마 등에서 강조된 결과, 정조가 마치 남인에만 의존한 것처럼 잘못 생각하는 경우도 많다. 그러나 역사적 사실은 다르다. 남인을 포함해 노론과 소론의 상당수가 시파를 이루었다.

크게 보면 조정이 시파와 벽파로 양분되었다지만 내막을 자세히 들여다보면 당파 간의 이해관계는 훨씬 복잡했다. 그러자 정조는 어찰 정치御札政治를 폈다. 예컨대 벽파의 우두머리인 심환지沈煥之(1730~1802)에게 비밀 편지를 보내 '나는 네 편이다. 내일 조정에 와서 이런 저런 연극을 해라. 그러면 내가 이것은 들어주고 저것은 거절할 것이다'라는 식으로 현안에 대해 미리 의견을 조정했다. 그와 동시에 정조는 심환지의 상대역인 남인의 영수 채제공에게도 비밀 편지를 쓴 것으로 알려졌다. 이밖에도 각 당파의 중요한 인물들에게 정조는 장기간에 걸쳐 편지를 썼던 것 같다.

연구자들은 정조의 정치적 기술이 탁월했다고 평가한다. 비밀 편지를 통해 당파적 차이를 상당 부분 극복했다는 것이다. 그러나 내 판단으로는 정조의 어찰 정치는 술수에 의존한 것이었다. 때문에 장기적으로 보면 도리어 정치적 신뢰를 해치는 것이었다. 정조가 읽고는 곧 없애라고 주문했던 비밀 편지들이 아직도 많이 남아 있다는 사실이 바로 그들의 불신을 증명한다. 가령 심환지나 체제공의 입장에서는 이렇게 생각할 수도 있었다. '왕의 마음이 변해 언젠가 나를 숙청하려고 든다면 그때는 이 편지가 나를 지켜줄 수 있다.' 왕권의 확립을 위해 정조는 '군사'를 표방했지만, 임금이자 스승이라면 결코 장기간에 걸쳐 어찰 정치를 하지 말았어야 했다. 매일같이 어찰을 보내 모종의 정치적 연출과 비밀 거래를 일삼았다는 사실은 정조가 일종의 반칙을 되풀이했다는 뜻이다. 자연히 정조의 지도력은 한계 상황에 처할 수밖에 없었다.

많은 정치적 어려움 속에서 정조는 친위 부대인 장용영을 창설하기도 했다. 불신과 불안이 심했던 그는 자신의 안전을 보장하기 위해 군사적 조치를 강구했던 것이다. 우선 그 부대를 신도시 화성에 배치했고, 후에는 서울로도 데려왔다. 정치적 안정을 얻기 위한 정조의 노력은 이것으로 끝이 아니었다.

규장각이라는 재래식 무기

정조의 통치방식을 특징짓는 또 한 가지는 규장각이었다. 규장각을 통해 정조는 '군사'로서 자신의 이미지를 강화했다. 또 자신의 정치적 의지를 받들 만한 관료들을 양성했다. 바로 그런 목적으로 정조는 세종 때의 집현전을 모방했다.

그런데 규장각과 집현전은 상당한 차이가 있었다. 집현전은 요샛말로 연구 및 자문 기관이다. 반면 정조의 규장각은 그런 기능도 담당했지만, 동시에 현실 정치에도 직접 참여했다. 규장각 학사들은 문형文衡을 관장하다가 점차 홍문관, 승정원, 춘추관, 종부시 등의 기능까지 겸하게 되었다. 규장각은 통치 행위의 핵심 기구로 부상했다.

1781년에는 규장각을 일신해 각신閣臣들이 문한의 요직을 겸했다. 또 초계문신제도抄啓文臣制度를 실시했다. 조정의 문신들 중에서 학문적 능력이 탁월한 인사들을 뽑아 그들을 교육하고 성과를 시험해 임용과 승진에 참고했다. 정조는 그들을 자신의 친위 세력으로 만들고자 했다. 정조는 열 차례에 걸쳐 100명의 초계문신을 길렀다. 능력이 탁월한 문신들이 배출되어 정조의 정치적인 목적에 상당 부분 기여했다.

규장각은 출판과 문물제도의 정비에 앞장섰다. 이때도 정조의 역할 모델은 세종이었다. 활자만 하더라도 세종 때의 금속 활자인 갑인자를 모범 삼아 임진자, 정유자, 한구자, 생생자 등을 만들었다. 그런 활자들을 가지고 정조는 다수의 책을 간행하도록 했다. 대체로는 영조 때 시작한 서적 간행 사업을 계승했다. 『속오례의續五禮儀』, 『증보동국문헌비고增補東國文獻備考』, 『국조보감國朝寶鑑』, 『대전통편大典通編』,

『문원보불文苑黼黻』『동문휘고同文彙考』『규장전운奎章全韻』『오륜행실五倫行實』 등이었다. 대부분 통치 자료를 시대 상황에 맞게 수정 증보한 것이었다.

그런데 학자 군주로서 정조의 치적에는 이해하기 어려운 점이 있다. 젊었을 때만 해도 정조는 청나라에서 많은 서적을 수입했으나 나중에는 완전히 달라졌다. 왕은 중국 서적의 금지를 명령했다. 정학正學, 즉 성리학에 도움 되지 않는다고 판단했기 때문이다. 서적 수입을 금지한다는 것은 결국 무언가 두려움을 느낀다는 이야기다. 정조는 중국을 통해서 새로운 사고, 새로운 문화가 유입되는 것을 꺼렸다. 왕은 새것이 두려웠던 것이다. 이는 정조뿐만 아니라 조선 사회의 기득권층이 모두 두려워했던 부분이다.

여기서 말하는 기득권층은 양반을 뜻한다. 이른바 벽파, 시파 모두 거기에 포함되며, 서울뿐 아니라 시골 양반들 역시 해당된다. 그들 기득권층은 중국을 통해 유입되는 새로운 문물과 사고를 두려워했다. 예외가 없지는 않았지만 그 수는 얼마 되지 않았다. 대다수 양반들은 이를 조선 사회의 문화적 정체성이라 할 성리학에 대한 도전으로 받아들였다. 정조는 그런 도전을 열린 자세로 수용하기보다 보수적인 방식으로 대응해, 신문물을 금지했다. 정조의 규장각은 왕의 뜻을 받들어 새 문물을 추구하는 대신 낡은 가치의 수호에 앞장선 꼴이 되고 말았다. 규장각은 '문체반정'에도 앞장섰다.

성리학적 질서를 회복하라

정조의 '문체반정'은 성리학적 고전으로 돌아가자는 운동이었다. 성리학이 정학正學, 곧 올바른 학문이라는 전제 아래 그리로 돌아가자는 것이었다. 그 밖의 학술은 사학邪學 또는 나쁜 학문이라고 낙인찍었다. 특히 문제가 된 것은 천주교였다. 정조 이후에 사학죄인, 즉 나쁜 학문을 믿는 범죄자들이라면 곧 천주교 신자를 뜻했다.

18세기 후반 조선 사회는 역사적 변화의 분수령에 도달했다. 명나라 말기부터 청나라 초기에 중국에서 일어난 중국의 새로운 문예 사조가 조선에 유입되어 상당한 인기를 끌었다. 대표적인 것 중 하나가 소품이었다. 크게 보면 '패관 문학' 일반이 유행이었다. 이들 중국에서 들어온 새로운 문예 사조는 성리학과는 달리 인간의 주관적 정서를 긍정적으로 평가했다. 아울러 경험주의적 성향을 띠었다. 형이상학적이고 보편주의를 표방하는 성리학과는 근본적인 차이를 보였다.

그러자 정조를 비롯한 조선 왕조의 지배층들은 소품과 패관 문학의 유행을 염려했다. 새로운 사조로 인해 성리학의 절대적인 위상에 부정적인 변화가 생길까 그들은 근심했다. 결과적으로 평가한다면, 새로운 문예 사조는 그 진원지인 중국에서도 이렇다 할 사회 변화를 초래하지는 못했다. 그러므로 그들에 대한 정조와 지배층의 반응은 과잉 진압이었다고 할 수 있다.

그러나 정조 등이 무조건 헛짚었다고 말하기는 어렵다. 그 당시 한국 사회 일각에서는 개인의 주관적 감정을 바탕으로 새로운 문학적 상상력이 등장했다. 이는 곧 천주교 및 왕조 변혁을 촉구하는 『정감록』 사상과 결합되었다. 강이천을 비롯한 일부 지식인들은 이를 토대로 새로운 종교, 새로운 정치 이상, 새로운 사회 체제에 대한 관심을 키웠다. 나는 이를 조선의 신지식인들이 새로운 사회적 상상력을 통해 문화 투쟁을 펼친 것으로 해석한다. 국왕 정조로서는 이를 묵과하기 어려웠다.

누구보다 성리학 지식이 출중했고, 정치적 변화에도 민감한 정조는 그에 맞서 '문체반정'을 강화했다. 왕은 기질적인 면에서 극히 예민하고 날카로운 성격의 소유자였다. 심지어는 불안증 환자처럼 보일 때도 없지 않았다. 그는 당시 조선 사회에서 일어나던 '위험한' 정신적 맹아, 즉 새로운 사상의 씨앗만을 보고도 기겁할 지경이었다. 그런 위기감에서 '문체반정'이 비롯된 것이다.

'문체반정'이란 말은 글자 그대로 잘못된 문체writing style를 되돌려 바로잡는다는 뜻이다. 정권 차원에서 이를 정력적으로 추진한 경우는 세계 역사상 선례가 없다 해도 과언이 아닐 것이다. 그럼에도 정조의 문체반정에 대한 우리 학계의 평가는 긍정 일변도다. 당면한 정치사회적 난제를 풀기 위해 정조가 고도의 정치 술수를 폈다든가, 이것이 탕평책의 구체적인 실천 도구였다는 식이다.

그러나 그렇게 간단하게 평가할 수 있는 문제가 아니다. 문체반정은 극단적으로 수구적인 조치였다. 1970~1980년대 한국의 독재 정권은 자신들의 안위에 부정적 영향을 미칠 책자라고 판단되면 가차 없이 금서로 낙인찍었다. 심지어 미국서 들어오는 시사주간지인 《타임스》나 《뉴스위크》의 기사라도 정권의 감정을 건드리는 내용이 발견되면 시커멓게 지우도록 명령할 정도였다. 정조는 그보다도 더했다. 그는 중국에서 유입되는 신문물을 두려워한 나머지 서적 수입 자체를 완전히 금지했다. 이처럼 과민하고 소극적인 문화 정책이 한동안 조선 왕조의 기본 입장이었다. 정조야말로 쇄국 정치의 원조 노릇을 한 셈이다.

당시에는 천주교의 전파를 둘러싸고 격한 논쟁이 전개되었다. 원하든 원치 않든 우리는 서구 중심의 세계 질서 안으로 서서히 편입되고 있었다. 새로운 질서 속에서 자신의 긍정적인 역할을 발견하는 일이 시대적 사명이었다. 하지만 정조는 눈을 감고 외면하자는 식의 소극적인 정책을 펼쳤다. 서양은 고사하고 중국으로부터 들어오는 새로운 자극마저 대부분 외면했다. 이런 결정은 후세에도 나쁜 영향을 끼쳤다. 혹자는 정조가 노론 학자들의 북학北學에 상당한 관심을 가졌다며 이를 부정하려 들지만, 증거가 불충분하다. 왕이 본질적인 사회 변화를 수용하는 쪽이었다는 사실을 증명하기 어렵다.

낡은 질서를 유지하는 것은 결코 바람직한 일이 못되었다. 후대의 역사가 말해 주듯, 조선 왕조는 개혁을 미루다가 끝내 다시 일어서지 못했다. 조선 왕조의 멸망이 정조의 책임이라고 주장하려는 것이 아니다. 하지만 그의 문체반정이 기로에 서 있던 한국 사회에게 '뒤로 돌아가기'를 명령한 것은 틀림없는 사실이다. 여러모로 탁월했던 군주가 하필 왜 그런 결정을 내리게 되었을까. 이는 역사의 아이러니이고, 앞으로 시간을 두고 깊이 연구해야 할 중요한 주제다.

문예 부흥의 실상

정조 때를 흔히 조선 후기의 르네상스, 즉 문예 부흥기라고 말한다. 그렇게 볼 만한 이유는 충분하다. 그때는 사회 전반에 조선중화의식朝鮮中華意識이 고취되어 국가적 자긍심과 문화적 자의식이 대단했다. 예술 면에서도 진경산수眞景山水로 불리는 '국화풍國畵風'이 등

장했고, 서체에서도 독자적인 '국서풍國書風'이 인기를 끌었다. 『일성록
日省錄』과 『무예도보통지武藝圖譜通志』 등 여러 종류의 관찬 서적이 편
찬 간행되는 등 문화계의 움직임이 상당히 활발했다.

여러 부류의 학자들이 왕의 관심을 끌었다. 남인 실학파와 노론 북
학파 등에게는 많은 격려가 있었다. 중인中人들의 위항委巷 문학도 지
원을 받았다. 그들은 경아전京衙典 출신을 주축으로 '옥계시사玉溪詩
社'를 결성하고, 공동 시집 『풍요속선風謠續選』을 발간했다. 겉으로 정
조는 새로운 문예 부흥의 기운을 조성한 것처럼 보인다. 그러나 그 형
식과 내용을 자세히 살펴보면 실상은 다르다. 왕의 문예적 관심은 전
계층의 문인들이 '문체반정'의 일선에 나서도록 하는 것이었다.

문예와 더불어 정조는 다방면으로 개혁 조치를 단행했다. 오랫동
안 백성들을 괴롭혀 온 형정刑政도 상당 부분 개혁되었다. 『서류소통
절목庶類疏通節目』이 공포되어, 서자들에 대한 최소한의 정치적 배려
가 이루어졌다. 원성이 자자했던 노비추쇄법奴婢推刷法이 폐지되었고,
이른바 통공정책通共政策을 실시해 소상인들에게도 혜택이 돌아갔다.
정조의 문예 부흥은 사회 경제적인 측면에도 적용되어 크고 작은 여
러 가지 성과를 냈다.

또한 이미 망각된 역사적 인물들이 발굴되어 역사의 무대 위로 재
등장했다. 정조는 이순신을 비롯해 임진왜란과 병자호란 당시의 충
신, 효자, 열녀들을 추가로 포상했다. 사화와 당쟁의 와중에 잊어버
린 여러 선비들을 재발견하기도 했다. 이런 방식으로 정조는 성리학
중심의 구체제를 더욱 강화하고자 노력했다. 동시에 자신에 대한 지
지도를 끌어 올릴 의도도 가졌다. 요컨대 정조는 성리학 중심의 구질

서를 재확립함으로써 변화를 요구하는 흐름을 적절히 차단하고, 자신의 정치적인 동력을 키우려 한 것이다.

그러나 그 역시 시대의 흐름을 막아 내지는 못했다. 누구도 계절의 변화를 막지 못하는 것과 마찬가지다. 구시대의 낡은 이념과 가치는 본래대로 재현될 수 없었다. 정조가 정학을 내세우며 사학(천주교)을 물리치려 애쓰고, 소품과 패관잡기를 퇴치하려고 아무리 노력을 기울인다 해도 그 효과는 제한적이었다. 평민 지식인들의 '불온'한 바람이 담긴 『정감록』을 발본색원하기 위해 정조가 강구한 조치들도 길게 보면 그 역시 무위無爲에 그쳤다. 시대의 새로운 흐름은 미래를 향해 뻗어 갔다.

요컨대 정조는 자신의 시대적 한계를 멀리 뛰어 넘지 못했다. 당시 일본의 나가사키에는 해마다 수천 톤급의 서양 배들이 드나들었다. 중국은 그보다 오래 전부터 국제 교역에 종사했다. 명나라 말기부터 많은 서양 선교사들이 중국에 파견되어 여러 활동을 벌였다. 동아시아는 이미 동아시아만의 조전적인 질서를 고집할 수 없는 상황이었다. 정조는 그 점을 순순히 인정하지 않으려 했다.

마침 청나라는 전례 문제를 이유로 천주교와 충돌했다. 중국에서도 천주교도에 대한 박해 사건이 일어났다. 이는 점증하는 서양의 압박을 두려워한 청나라가 일으킨 일종의 선병질적 반응이었다. 조선 왕조도 그 영향을 받았다. 정조 때 시작된 천주교 박해는 후대로 내려갈수록 규모가 확대되었다. 한국의 천주교 박해는 특수한 정치 행위였다. 한편으로는 지배층들이 세계사의 흐름을 거부하고 기성의 가치로 되돌아갈 것을 스스로 다짐하는 계기로 삼았다고 볼 수 있다.

다른 한편으로 박해 사건은 서구 세력의 첨병 구실을 하는 천주교에 대한 한국 사회의 전면적인 투쟁이었다. 이는 서양과의 마찰을 직접 초래하는 것이나 다름없었다. 이렇듯 18세기 후반 서양은 이미 한국 사회에 깊숙이 들어와 있었다.

'화성' 신도시의 비밀

화성華城 성곽에도 서양의 흔적이 뚜렷하게 남아 있다. 오늘날 화성이 '유네스코 세계유산'으로 지정된 것은 건축 양식의 특이함 때문이다. 전래의 한국적 축성법에 더해 부분적으로나마 서구의 기술이 채용되었다는 사실을 모르는 사람은 없다. 요컨대 동서양의 문화 특징이 혼재한다는 이유로 화성은 세계인의 관심을 끌기에 충분하다.

하지만 화성을 자세히 들여다보면 우리가 지레짐작하듯 서구적 요소가 그렇게 많지는 않다. 매사에 외래적 요인을 최소한으로 제한하고자 했던 정조와 그 시대 지배층들의 의지가 이 건축물에도 잘 나타나 있다. 정조를 높이 평가하는 학자들은 화성에서 발견되는 약간의 서구적인 요소를 지나치게 강조하는 경향이 있다. 그들은 왕이 서구 문물에 대해 개방적이었다고 주장하기도 한다.

실제는 그 반대였다. 정조는 서양 선교사를 허용한다든지, 서양과의 무역을 용인할 준비가 전혀 되어 있지 않았다. 동시대 중국과 일본에서는 이미 일상적인 행위로 통하던 것들이 정조의 조선에서는 여전히 금기시되었다. 이 점을 반드시 기억해야 한다.

어떤 사람들은 정조의 화성 건설은 수도 이전을 위한 준비였다고도 주장한다. 역사적 사실과 상충되는 부분이다. 정조의 화성 신도시는 기껏해야 인구 10만도 제대로 수용하기 어려웠으며, 한양을 대체하는 새 수도의 구실을 담당하기에는 역부족이었다. 화성은 농업을 중심으로 한 신도시였다. 오늘날까지 그 주변에 남아 있는 저수지 또는 국영 농장 격인 둔전 등을 통해 짐작하는 부분이다. 정조는 화성이 수공업이나 상업 중심의 신도시로 성장하기를 꿈꾸지 않았다. 화성은 동시대 유럽 여러 나라와 중국 및 일본에서 발견되는 상공업 도시들과는 근본적으로 성격을 달리했다. 그곳은 약간의 시장 기능을 갖춘 목가적 전원 도시였다.

화성은 성리학자 정조가 아버지 사도세자를 기념하기 위해 마련한 것이다. 이곳은 정조의 효심을 드러내기 위한 하나의 상징이었다. 기왕에 행궁, 즉 임시 궁궐이 설치된 만큼 그 배후 시설로서 하나의 도시가 필요했던 것이다. 화성의 도시적 기능은 그 이상도 이하도 아니었다.

정조는 스스로에게 두 가지 중요한 정치적 과제를 설정했다. 우선 정치적인 맥락에서 성리학적 질서를 회복하는 것이 급선무였다. 이미 앞에서 설명한 대로 왕은 새로운 문물로 인해 혹시라도 급격한 사회 변화가 초래될까 전전긍긍했다. 그래서 정조는 '문체반정'의 군주가 되었던 것이다.

또 한 가지 과제는 '효'의 실천이었다. 정조는 효자 노릇을 함으로써 백성들 앞에 떳떳한 군주가 될 수 있다고 믿었다. 그런 점에서 억울하게 죽은 아버지 사도세자의 명예 회복이 필수적이었다. 왕은 사도세자의 능묘를 양주 배봉산에서 수원 화산으로 이장해 대대적으로 분묘를 단장하고 현륭원(융릉)으로 승격시켰다. 또한 그 아래 행궁을

지어 어머니 혜경궁 홍씨의 회갑연을 성대하게 베풀었으며, 이를 역사적 기록물로 작성했다. 사도세자에 대한 왕의 효성은 끝이 없었다. 그는 사후에도 현륭원 동쪽 언덕에 묻혀 평생에 못다 한 효성을 다하기를 바랐고, 후에 실제로 그렇게 되었다.

사도세자의 온전한 명예 회복은 왕의 정치적 계산과 맞물린 것이라 결코 쉬운 일이 아니었다. 선왕 영조와 직결된 문제였고, 관련 인사들을 숙청해 자신의 친정 기반을 공고히 다지는 난제였다. 정조는 이런 과제들을 온전히 풀지 못한 채 생을 마감했다. 이후에도 사도세자의 명예 회복을 위한 노력은 계속되어, 1899년(고종 36년)에 마침내 장조라는 이름으로 추존되기에 이른다. 정조로부터 시작된 사도세자 명예 회복 프로젝트는 100년도 넘게 시간을 끌었다. 그만큼 반대 세력의 저항이 완강했던 것이다.

기회를 위기로 만들다

거질의 『홍재전서』를 남길 정도로 정조는 대단한 성리학자였다. 1797년, 그는 자신을 스스로 '만천명월주인옹萬川明月主人翁'이라고 일컬었다. 그만큼 자의식과 비전이 강한 왕이었다. 백성이 곧 만천, 즉 허다한 실개천이라면, 명월은 '태극이요 군주인 나'라고 말했을 정도다. 정조는 백성 한 사람 한 사람에게 도덕적 영향을 미치고, 이로써 태평세월을 구가하겠다고 다짐했다. 이처럼 지고한 통치 목표를 가졌고, 실제로 여러 면에서 정조는 탁월한 능력을 발휘했다. 그에 대한 후세 역사가들의 평가가 우호적인 이유가 거기에 있다.

그러나 정조의 치적을 지나치게 과장할 필요는 없다. 왕은 처음부터 상당히 불리한 여건을 안고 출발했다. 도처에 많은 정적들이 포진해 있었고, 불우하게 생을 마친 아버지 사도세자 역시 하나의 걸림돌로 작용했다. 이런 성가신 문제들 때문에 정조는 앞장서 진보와 변화를 추구하기보다는 안정과 복구를 자신의 당면 과제로 삼았다. 표면상으로는 '군사'를 표방했지만 정조의 실제 모습은 책략가를 방불케 한다. 그의 높은 이상은 피비린내 나는 숙청과 어찰 정치, 불완전한 준론 탕평 정치의 현실에 밀려 본래의 의미가 반감되었다.

정조를 말하다 보면 온갖 풍상과 불리한 조건에서도 끝내 급진 개혁을 추구한 정도전의 모습이 떠오른다. 정도전은 여러 면에서 정조보다도 훨씬 불리한 조건이었다. 그럼에도 불구하고 자신이 본래 속했던 기층민의 입장을 견지했다. 농민들에게 토지를 똑같이 나누어 주어야 한다고 주장할 만큼 정도전은 급진적이었다. 너무나 급진적라서 태종에게 제거를 당한 것인지도 모른다. 그에 비하면 정조는 마음먹기에 따라서는 본질적인 개혁도 시도할 수 있는 여건이었다. 하지만 정조는 나의 바람과는 달리 보수적이고 소극적인 개혁에 안주했다.

혹자는 그래도 정조를 두둔할 것이다. 만천에 비치는 밝은 달이 되려고 했던 왕은 왕릉 참배를 구실로 자주 도성 밖으로 나와 백성들을 직접 만났으며, 이런 점이 강조된다. 100회 넘게 이어진 정조의 궁밖 행차는 일반 백성들이 민원을 해결하는 데 좋은 기회를 제공했다고 볼 수 있다. 이른바 상언上言 또는 격쟁擊錚을 통해 남녀노소 누구나 억울한 일을 왕에게 직접 호소할 수 있었다고 한다. 『일성록日省錄』과 실록에 수록된 상언 및 격쟁 건수가 5000건을 넘었으니 과소평가할 일은 아니었다.

그럼에도 불구하고, 길거리에서 정조가 만난 백성들은 극소수에 불과했다. 또한 그런 즉흥적인 문제 해결 방식은 장점보다는 폐단이 더 많았다. 이는 오히려 국가 기관의 정상적인 기능을 약화시키고, 왕의 인기 영합적인 태도만 키우는 것이다.

정조의 마지막 역시 상징적인 의미를 갖고 있다. 갓 열 살 된 둘째 아들 순조(재위 1800~1834)를 김조순金祖淳(1765~1832)에게 부탁하고 그는 세상을 떠났다. 김조순은 노론 시파로 정조가 직접 키운 인물이었다. 초계문신이자 규장각 출신이었다. 그런데 김조순이 권력을 쥐자 말썽 많은 '세도 정치'가 시작되었다. 어린 아들 순조를 보호하겠다고 시작한 일이 그만 잘못되어, 조선 왕조를 외척의 전횡이라는 풍파 속으로 밀어 넣은 결과가 되고 말았다. 세도 정치의 등장은 영정조 시대의 제도 개혁과 모종의 관계가 있다. 그때 이조전랑의 대천권代薦權이 폐지되고 삼사의 간쟁 기능이 약화된 결과, 견제와 균형을 주축으로 한 조선 왕조의 정치 체제는 상당히 약화되었다. 그럼으로써 권신權臣의 제어가 어렵게 되었다.

후대의 잘못이 모두 정조의 책임이라고 주장하려는 것은 아니다. 하지만 폐단의 상당 부분은 정조의 정치 사상과 관련이 있다. 지적으로 매우 탁월했고, 그런 만큼 정조에게 거는 역사의 기대는 클 수밖에 없다. 하지만 왕은 새 시대의 흐름에 발맞추어 '앞으로 나아가기'를 꺼렸다. '정학'이라는 성리학에 몰입함으로써 왕은 기회를 위기로 만들고 말았다.

'군사' 역할의 한계

요컨대 정조의 정치적 성과는 그 자신의 기대만큼 흡족하지 못했다. 당대의 특징을 다음의 다섯 가지로 요약해 보고자 한다.

첫째, 출발부터 불안했던 자신의 정치 기반을 강화하기 위해 정조는 '군사'라는 성리학적 개념을 강조했다. 하늘을 대신해 백성을 기르고 가르치는 철인 왕을 자처했다. 이는 그가 창출한 개념이 아니었다. 성리학 국가의 오랜 이상이었다. 과거에 조광조 역시 중종을 '군사'로 만들고자 했으나 결국 실패했으며, 정조 또한 성공했다고 보기 어렵다.

둘째, 재위 기간 내내 정조가 펼친 개혁 정치는 보수적인 성격의 것이었다. 왕은 천주교와 소품 등 새로 유입되던 외래 문화를 부정하고, 기성의 가치인 성리학을 수호했다. 그것이 다름 아닌 '문체반정'으로 표출되었는데, 일종의 '문화 투쟁'이었다.

셋째, 문체반정의 일환으로 정조는 고전 문화 예술을 부흥시키는 데 주력했다. 성과도 적지 않았지만 르네상스, 즉 인문 정신의 부활이라고 부르기에는 여러 가지 문제가 있었다. 가장 큰 문제는 왕이 새로운 사조와 과학기술의 수용에 소극적이고 적대적이었기 때문이다.

넷째, 이 시기에 이르러 한국 사회는 세계사적 흐름에 본격적으로 편입되기 시작했다. 역사학자들도 간과하기 쉬운 부분이고, 정조 또한 그런 역사적 책임을 뚜렷하게 인식하지 못했다.

끝으로, 정조의 정치력은 일반적으로 높은 평가를 받아왔다. 하지만 그의 탕평 정치와 최근 전모가 드러난 왕의 어찰 정치는 그다지 성공적이지 않았다. 왕의 개혁 정치는 조선 왕조의 안전판이었던 견제와 균형의 시스템에 균열을 만들었기 때문이다. 정조의 사후에 전개된 세도 정치의 씨앗이 정조 자신에게 있었던 셈이다.

이런 분석은 정조가 무능한 왕이었다거나 그의 시대가 암흑기였다는 뜻이 아니다. 정조는 나름대로 유능하고 탁월한 군주였다. 하지만 그의 고전적 통치 철학으로는 18세기 후반 한국 사회가 당면한 새로운 과제를 해결하기에 역부족이었다. 정조는 마음먹고 크게 변화했어야 할 때 소극적인 경장에 그치고 말았다. 정조의 타고난 능력과 피나는 노력을 감안하면 참으로 안타까운 일이다. 그는 '명군'으로 손꼽히는 세종대왕을 모범으로 삼아 재현을 꿈꾸었지만, 단순히 흉내 내는 것만으로 부족하였다. 우리도 살아가면서 '인생의 멘토'를 말할 때가 많다. 그러나 진정한 삶의 길은 자신 자신이 개척하는 것이다. 자신만의 안목으로 제 갈 길을 닦는 것이 때로 초라하고 지나치게 소박해 보일지 몰라도, 자유와 창의는 아마 그 곳에 있을 것이다.

흥선대원군
선택의 기로에서 단호히 행동하는 능력

흥선대원군興宣大院君(1820~1898)은 역사상 독특한 존재였다. 어린 나이에 즉위한 고종(재위 1863~1907)의 생부로서 그는 10년 동안 국정을 좌우했다. 역사상 실권을 쥔 유일한 대원군이었다. 그는 세도 정치를 종식시키고, 경복궁을 중수하는 등 많은 업적을 쌓았다. 그러나 후세는 그를 쇄국 정치의 장본인이라 비판하고, 19세기 말 근대화(개화)에 실패한 이유가 그의 정치에 있다고 혹평했다. 과연 그렇게 보아도 좋은 것일까.

왕보다 강했던 대원군

흥선대원군은 웬만한 왕들보다 더 강력했다. 한국의 역대 왕권은 약한 것으로 정평이 나 있다. 그런데 국왕도 아니고 섭정에 불과한 대원군이 무엇을 어떻게 했기에 강한 권력을 행사할 수 있었을까. 그의 정치력을 빼놓고는 달리 설명할 길이 없다.

흥선대원군은 조선 후기의 역대 왕들이 꿈만 꾸었을 뿐 전혀 실천에 옮기지 못한 굵직한 사업들을 거뜬히 해냈다. 그는 조선 왕조의 마지막 개혁자라는 평가를 받을 만했다. 그 업적과 특징을 다음의 네 가지로 정리해 보았다.

첫째, 단시일 내에 왕실의 권위를 세운 점이다. 대원군은 세도 정치를 끝장냈다. 정조의 정치적 유산이라고도 할 수 있는 외척의 '세도 정치'가 조선 사회를 멍들게 했다. 대원군은 특유의 정치력을 발휘해 이를 청산했다. 또한 1592년 여름, 임진왜란 와중에 잿더미로 변한 경복궁을 재건했다. 정궁 경복궁을 중건하려는 노력은 그동안 여러 차례 있었으나, 영조나 정조 같은 명군들도 성사시키지 못했다. 그러나 흥선대원군은 그 재건에 성공했다(1865~1868). 중간에 화재가 나는 바람에 곤경에 봉착했음에도 불구하고 그는 포기하지 않았다. 대원군의 강단과 통치력이 아니고는 불가능한 일이었다.

둘째, 대원군은 민생을 구제했다. 백성들의 원성이 자자했던 전국 각지의 서원을 그는 일거에 철폐했다. 서원은 본래의 설립 취지에서 벗어나 양반들의 소굴이 되었고, 당쟁의 온상이자 온갖 민폐의 근원이었다. 조선의 역대 왕들은 사액서원賜額書院을 남발해 양반의 특권만 늘려 놓았다. 그러나 대원군은 48개의 주요 서원만 남겨 놓고 2만 개도 넘던 전국의 서원 및 사우를 한 번에 쓸어버렸다. 또한 양반이라면 누구나 군역도 지지 않고, 관련 세금도 한 푼 내지 않는 관행을 철폐했다. 그는 '호포제戶布制'를 재정해 양반도 일반 평민과 마찬가지로 말하자면 방위세를 부담하게 했다. 평민들의 입장에서 보면 조세 형평성이 실현된 반가운 개혁이었다.

셋째, 그는 쇄국정책을 펴며 외세의 침략에 맞서 싸웠다. 천주교를 빌미로 서양 세력이 침투할 것을 염려해 천주교를 가혹하게 탄압한 것은 잘못이었다. 그런데 정조의 쇄국과 대원군의 쇄국에는 본질적인 차이가 있었다. 정조는 쇄국까지 할 필요는 없는 상황에서 굳이 나라의 문을 걸어 잠근 셈이다. 그에 비해 대원군은 외세의 위협이 눈앞의 현실로 나타난 상태에서 불가피한 선택을 했다.

대원군의 실정을 거론하는 사람들은 대부분 그가 반대했기 때문에 우리나라는 개화에 실패했고, 마침내 일제의 식민지로 전락했다고 주장한다. 과연 그럴까. 이 문제야말로 대원군의 정치력을 이해하는 데 필수적인 네 번째 사항이다.

대원군의 대권 프로젝트

대원군은 어떻게 해서 열두 살짜리 어린 아들을 조선의 제26대 국왕으로 등극시킬 수 있었을까. 또 국왕의 아버지로서 그처럼 엄청난 개혁을 추진할 수 있는 힘이 어디서 나왔는지 궁금하지 않을 수 없다.

대원군은 영조의 5대손이었다. 영조의 현손玄孫 가운데 남연군南延君 이구李球(1788~1836)가 있다. 그 넷째 아들이 이하응李昰應으로 곧 훗날의 대원군이다. 그의 둘째 아들이 이재황李載晃이며 어릴 적 이름은 명복命福이다. 이 아이가 장차 왕위에 오를 인물이다.

대원군은 어린 시절부터 불우했다. 세도 정치 시기 왕실의 곁가지로 태어났기 때문에 온갖 비웃음과 조롱 속에서 청년 시절을 보냈다. 까딱하면 역모 죄를 뒤집어쓰고 죽을지도 모를 일이었다. 총명한 이하응은 살아남기 위해 파락호 행세를 했다.

당시 한양에는 '천하장안'이라는 네 명의 악명 높은 건달패가 있었는데 천희연, 하정일, 장순규, 안필주로 이들은 왈패 중 왈패였다. 이하응은 그들과 한패거리가 되어 골목을 휩쓸고 다니며 마구 행패를 부리고, 주정을 부렸다. 생떼를 쓰고, 폭행을 하고, 노름을 하면서 세월을 보냈다. 알고 보면 이는 대원군의 생존 전략이요, 대권 프로젝트의 서막이었다.

종친이 똑똑하다는 소문만 나면 세도가들이 가만두지 않던 시절이었다. 때는 철종(재위 1849~1863)의 치세였다. 왕은 강화도에서 가난하게 성장했으나 세도가의 선택으로 하루아침에 국왕이 되었다. 그러나 손꼽을 만한 아무런 업적도 이루지 못하고 10여 년을 보위에 앉아 있었다. 그런 왕에게 행인지 불행인지 후사가 없었다. 대원군의 집권 플랜은 그런 사정에 연유했다.

성패의 관건은 세도가와의 막후 협상 능력이었다. 이하응은 이제 자신의 집안에서도 왕이 나올 차례가 되었음을 예감하고 사태를 예의 주시했다. 결국 후사를 결정하는 것은 세도 가문들일 것이었다. 그들이 만만하고 아무런 존재감도 없는 바보처럼 여길 때 도리어 자신의 가문에 큰 기회가 올 수 있다고 그렇게 판단했다. 그래서 이하응은 '파락호' 노릇을 계속했다.

장안의 세도가인 안동 김씨나 풍양 조씨 집안에 잔치라도 열리면 이하응은 깨진 갓에 찢어진 옷을 걸치고 찾아가 구걸을 했다. 세상 사람들은 이처럼 구차한 그를 궁궐에서 온 거지라는 뜻으로 '궁도령'이라고 불렀다. 못된 잡인처럼 굴며 장안을 구석구석 누비고 다닐 때 그는 이미 백성들의 살림살이며 민폐를 낱낱이 파악했다. 이하응의 머릿속에는 대권 프로젝트뿐만 아니라 집권 후 백성을 위해 무슨 일부터 착수해야 할지가 빠짐없이 입력되었다.

가장 큰 폐해는 세도 정치였다. 이것부터 없애야 했다. 또 백성들을 괴롭히는 것이 군정, 즉 군포에 관한 문제요, 환정 또는 환곡에 관한 것임도 정확히 파악했다. 아울러 세금 문제, 인재를 등용할 때 당파에 구애받아 생기는 폐단들, 그리고 서원의 부작용 등이 시급한 국정 과제로 떠올랐다. 그는 집권 후 이런 문제들을 빠른 속도로 빠짐없이 모두 처리했다.

1863년 철종의 건강이 악화되자 대원군은 궁궐에 손을 뻗쳤다. 수완이 좋은 그는 대권의 향방을 결정할 최고 권력자에게 연줄을 댔다. 상대는 익종비翼宗妃 조대비趙大妃(1808~1890)였다. 그녀의 친정은 풍양 조씨로서 안동 김씨와 대립하며 권력을 농단했다. 마침 조대비의 조카 가운데 승후군承侯君 조성하趙成夏(1845~1881)가 있었다. 그를 통해 이하응은 조대비와 밀약을 체결했다. 드디어 철종이 죽자 약속대로 이하응의 둘째 아들 재황이 즉위했다. 1863년 12월의 일이었다.

'궁도령' 이하응은 마침내 대원군이 되었다. 그는 또 조대비를 설득해 자신이 섭정을 맡았다. 물론 그 대가로 조대비의 친정에 정치적인 특혜를 제공했다. 그럼으로써 사상 초유의 사태가 벌어졌다. 어린 국왕의 아버지가 조선 왕조를 호령하게 된 것이다. 그런데도 세도가들은 크게 긴장하지 않았다. 저깟 파락호 따위가 정치를 알 턱이 없으니 머지않아 실력은 자신들 수중으로 돌아올 것이라고 확신했다. 헛된 기대였다. 알고 보니 대원군은 궁도령도 파락호도 아니었다. 흥선 대원군은 그들로서는 꿈에서조차 상상하지 못한 강력한 카리스마의 소유자였다.

조직 관리의 천재, 거침없이 개혁하다

대원군은 조직과 관리의 천재였다. 이제 서술하려는 부분은 내가 여러 곳에서 직접 조사한 결과다. 대원군은 집권하기 무섭게 경상도, 충청도, 전라도에 사는 큰 부자들과 금세 사적인 관계를 체결했다. 부자들은 대원군을 재정적으로 후원해 주고 벼슬을 얻었다. 특히 부자들 가운데서도 가문의 정치적 배경이 취약한 사람들을 대원군은 더욱 선호했다. 그들이야말로 돈과 권력을 주고받는 윈-윈 게임을 벌였다.

각지의 부자 양반들과 결탁하는 데 성공한 대원군은 마음먹은 굵직한 개혁들을 착착 진행해 나갔다. 경복궁의 중수 사업도 그 가운데 포함되었다. 막대한 건축 자금의 상당 부분은 기부금의 형태로 들어 왔다. 원납전이었다. 그때 전국에 산재한 수십 명의 부자들은 각기 1만 냥 또는 그 이상의 기부금을 냈다. 1만 냥이라면 논 20만 평에 해당하는 거금이었다.

중간에 화재 사건을 겪으면서 중수 비용이 과다 지출되었고, 그래서 '원납願納'이 '원납怨納'으로 변질되었다. 하지만 사업의 초기 단계에서는 부작용이 거의 없었다. 일반 백성들은 부역의 과중을 탓했겠지만 공사는 비교적 단기간 내에 완결되었다. 정국이 재건되자 왕실의 위엄은 크게 높아졌다.

궁궐 중수 과정에서 화폐 정책상의 오류가 문제되기도 했다. 이른바 '당오전'이니 '당백전'이니 하는 것이었다. 동일한 화폐를 가지고 다섯 배 또는 100배씩이나 통화 증발을 꾀했던 것이다. 이처럼 무책임한 화폐 징책으로 말미암아 대원군은 나중에 곤욕을 치렀다. 그의 권력 기반도 상당 부분 잠식되었다.

그런 실수도 있었지만 대체로 그의 업적은 탁월했다. 그의 결단에 힘입어 조정의 기능도 정상화되었다. 명종 때 이후 조정은 비변사라는 일종의 국가안전보장위원회를 중심으로 운영되었다. 비변사가 의정부를 대신했던 것이다. 대원군은 그런 비변사를 없애고 의정부의 본래 기능을 회복했다. 또한 삼군부를 설치해 군사에 관한 사무만 전문적으로 논의하게 했다. 외세의 침략에 대비해 무력을 증강하고, 잇따른 혁신 정치로 조정의 분위기를 일신했다.

군사권의 장악이 끝나자 그는 세도가 안동 김씨들을 숙청했다. 풍양 조씨도 권력의 핵심에서 차츰 배제했다. 지방 양반들의 본거지인 서원까지도 대대적으로 정리했다. 그밖에도 백성들의 입장에서 많은 폐단을 신속하게 처리했다. 다른 폐단들도 개혁했다. 예컨대 그동안 왕실 소속의 왕자와 공주 및 옹주들은 아무런 토지도 소유하지 않았으면서도 세금만 뜯어가는 악습을 자행했다. 이른바 '무토궁방세'였다. 대원군은 이를 철폐하는 한편, 양반과 토호들이 숨겨 둔 면세전도 철저히 조사해 세금을 물렸다. 탐관오리들도 숙청하고 왕실 내부의 부조리도 일소했다.

백성들의 불만이 컸던 무명잡세도 모조리 찾아 없앴다. 또한 현지에서 생산되지도 않는 물건을 철마다 바치도록 규정한 진상 제도도 폐지했다. 또한 각지에 매장된 은을 찾아 광산 개발을 하게 했다. 이런 식으로 불과 10년 동안 수십 가지 개혁을 단행했다. 이렇게 할 수 있었던 통치자는 수백 년 역사 속에 오직 대원군뿐이다. 그가 국왕이 되지 못한 것도 유감이요, 19세기 말에야 권좌에 오른 것도 안타까운 일이다.

법을 개정하는 데도 대원군은 관심이 많았다. 옛 법은 더 이상 통용되지 않고, 이미 개정된 법에 따라 시행 세칙들이 제대로 마련되지 못한 것도 문제였다. 원활한 통치를 위해 대원군은 법령집을 대거 정비했다. 『대전회통』 『육전조례』 『양전편고』 등이 편찬되어 국정 운영은 더욱 활기를 띠었다.

대원군이 나라를 맡은 지 불과 수년 만에 나라 살림은 완전히 달라졌다. 비었던 국고가 다시 채워졌다. 바로 효율적인 통치의 효과였다. 임진왜란과 병자호란 등의 전쟁을 겪은 뒤 회복될 기미를 보이지 않던 나라 살림이 되살아 난 것이다.

무리한 점도 전혀 없지는 않았으나, 대원군은 임진왜란 이후 여러 왕들이 미처 실행에 옮기지 못한 많은 개혁들을 짧은 기간 동안에 모두 완수했다. 참으로 보기 드문 정치력이 아닐 수 없다.

대원군은 왜 천주교를 박해했을까

그에게도 처리하기 곤혹스런 문제는 있었다. 천주교도를 어떻게 처리하느냐 하는 점이었다. 그가 권력을 쥔 1864년경 청나라는 이미 내우외란에 극도로 시달렸다. 아편전쟁(1840~1842, 1856~1860)의 결과, 홍콩을 영국에게 할양 당했다. 1860년 제2차 아편전쟁 때는 영불연합군이 북경까지도 함락시켰다. 청의 권위는 땅에 떨어졌다. 엎친 데 덮친 격으로, 태평천국의 난(1851~1864)까지 일어 청은 혼란의 도가니에 빠졌다. 한편 일본에서는 1854년 미국함대에 패전한 뒤로 메이지 유신이 착수되어 하루가 다르게 변화했다. 동아시아의 국제 정세는 한 치 앞을 내다보기 어려웠다.

대원군은 불안하기 짝이 없었다. 북쪽에서는 러시아가 지속적으로 남하 정책을 펴고 있었기 때문에 근심이 더욱 컸다. 나라 안에는 이미 천주교가 성행했다. 그들 천주교도는 프랑스를 배경으로 삼았다. 프랑스로 말하면 중국도 벌벌 떠는 강대국이었다. 대원군은 프랑스를 이용해 러시아의 남하를 저지할 방법을 꾀했다. 그래서 천주교 쪽 인사들과 접촉을 시도했다.

하지만 문제는 양반들이었다. 대원군이 천주교와 가까워진 사실을 눈치 챈 그들이 가만있지 않을 추세였다. 만약 프랑스가 국내에서 러시아와 모종의 외교 분쟁이나 군사적 충돌을 일으킬 경우, 양반들이 대원군에게 책임을 추궁할 가능성이 커졌다. 그러자 대원군은 국내의 정치 환경을 의식해 천주교와의 관계를 절연하고 박해 정책을 펴기 시작했다.

대원군 역시 신유박해(1801) 때와 동일한 논리를 폈다. "천주교를 없애야겠다. 그들은 외세의 앞잡이다. 여차하면 프랑스든 또는 다른 어떤 나라든 서양 세력을 끌어들일 가능성이 많은 위험한 집단이다." 그런 점에서 대원군의 천주교 박해는 겉으로만 종교 탄압이었지, 실제로는 정치 탄압이나 다름없었다. 1866년부터 1872년까지 6년 사이에 대원군은 무려 8000여 명의 천주교도를 학살했다. 그 결과 한국은 오늘날 세계에서 가장 순교자가 많은 나라가 되었다. 더욱이 자발적으로 순교한 신자들이 많기 때문에 가톨릭 성인을 가장 많이 보유한 나라 중 하나다.

대원군과 조선의 지배층들은 정조 때부터 서서히 가시화되기 시작한 서구의 침략 위협이 이제 엄연한 현실이 되었음을 실감했다. 그들의 문제는 사태를 해결할 뾰족한 방법을 찾지 못했다는 점이다. 일본처럼 서구화를 추진할 수도 없고, 그렇다고 중국처럼 서양 세력으로부터 곤욕만 당하는 것도 못마땅한 일이었다. 만약 '개화'를 선택하더라도 누구도 결과를 낙관할 수 없는 상황이었다.

무조건 서양 세력에게 나라를 개방하는 것이 능사는 아니었다. 우리나라보다 훨씬 먼저 개방했지만 근대화에 실패한 나라는 부지기수다. 인도네시아, 말레이시아, 인도, 아프리카의 여러 나라들과 남아메리카 대륙은 일찌감치 개방을 강요당했지만 모두 저들의 식민지가 되었다. 하지만 지금까지도 우리는 단순무지한 주장만을 되풀이 한다. 대원군이 당시 쇄국 정책을 펴지 않았더라면 우리도 일본처럼 근대화에 성공했을 것이라고 한다. 사실무근한 억측이다.

설사 그때 개방 정책을 폈더라도 근대화에 성공할 가능성은 거의 없었다. 19세기 말 조선 사회의 역량으로는 무리한 일이었다. 조선보다 여건이 훨씬 나았던 청도 근대화에 성공하지 못했다. 전 지구상에서 서양 따라잡기에 성공한 것은 일본 한 나라뿐이다.

대원군은 나라의 문을 꼭 닫기로 했다. 내수외양內修外攘을 그는 정답으로 여겼다. 안으로 국내 정치에 힘써 지치至治를 이루고, 밖으로는 외적을 물리쳐 평화를 유지한다는 전략이었다. 과연 얼마 되지 않아 천주교를 박해했다는 이유로 프랑스가 함대를 보내 쳐들어왔다. 적잖은 희생을 치렀지만 대원군은 그들을 격퇴시켰다(1866년 병인양요). 프랑스에는 상당히 충격적인 소식이었을 것이다. 우습게 생각했던 조선이 뜻대로 되지 않았으니 말이다.

미국에서도 통상을 요구하는 배가 왔다. 제너럴셔먼호가 대동강으로 들어왔다. 그러자 사람들이 그 배를 불태워버렸다(1866년). 수년 후 미국에서도 함대를 보냈다. 대원군은 총력을 기울여 미국 함대까지도 격퇴시켰다(1871년 신미양요). 대원군 시기 한국인들은 두 차례나 서양의 함대를 물리치는 기록을 세웠다. 그때 프랑스와 미국은 대규모 함대를 파견한 것이 아니었다. 그러므로 자기네 뜻대로 되지 않았다고 해서 그들이 타격을 받을 이유는 없었다. 하지만 완강하게 저항했던 한국 사람들은 과장된 자신감을 가지게 되었다.

군사와 교역 등 자국의 이익을 추구하는 데 있어서 상대국이 그다지 중요하지 않다는 판단이 들 때면, 열강은 적극적인 침략 행위를 자제했다. 이럴 경우라면 약자도 독립국의 체모를 지킬 수 있었다. 대원군식의 저항이 그때 통했던 이유가 바로 그 점에 있다. 미국과 프랑스는 무리를 해가며 한국을 정복할 의사가 없었다.

1873년 11월, 진즉 성인이 된 고종은 대원군을 권좌에서 축출했다. 마침 최익현崔益鉉(1833~1907)이 대원군을 탄핵하는 상소를 올리자 이를 계기로 단행된 일이었다. 고종은 이미 최익현 등과 정치적인 교감을 나누었는지도 모를 일이다. 그리해 창덕궁에 설치된 대원군의 전용 출입문을 막게 했다. 그에 관해 고종은 아무런 사전 양해조차 구하지 않았다. 이로써 대원군은 궐내로 들어갈 수 있는 통로, 즉 권력의 끈을 잃고 말았다. 법률적으로 권리가 보장되지 않은 그의 자리는 언제든지 끝장날 위험이 존재했다.

조정의 실권을 쥔 고종은 세상을 바라보는 관점부터가 대원군과 달랐다. 젊은 왕은 개화를 서둘러야겠다고 결심했다. 지금까지 남아 있는 사진이나 몇 가지 에피소드로도 충분히 짐작할 수 있는 것처럼, 고종에게는 조상 전래의 곤룡포보다 서양식 군복이 더 잘 어울렸다. 왕은 전기불도 좋아하고 캐딜락도 사랑했다. 그는 또 커피를 즐겨 마셨다. 아버지 대원군과는 세계관에 현격한 차이가 있었다. 이런 차이로 인해 부자는 서로를 골치 아파했다.

고종은 개화를 원했다. 그러나 그의 개화 정책은 속도를 내지 못했다. 왕에게는 아직 경륜이 부족했다. 더구나 그는 지배층 내부의 의견을 충분히 수용하지 않은 상태에서 개화 추진을 결정하다 보니 사방에서 반대 여론이 빗발쳤다.

개화 시책을 펴는 데 사용할 자금도 많이 부족했다. 조선은 전통적인 농업 사회라, 산업화에 투입할 거금이 각출될 곳이 전혀 없었다. 외국에서 차관을 빌려와야만 가능한 일이었다. 그러나 우리에게 돈을 빌려 줄 나라는 어디에도 없었다.

개화 운동을 추진할 전문 관료 집단도 형성되지 못한 상태였다. 필요한 인력이 국내에 전무한 형편이었으므로, 외국에서라도 데려와야 했다. 그러나 외국인들을 신뢰하기는 어려운 일이었고, 그들에게 지급할 봉급도 조달할 방법이 궁했다. 이렇듯 여러 가지 문제가 미해결인 상태라서 고종이 바라는 근대화는 한낱 그림의 떡이었다.

아들 고종의 생각이 자신과 판이하다는 사실은 대원군을 불안하게 만들었다. 섣부른 개화 논의로 공연히 국론만 분열되고, 손에 잡히는 성과도 전혀 내지 못한 채 우리나라가 강대국의 농락거리로 전락하지 않을까 그는 전전긍긍했다. 고심 끝에 대원군은 고종에게서 왕위를 박탈해, 다른 아들에게 넘겨주는 편이 옳겠다고 결심했다.

고종과 대원군 부자간의 알력은 대원군과 민비의 갈등으로 위장되었다. 성리학 국가인 조선에서 신하인 대원군이 고종 임금과 노골적으로 갈등하는 것은 용납될 수 없었다. 마찬가지로 아들 고종이 아버지 대원군과 사사건건 의견 충돌을 보이는 것도 안 될 일이었다. 명성왕후明成王后 민비(1851~1895)가 신하이자 시아버지인 대원군과 권력을 다투는 것은 그런 대로 봐줄 수 있는 일이라고 생각했다. 고종과 민비는 정치적으로 이해를 함께 하는 동반자였다. 고종은 아버지 대원군이 자신을 지나치게 압박했기 때문에, 대응할 친위 세력이 절실히 필요했다. 민비를 통해 민씨 일가를 재조직한 것은 그 때문이었다.

끝없이 재기를 도모하다

대원군은 특유의 끈기로 재기를 꾀했다. 그는 다양한 여러 부류의 국내외 인사들을 이용했다. 역사의 물결이 바뀔 때마다 그 흐름을 타고자 했지만 결과적으로 늘 실패했다. 대원군과 고종의 대립은 왕실의 비극이자 국가의 운명에도 큰 해를 끼쳤다.

재기를 위한 대원군의 몸부림은 1881년에도 성과를 낼 뻔했다. 그 당시는 개화파 인사들이 도입한 『조선책략』 때문에 여론이 비등했다. 책의 내용은 청, 미국 및 일본과 연합해 러시아의 침략을 막자는 것이었다. 개화와 관련이 있었던 것이다. 각지의 성리학자들이 이 책의 유포를 대대적으로 반대했다. 대원군은 그 기세를 이용해 자신의 서장자인 이재선李載先(?~1881)을 왕위에 옹립하려 했으나 실패했다.

그 이듬해 임오군란이 일어났다(1882). 고종의 총애를 받던 신식 군대와 갈등을 빚던 구 군졸들이 쿠데타를 일으킨 것이다. 대원군은 반란군들의 요청에 따라 사태 수습의 명목으로 궁궐에 들어갔다. 그는 궁궐을 빠져 나간 민비의 사망을 일방적으로 공포하고, 일시 재집권에 성공했다. 그러나 민비는 그가 실각한 다음 생환했다.

이 사건이 문제 되어 대원군은 청나라로 붙들려 갔다. 그는 3년 동안 바오딩保定에 연금되어 있다가 1885년 2월에 풀려났다. 청나라는 자국의 정치적 목적을 위해서 대원군을 이용할 생각이었다. 그 이듬해 대원군은 위안스카이와 연대해 고종이 러시아와 가까워지는 것을 방해했다. 1894년 갑오동학농민운동이 일어났을 때도 대원군은 농민군과 기맥을 통했다. 1895년 일본은 궁궐로 쳐들어가 민비를 시해했다. 그때도 대원군은 일본인들과 함께 궐내로 들어갔다. 그 후 고종이 러시아 공사관으로 도피해 친러파 정부가 들어서자, 대원군은 완전히 정계에서 은퇴했다.

대원군을 어떻게 평가할 것인가

그의 강한 집념과 효율적인 국가 경영은 섭정으로 집권한 10년 동안 많은 사람들을 놀라게 했다. 하지만 그 이후에는 재집권을 위해 일관성 없는 권력 투쟁만 벌인 느낌이 든다. 특히 1895년 민비 시해 사건에 그가 관련되었다는 점은 납득하기 어렵다.

다시 강조하고 싶은 것은 대원군의 강단이요, 내정 개혁에서 보인 민생 위주의 판단이었다. 불우한 여건에도 굴하지 않고 그는 집권에 성공했고, 교묘한 방법을 사용해 실권을 장악했다. 그리고는 과거 수백 년 동안 불가능한 일로 치부되던 여러 가지 개혁을 차례로 해치웠다. 서원을 철폐하고, 호포제를 실시했으며, 경복궁을 중건했다. 또

비변사를 철폐하고 세도 정치도 종지부를 찍게 했다. 이 모든 개혁은 하나하나가 당대인의 상상을 벗어난 큰일이었다. 이런 대원군의 내치는 백성들로부터 크게 환영을 받았다.

그는 밀려들어 오는 외세의 침략도 강단 있게 막아 냈다. 이는 서구 열강이 깜짝 놀랄 만한 조선의 결기였다. 여기까지는 크게 나무랄 데가 없었다.

그런데 대원군이 처한 상황은 하나의 역사적 딜레마였다. '서세동점西勢東漸'이라는 세계사적 조류에 순응하기에는 나라의 기반이 너무나 취약했다. 물결을 거스르기에도 국력이 태부족이었다. 결국 대원군은 쇄국 정치를 고집함으로써 독립을 추구했다. 후세 역사가들은 이런 그의 결단을 두고 근대화를 실패로 이끌었다며 사정없이 책임을 추궁했다.

오늘의 관점에서 보면 대원군의 쇄국 정책에는 일리가 있다. 우리는 '신자유주의'로 말미암아 동서양의 여러 나라들이 무너지는 것을 목격했다. 한국도 두어 차례나 외환위기에 시달렸다. 이 또한 신자유주의의 폐단이다. 아직도 진행형인 한미자유무역협정FTA을 둘러싼 찬반 논쟁도 요점은 신자유주의를 어떻게 받아들이는가 하는 문제로 요약된다. 누구는 그것을 굴복이라 생각하고, 누구는 또 거기에 기회가 있다고 주장한다. 구한말 역사의 기로에 선 한국인들이 쇄국이냐 개화냐 하는 문제로 논란을 벌인 것과 별반 다를 게 없는 상황이다.

역사를 결과 중심으로 함부로 재단하는 것은 옳지 않다. 만약 당신이 대원군이었다면 어떻게 했을까. 우리는 관습적으로 근대화 또는 산업화라면 무조건 지지하는 경향이 있다. 그런 우리의 태도에도 큰 맹점이 있다. 산업화는 여러 가지 장점에도 불구하고 근본적인 문제를 안고 있다. 지구를 망가뜨린다. 지구 온난화만 해도 생태계의 질서를 교란시키고 있지 않은가. 여기서 일일이 거론할 겨를은 없지만 산업화로 인해 사회 경제적으로도 얼마나 많은 문제점이 속출하는지 알 사람은 다 안다. 명백한 사실은 산업화만으로는 인간이 행복해질 리 만무하다는 것이다.

무조건 개화는 옳고 쇄국은 나쁘다는 식의 이분법적 판단은 지양해야 한다. 역사의 흐름에 몸을 내맡기기보다는 그 방향과 의미를 우선 심사숙고하는 편이 옳다. 아직 확고한 답이 나오지 않았다면 변화의 무조건적 흐름에 저항하는 가운데 우리가 살 수 있는 최소한의 공간이라도 확보하려는 노력이 필요하다. 그런 점에서 대원군의 쇄국 정책은 급박했던 당시 상황을 고려할 때 부정적으로만 판단할 일이 아니다. 지금의 우리로서도 과연 어떻게 얼마나 개방해야 할지 속도를 조절하기가 어려운 형편이다. 중요한 사실은 언제나 외부 세력에게 함부로 휘둘려서는 곤란하다는 것이다.

7장

마흔,
빛나는 미래를 꿈꾸다

박정희 – 인생의 길을 잃지 말기를
노무현 – 가슴으로 시대의 목소리를 듣다

광복 이후 한국 현대사는 산업화와 민주화의 역사였다. 일제의 음울한 그늘 속에서 뛰어나온 변신의 귀재 박정희, '5공 청문회 스타' 노무현 등이 주목받을 만하다. 그들은 우리 시대의 빛과 그림자였다.

박정희
인생의 길을 잃지 말기를

박정희朴正熙(1917~1979)의 일생은 권력을 향한 끝없는 질주였다. 그의 변화무쌍함은 복잡다단했던 20세기 한국의 자화상이기도 하다. 일제 시기 그는 초등학교 교사로 직업 세계에 뛰어들었지만 곧 일본군 장교로 옷을 갈아입었다. 일제가 패망하자 그는 천연덕스럽게도 광복군의 일원이 되어 돌아왔다. 그는 곧 대한민국 국군 장교로 변신했다. 세상이 좌익으로 기울자 이번에는 그쪽을 기웃거리다가 하마터면 패가망신할 뻔하기도 했다. 요행히 살아남은 그는 반공 전선에 합류해 금세 장군까지 올랐지만 그에게 만족이란 없었다. 전후의 혼란을 틈타 쿠데타를 일으키고 대통령이 되었다. 그것도 두세 번으로 그치지 않았다. 헌법까지 바꿔가며 권력의 철옹성을 쌓고 스스로 영구 집권을 보장했다. 그의 일생은 평범한 사람으로서는 일생에 단 한 번도 성사되기 어려운 곡예들로 점철되었다.

곡예사 박정희의 승부처는 5.16 쿠데타였다(1961). 이 사건은 한국 현대사의 일대 비극이었고, 그에 관한 논란은 아직도 끝나지 않고 있다. 그러나 분명한 사실은 5.16이 있었기에 역사적 박정희가 존재한다는 점이다.

그의 집권 기간은 조국 근대화, 즉 산업화의 시기였고, 그는 그 '기수'를 자처했다. 그 자신도 그랬지만 그의 지지자들 역시 산업화에 미친 그의 막대한 공로를 내세워 군사 독재 정치의 그림자를 덮고자 한다. 그러나 이 문제 역시 그들의 뜻대로 쉽게 해결되지 못하고 있다. 왜냐하면 박정희식 산업화는 한국 현대사에 깊은 시름을 더했기 때문에 논란이 그치지 않는 것이다.

그는 확실히 문제적 인물이었다. 말년에는 '한국적 민주주의'라는 궤변을 앞세워 '유신 체제'라는 악독한 독재 체제를 만들었다. 하지만 불과 수년 만에 심복이 쏜 총탄에 맞아 쓰러졌다. 변신과 곡예의 귀재도 운명의 쓴잔을 피하지는 못했다.

그럼에도 불구하고 이 곡예사에게 추락은 없는 것 같다. 최근의 여론조사 결과를 보더라도 그는 여전히 최고의 인기를 누리고 있다. 특정 지역과 특정 세대에 국한되지 않는 그 인기의 비결이 무엇인지 궁금하지 않을 수 없다.

곡예의 시작

그는 가난한 농부의 아들이었다. 1917년 경상북도 선산군(현재 구미시)의 농촌 가정에서 5남 2녀 중 막둥이로 태어났다. 노산이라 그의 어머니는 아이를 지우려고 여러 가지 방법을 썼다고 한다. 그래도 그는 살아남았다.

당시 시골의 수재들이 그랬던 것처럼 그도 사범학교에 진학했다.

대구사범학교 시절 박정희의 성적은 평범했다. 사범학교를 마친 시골 청년은 경상북도 문경에 있는 어느 소학교에서 3년 동안 교편을 잡았다. 그러나 만족스럽지 않았다.

박정희는 '대일본제국'의 장교가 되기를 꿈꾸었다. 첫 시험에 낙방한 그는 천황에게 충성을 맹세하는 혈서를 썼다고도 한다. 마침 1930년대부터 일본은 줄곧 중국 진출의 야욕을 키우고 있었다. 일본인만으로는 병영을 채울 수 없었기 때문에 그들은 한국인에게도 출세의 기회를 제공했다. 1940년 박정희가 만주 신경군관학교新京軍官學校에 입학하게 된 배경이다. 그는 이 학교의 제2기생이었다.

군인 생활은 그의 적성에 맞았다. 최우등으로 군관학교를 졸업한 그는 일본 육군사관학교에 편입하는 특전을 누렸다. 1944년 그는 '관동군' 소속의 장교가 되었다. 만주와 화북 지방에서 중국군을 상대로 한 전투에 배치되었다. 그는 정보 장교로서 중국 공산당을 상대했다. 당시 상당수의 독립투사들이 중국 공산당과 협력해 항일 투쟁을 벌였다는 점을 감안할 때, 그의 적은 독립군이기도 했다. 박정희는 '친일반민족행위자'의 오명을 벗을 수 없다.

그럼에도 많은 사람들이 박정희의 과거를 크게 문제 삼지 않는다. 태어날 때부터 그는 식민지의 백성이었다. 그와 그의 세대는 일제의 교육을 받고 '황국신민'으로 자라났다. 1930년대 말 청년이 된 그들이 선택할 수 있는 직업의 폭은 협소했다.

공부를 잘했다면 사범학교를 나와 교사가 되든가, 총독부의 하급 관리 또는 군인이 되는 것이 최상이었다. 그 이상은 바라기도 어려웠다. 당시 민간 분야에는 농업을 제외하면 종사할 만한 직장이 거의 없었다. 그 시대를 아는 사람들이라면 누구나 인정하는 식민지 한국의 한계였다. 동시대인의 눈에 비친 박정희는 어쨌거나 잘나가는 청년이었다.

일제의 괴뢰 국가 만주에서 배우다

1930~1940년대 일본은 전 세계에서 10위권 안에 드는 제국주의 국가였다. 그런 일본이 한국과 대만 두 개의 식민지에 만족할 리 없었다. 그들에게는 보다 큰 시장과 원료 공급지가 필요했다. 만주를 비롯한 중국 대륙이 일본의 다음 목표였다.

만주는 일제의 실험 무대였다. 저들은 자신들의 본국이나 식민지에서 감히 할 수 없는 여러 가지 실험들을 만주에서 시도했다. 경제, 정치, 군사 및 외교적인 실험은 물론이고, 심지어는 생체 실험까지도 감행했다. 청년 박정희에게 만주 체험이 중요한 이유가 거기 있다.

나중에 그가 조국 근대화 사업을 벌이게 되었을 때, 그의 사고와 행동을 지배한 것은 만주에서의 체험이었다. 국가 주도의 경제 개발과 철권통치가 그 골자였다. 역사가인 나로서는 그를 '대일본제국', 특히 그 괴뢰 국가 '만주국'의 상속자로 평가하지 않을 수 없다. 그가 제아무리 '국적 있는 교육'을 강조했다 하더라도 박정희의 사고를 실질적으로 지배한 것은 한국의 역사적 전통이 아니었다. 그는 만주에서 뼈가 굵은 일제의 청년 장교였다.

해방 직후 한국 사람들의 대부분은 사회주의 국가가 들어서기를 바랐다. 미국 군대의 정보 담당자들이 조사한 결과가 그러했다. 당시에는 좌익 운동에 가담하는 것이 특별히 이상한 일도 아니었다. 오늘날 우리로서는 믿기 어려운 일이지만 당시 사회 풍조는 그랬다.

이런 사회 풍조는 서서히 바뀌어 갔다. 좌우익이 인명 살상을 초래한 여러 가지 사건을 겪고, 게다가 한국전쟁으로 수백만 명이 죽고 다치고 행방불명이 된 다음에야 완전히 달라졌다. 전쟁이 끝날 무렵 남한의 좌익은 벼랑 끝으로 몰렸고, 세상을 지배하는 흐름은 반공이 되었다. 그때 그 시절 박정희는 바로 그런 세상 흐름의 한복판에서 곡예를 계속했다.

1946년 귀국한 그는 육군사관학교(제2기)를 거쳐 곧 육군 대위가 되었다. 미소 간의 냉전으로 인해 남북한의 대립은 날로 첨예해졌기 때문에 박정희의 일본군 장교 경력은 누구도 문제 삼지 않았다. 그러기는커녕 일제의 엘리트 장교였다는 점을 감안해 그의 진급은 속도를 냈다.

한국전쟁으로 재기의 기회를 얻다

전쟁이 일어나기 한 해 전인 1949년, 그는 육군 본부 정보국에서 근무했다. 그런데 여순 사건과 관련한 사실이 드러나 군법 회의에서 무기징역을 언도받았다. 운이 좋았는지 구명 운동이 일어나 실형만은 면제받았다. 그는 왜 공산주의자로 처신했던 것일까. 여기서 그의 형 박상희와의 관계를 언급하지 않을 수 없다. 형은 소년 박정희의 롤모델이었다. 그런 박상희가 해방 후 경상북도에서 손꼽히는 좌익 지도자가 되었다. 그 영향으로 박정희 역시 좌익 장교로 활동했던 것이다.

구사일생으로 위기를 넘긴 박정희는 한국전쟁이 일어나자 재기의 기회를 얻었다. 1953년 그는 장군으로 진급했다. 여러 보직을 거친 끝에 1961년에는 제2군 부사령관이 되었다. 그때 그는 군사 쿠데타를 주도했다.

박정희는 희대의 곡예사였다. 그가 선 자리는 사회적 허용치의 극한점이었다. 시대가 공감하는 변화의 최첨단을 걷고 있었다. 1917년생이었던 그가 일본군 장교가 된 것에 대해 사람들은 그다지 문제 삼지 않았다. 만약 그가 한 세대 전에 출생해 일본군 장교가 되었더라면 사람들은 그를 매국노로 치부했을 것이다. 좌익에 가담한 것도 그렇다. 해방 직후는 좌익의 전성기였기 때문에 그의 좌익 경력은 그런대로 용서받을 수 있었다. 또 한국전쟁을 겪은 끝에 반공 노선을 주장했던 관계로 수긍하는 사람들이 많았다.

당시의 시대적 상황을 고려할 때 박정희의 운명을 뒤바꾼 5.16 쿠데타 역시 마찬가지로 설명될 수 있었다. 쿠데타 자체는 범죄 행위임에 틀림없다. 하지만 해방 이후 잇따른 한국의 정치적 혼란, 그리고 전쟁 기간 중에 비대해진 군부의 팽창을 고려할 때, 군사 쿠데타는 최악의 범죄 행위는 아니라는 사회 일각의 인식이 존재했던 것이다. 물론 그와 반대되는 단호한 비판도 엄연히 존재했다.

한국 현대사는 상처투성이였다. 초대 이승만 정권은 국민들에게 크나큰 실망을 안겨 주었다. 그들의 반칙과 독재와 무능은 1960년 4.19 혁명으로 청산의 기회를 맞았다. 시민들의 전폭적인 지지를 받으며 학생들은 늙고 부패한 독재자 이승만을 권좌에서 축출했다.

위기의식이 고조되던 한국 사회
그 당시의 한국 사회를 이해하는 데는 다음의 두 가지 설명이 필요하다. 첫째, 청년 장교들에 대한 국민적 기대 심리가 존재했다는 사실이다. 한국전쟁을 거치면서 가장 젊고 유능하며 포부 있는 청년들이 군에 입대해 장교가 되었다. 그들은 애국의 상징이자 국가의 발전 가능성을 뜻했다.

군대는 한국 사회의 최첨단이었다. 군대가 보유한 각종 기계 장비는 최신식이었다. 군의 근대적 행정 체계도 부패한 관료 사회와는 비교할 수 없을 정도였다. 따라서 장교라는 직업은 가난하지만 유능한 청년들에게는 선망의 대상이었다. 3년간의 한국전쟁을 겪으며 장교의 수도 크게 늘어난 상태였다.

하지만 이미 전쟁이 끝난 지 수년의 세월이 흐른 1950년대 말, 청년 장교들의 앞날에 암운이 뒤덮였다. 군대는 급속도로 부패했고, 청년들의 진급 가능성은 날로 희미해졌다. 뾰족한 대안도 없는 상황이라 그들은 어디서 활로를 개척해야 할지 몰라 방황했다. 그들의 불안을 타개할 수 있는 돌파구는 쿠데타였다. 박정희는 그 점을 너무도 명확하게 인식했다.

둘째, 1960년대 초반 한국 사회는 기진맥진한 상태였다. 해방 이후 사람들은 자주 국가를 꿈꾸었지만 실상은 정반대 방향으로 곤두박질쳤다. 남북한은 모두 강대국에 예속되었다. 경제 사정은 더욱 엉망이었다. 대다수 국민은 생계를 잇기조차 어려웠다. 설상가상으로 전쟁 때문에 본래 빈약하기 짝이 없던 산업 시설이 전파되다시피 했다. 1960년 당시 국민총생산GNP의 대부분은 해외 원조에 의존했다. 국민이 낸 세금에 의해서가 아니라 미국의 원조를 통해서 정부가 가까스로 유지되고 있었다. 한국 사회는 링거를 꽂고 있는 병실의 중환자와 다름없는 처지였다. 그마저도 현상 유지가 어려운 실정이어서 한국 사회의 위기의식은 날로 고조되었다.

4.19 혁명은 국가의 운명을 개척할 수 있는 하나의 전기를 마련했다. 국민적 여망 속에서 장면의 민주당 정부가 들어섰다(1960). 그들은 경제개발계획을 수립해 장차 단계적으로 산업화를 추진할 차비를 갖추었다. 미처 실행에 옮기지 못하고 좌초되었지만, 장면 정부가 산업화를 위해 장기적인 계획을 수립했다는 점은 기억할 만하다.

그런데 장면 정부가 집권한 지 채 1년도 안 되었을 때 박정희가 사건을 일으켰다. 5.16 쿠데타는 곧 장면 정부의 종말을 의미했다. 장면 정부는 실로 무능했다. 군사 쿠데타가 일어난다는 소문이 나돌았는데도 미리 막지 못했다. 국정 장악 능력에 결정적인 약점이 있었던 것이다.

성급했던 박정희의 쿠데타를 지식인들은 당연히 반대했다. 그러나 가난에 시달리던 농민들과 도시의 서민들은 이것이 혹 반전의 계기가 될지도 모른다는 기대를 가졌다. 박정희가 노린 점이 바로 그것이었다. 쿠데타를 일으킨 청년 장교들은 '민족중흥'을 외치며 달콤한 혁명 공약을 쏟아 냈다.

장면 정부의 경제개발계획(경제재건계획)도 군인들의 전리품이 되고 말았다. 그들은 마치 모든 것을 자신들이 창안한 것처럼 굴었다. 지금도 '5개년경제개발계획'이라면 누구나 군사 정권을 떠올리지, 장면 정부를 생각하지는 않는다. 사실 경제개발계획이란 사회주의 국가 또는 개발도상 국가들의 단골 메뉴였다. 일찍이 1949년부터 국제연합 UN도 개발도상 국가들을 대상으로 기술 원조를 제공했다. 경제개발계획은 박정희가 창안한 것이 아니라 한 시대의 유행이었다. 가령 유럽의 경우만 보더라도 이탈리아의 바노니플랜(1955~1964), 프랑스의 10개년전망(1955~1965), 네덜란드의 장기전망(1959~1970) 등이 있었다. 그런데도 많은 국민들은 박정희와 경제개발계획을 동일시한다. 그의 성공은 자기선전의 결과이기도 했다.

유연한 변신의 귀재

도대체 무슨 목적으로 박정희는 변신을 일삼았던 것일까. 긍정적으로 평가하는 이들은 그에게 '조국 근대화'의 열망이 있었기 때문이라고 말한다. 일리 있는 변명일지 몰라도 가장 근본적인 동기는 그의 권력욕에서 찾아야 할 것이다. 권력을 틀어쥐고 무엇이든 자신의 뜻대로 개조하고 싶은 강한 열망이 박정희의 동인이었다. 변화하는 시대 조류에 따라 그는 좀더 큰 권력으로 자신을 안내할 새 마차를 찾았다. 권력의 황금마차는 반공 이데올로기도 될 수 있고, 공산주의, 심지어는 일본의 군국주의일 수도 있었다. 권력을 위해서라면 박정희는 물불을 가리지 않았다.

그의 표정은 딱딱하고 근엄했지만 그만큼 유연한 이는 드물었다. 그는 결코 지사가 되지는 못할 사람이었다. 심하게 말해 그의 일생은 자가당착 또는 배신으로 점철되었다고 해도 과언이 아니다. 1949년 여수–순천 사건 때만 해도 그는 자신이 살아남기 위해 사건에 관련된 동료들의 명단을 몽땅 고해 바쳤다. 그의 변함없는 특기는 표변이었다. 가령 '7.4 남북공동성명'으로 남북한의 화해 분위기를 조성해 놓고(1972) 수개월 뒤에는 갑자기 일촉즉발의 전쟁 위기로 몰아가는 식이었다.

실상 그의 인생 행로는 변덕스럽기 짝이 없었다. 하지만 주변 사람들은 그렇게 여기지 않았다. 그들에게 박정희란 존재는 누구보다 엄숙 단정하고 솔직하며 충직한 사람이었다. 그는 조직의 신뢰를 바탕으로 변화하는 환경에 누구보다 유연하게 대처하는 지도자로 평가받았다. 박정희의 변덕은 기민함과 유연성으로 치장되어 있었다. 그의 인생 역정은 그 점에 중요한 특징이 있다.

좀더 적나라하게 말하자면, 그는 국민과 여론을 농락한 셈이다. 타고난 군사 전략가라서 그랬을 가능성이 크다. 군사 쿠데타를 일으킨 직후부터 그는 몇 번이고 되뇌었다. "다시 군대로 되돌아갈 것이다. 나는 민간 정부에 정권을 넘겨 줄 것이다. 국가를 누란의 위기에서 건지기 위해서 일어섰을 뿐 정치에는 아무런 뜻이 없다." 하지만 이는 그의 진심이 결코 아니었다.

대중적 인기를 얻기 위해 박정희는 실로 많은 노력을 기울였다. 히틀러, 스탈린 또는 마오쩌둥을 방불케 하는 선동가였다. 예를 들어 보자. 쿠데타 당시 한국 사회의 주된 산업은 농업이었다. 농어촌 인구는 국민의 80%쯤 되었다. 그런데 그들 농어민은 고질적인 고리대금에 시달렸다. 박정희는 강권을 발동해 농어촌 부채를 탕감하겠다고 선언해 인기를 독차지했다. 그는 농촌 현장을 찾아가 농부들과 함께 모심기와 벼 베기를 했고, 논둑에서 막걸리 사발을 비웠다. 그런 장면은 대중 매체를 통해 대대적으로 홍보되었다.

그가 실제로는 양주나 맥주를 즐겼든 말았든 그런 진실은 공개될 필요가 전무했다. '농민의 아들' 박정희는 항상 대중과 함께 호흡하는

'민족의 영도자'라는 이미지만이 요구되었다. 이는 철권통치자인 그의 권위적이고 냉혈한 같은 실상을 가리기 위해서 반드시 필요했다. 자신의 인기를 높이려고 약간의 조작과 허위를 일삼는 것쯤은 아무 일도 아니었다. 모든 것이 그에게는 장기 집권을 위한 전략이었다.

도시의 환락 문화에 대한 비판 여론이 일자 박정희는 초강수를 두었다. 댄스홀도 요정도 모두 문을 닫게 했다. 심지어는 비밀 댄스홀에서 춤을 즐기던 시민들을 군사 재판에 회부해 최고 1년 6개월의 징역을 선고했다. 청렴하고 규율 있는 지도자로 행세하기 위해서였다.

잘한다는 여론이 대두하자 박정희는 자신의 정치적 목적을 위해 곧 권력을 남용했다. 사회 질서를 어지럽히는 폭력배를 검거한다며, 자신을 반대하거나 반대할 가능성이 농후한 사람들을 몽땅 잡아들였다. 집권한 지 불과 1개월 만에 그가 치안을 이유로 체포한 인원은 무려 3만 5000명이었다. 그들 가운데 상당수는 치안과 무관한 사람들이었다. 강단의 정치가 박정희는 무려 7000~8000명에게 강제 노역의 중형을 부과했다.

그는 대중적 인기에 영합하는 유화적 제스처를 쓰는 동시에 다른 한편으로는 반대파를 꿈쩍하지 못하게 제거했다. 박정희식 통치란 그런 것이었다.

곧 군대로 되돌아가겠다고 약속한 것과는 달리, 그는 권력을 움켜쥐기가 무섭게 새로운 문제들을 양산했다. 이른바 4대 의혹 사건이 그것이다. 즉, 1961년부터 거짓으로 증권 회사를 만들어 놓고 정치 자금을 조성했다. 그들의 주가 조작으로 증시가 폭등하고 과열 투기 현상이 빚어졌다. 또 1961년에는 서울에 호텔을 지어 외화를 벌어들이겠다며 호텔 건축비를 유용해 정치 공작금으로 썼다. 이밖에 '회전 당구기 사건'이라는 것도 있었다. 일명 파친코 사건이라고도 하는데, 재일교포 김태준을 시켜 일제 게임머신 100여 대를 수입해 놓고 정권의 비호 아래 게임 사업을 벌였다. 일반 시민들에게는 춤도 못 추게 하고 요정도 못 가게 단속한 정권이 새로운 사회악을 양산한 것이다. 박정희는 스스로 불신 풍조를 조성한 셈이었다.

4대 의혹 사건의 대미를 장식한 것은 새나라자동차 사건이었다. 자동차 산업을 육성하겠다며 '새나라자동차공업주식회사'를 만들었는데, 실제로는 단 한 대의 자동차도 생산하지 못했다. 일제 자동차 400대를 들여다가 몰래 팔았는데, 그 과정에서 부정과 횡령 및 착취가 자행되었다. 정치 자금을 확보하기 위해 이 같은 무리한 수단을 쓴 결과, 마침내 그는 제3공화국의 대통령에 선출되었다(1963).

케네디도 포기한 골치 아픈 나라

대통령 취임사에서 박정희는 자주, 자립, 안정을 위해 정신 혁명을 일으키겠다고 다짐했다. 경제 발전과 한일국교정상화는 최우선 국정 과제였다.

제1차 경제개발5개년계획은 뜻대로 되지 않았다. 하지만 박정희는 굽히지 않았다. 과단성과 불굴의 의지로 산업화를 적극 추진했다. 이는 그의 집권 명분이기도 했다. 산업화에는 적절한 기반 시설이 필요했다. 기술도 노동력도 자본도 필요했지만 노동력을 제외하고는 이렇다 할 것이 없었다. 그래서 박정희는 일본이라는 카드를 떠올렸다. 두 말 할 나위 없이 일본은 그에게 결코 낯선 국가가 아니었다. 당시 일본은 전쟁의 잿더미에서 일어나 경제 기적을 달성했다. 그들은 또다시 식민지의 역할을 떠맡을 대한민국이 필요했다. 박정희로서는 저들의 투자가 있어야만 한국 경제가 재건될 수 있다고 확신했다.

정치적 걸림돌로 작용하는 한일 양국의 단교 상태를 극복하는 일이 급선무였다. 박정희는 빗발치는 반대 여론에도 불구하고 자신의 소신대로 밀고 나갔다. 박정희식 통치술의 생명은 바로 불요불굴의 독선에 있었다.

한일국교정상화는 미국도 원하는 바였다. 냉전 체제가 강화되면서 세계 각지에서 공산화가 빠르게 진행되고 있었다. 태평양 지역에서 자국의 영향력을 강화하고 싶었던 미국으로서는 가장 우려되는 곳이 한반도였다. 한국이 어느 정도라도 자립력을 갖추어야 했다. 그렇지 못할 경우 한반도의 남쪽을 잃게 될지도 모를 일이었다. 그런 점에서 한국, 미국, 일본의 공조관계는 필수적이었다. 한일국교정상화는 미국 중심의 국제 질서를 마련하기 위해서도 긴요했다.

박정희는 미국과의 공조 체제를 강화하기 위해 보다 적극적으로 미국 편에 섰다. 1960년대 초반 미국을 가장 괴롭힌 문제가 베트남전쟁이었다. 월맹군의 남침을 차단하지 못할 경우, 인도차이나반도 전체가 공산화되고 말 가능성이 높아 보였다. 미국은 우방의 도움이 필요했다. 그러나 어느 나라도 선뜻 나서지 않았다. 박정희는 거기서 하나의 기회를 읽었다. '국군의 베트남 파병을 통해 우리는 미국에게 보다 많은 요구를 할 수 있다.' 이런 판단을 기초로 그는 베트남 파병을 성사시켰다. 한동안 미국은 그에게 정치적 힘을 실어 주었다.

비판적으로 보면, 이는 제국주의의 신판이나 다름없다. 국내의 정치적 책임과 부담은 박정희가 떠맡는 대신, 약간의 정치 경제적 보상이 박정희 정권에게 주어졌다. 그 결과 한국 경제는 빠르게 성장했다. 이는 거대 자본을 소유한 미국과 일본 등에게 투자 이익 이상의 성과를 보장했다. 특히 강대국 미국에게는 결정적으로 많은 이익을 제공했다.

산업화가 본격화되자 한국은 미국과 일본 등의 하청 국가 기능을 했다. 국내의 값싼 노동력으로 저들에게 저가 생산품을 제공했다. 생산 과정에서 유독성 물질이 많이 배출되어 저들이 생산을 꺼리는 것들은 한국 차지가 되었다. 한국은 저들의 하수구 역할을 떠맡은 셈이었다. 박정희는 그런 역할도 흔연히 받아들였다. 그 대가로 일본, 미국, 서구 여러 나라의 자본이 차관이라는 형태로 제공되었다. 거시적 통계 수치를 보면, 신흥 공업 국가 한국의 성장세는 하나의 기적이었다.

박정희가 이끈 한국의 산업화를 '한강의 기적'이라고 부른다. 긍정적으로 보면, 한국은 그때 이르러 산업화의 확고한 기틀을 마련했다. 외채가 부쩍 늘고 정경 유착에 따른 부패도 없지 않았으나, 중요한 기반 산업 시설이 그 시절에 갖추어졌다. 한국은 선진국의 하청 국가 신세를 쉬 벗어나지 못했지만 경제 성장은 한국 사회 일각에 번영을 선사했다.

처음에 한국은 값싼 신발과 가발 등을 수출하는 일종의 공장에 불과했다. 그러나 얼마 뒤에는 섬유 제품을, 그 다음에는 중화학공업 제품을 수출하는 국가로 승격했다. 박정희가 비명에 쓰러질 무렵에는 자동차까지 수출했다. 그 당시 국산 자동차는 세계 시장에서 싸구려 자동차로 통했다. 자동차의 안전성도 국제 수준에 미치지 못했다. 그럼에도 불구하고 한국은 후발 산업 국가 중에서는 가장 모범적인 국가로 성장했다.

산업화 과정에서는 많은 문제가 불거졌다. 재벌 편중의 경제 구조는 씻지 못할 후환을 남겼다. 노동자들의 권익도 무시되기 일쑤였다. 지역 간 불균형 역시 교정이 불가능하다고 할 정도로 막대한 후유증을 남겼다. 농촌의 피폐와 환경 파괴도 회생 불가능의 수준에 이르렀다. 무역 의존도 역시 장기적으로는 한국의 경제적 안정성을 위협할 정도로 심각했다.

한국의 산업화를 논하는 사람은 누구나 박정희를 언급한다. 그에 대한 평가는 평자의 관점에 따라 전적으로 달라질 수 있다. 논란은 앞으로도 계속될 것이다.

유신 체제로 무덤을 파다

권력욕이 남달랐던 그는 '유신 헌법'을 제정했다(1972). 일본이 '메이지유신'을 통해 산업 입국의 길에 매진했듯, 박정희는 '10월 유신'으로 새 역사를 창조하겠다는 의지를 불태웠다. '나 말고는 이 나라 이 백성을 먹여 살릴 사람이 없다. 권력을 마음껏 행사하더라도 이것이 문제될 것은 없다. 나는 이 민족의 영도자다.' 박정희의 이런 자의식은 지나쳤다. 그것은 독단과 아집이었다.

그는 전형적인 권위주의적 통치자였다. 평생 한 번도 민주주의를 경험해 본 적이 없는 그에게 '민주주의'란 국론 분열의 동의어에 불과했다. 젊은 시절 일본 군대에서 체득한 군국주의자의 길 외에 그는 다른 방법을 알지 못했다. 당시 상당수의 한국 사람들이 그와 비슷한 입장이었다. 일부 지식인들과 학생들은 그와 다른 세계관을 가지고 있었으므로, 힘써 유신 체제에 저항했다. 그러나 여전히 많은 사람들은 민주주의라는 개념을 진지하게 받아들이지 못했다. 박정희는 그 점을 악용해 자신의 권력을 더욱 강화하려했다.

그는 언제나 자신감에 넘쳐 이렇게 주장했다. "후세의 역사가들은 나를 제대로 평가할 것이다." 자신의 영도 하에 산업화의 새 역사가 창조되었다고 믿었으므로 그 같은 확신이 가능했으리라. 그는 하루하루가 마치 한국사의 새 장인 것처럼 말했다. '후세의 역사가'들이 자신을 '민족의 영도자'로 평가하리라는 기대를 담아 정치 구호도 만들었다. 그것이 '민족중흥'이었고, '새 역사 창조'였다.

정치가 박정희는 통계를 좋아했다. 숫자와 그래프를 통해 그동안 한국 경제가 얼마만큼 성장했는지를 끊임없이 홍보했다. 일제 때 배운 습관이었다. 당시 제국주의자들은 식민지 통치의 성공을 늘 그런 방식으로 선전했다. 그들에게서 배운 식민지 통치술을 박정희는 자국민을 상대로 되풀이했다.

사람들이 호평하는 새마을 운동에서도 일제의 낡은 통치술이 그대로 재현되었다. 새마을 운동은 일제가 식민지 농촌을 대상으로 벌인 농촌 진흥 운동과 유사한 점이 많았다. 거기에다 중공의 '5.4 간부 학교'의 몇 가지 특징을 혼합한 것이었다. 1970년대 초반 한국 농촌의 중장년층은 일제의 그 운동을 직접 체험한 사람들이었다. 새마을 운동은 그들에게 전적으로 새로운 운동이 아니었고, 그래서 비교적 쉽게 뿌리내릴 수 있었다. 박정희식 새마을 운동으로 농촌이 부흥할 수는 없었다. 농촌은 그때도 어려웠고 지금도 어렵다.

이는 박정희가 불을 지핀 산업화와 관계가 깊다. 산업화란 도시가 농촌을 식민화하는 일련의 과정이었다. 먼저 산업화된 국가가 농업 국가를 식민화했듯이 먼저 산업화된 도시 지역이 농촌을 식민화하는 것이 산업 사회의 특성이자 해악이었다.

1960년대부터 산업화가 정력적으로 추진되자 농촌은 몰락을 거듭했다. 이에 박정희 정권은 위기감을 느꼈다. 그들의 정치적 기반이 다름 아닌 농촌이었기 때문이다. 뿐만 아니라 농촌은 저임금에 시달리는 도시 노동자들의 식량 창고였다. 바로 그 농촌이 무너져버린다면 정권의 안위도 장담하기 어려울 터였다. 그래서 그들은 새마을 운동을 시작했다.

비판적인 관점에서 보자면, 그는 농촌을 자신에게 묶어 두기 위해 새마을 운동을 시작한 셈이다. 그것은 농촌을 발전시키기 위해서라기보다 파탄을 막으려는 최소한의 방책이었다. 한국 사회의 현상 유지를 위해서라도 농촌 사람들에게 활력을 불어 넣을 셈이었다. 또한 박정희는 농촌이 정권 비판에 흐르지 않도록 농민들을 감시하고, 그들을 정권의 지지자로 재조직하기 위한 방편이 필요했다. 그들은 새마을 운동을 정치적으로 철저하게 이용했다.

결과적으로 박정희는 철권통치를 계속할 수 있게 되었다. 그러나 그가 정열적으로 추진한 산업화는 체제 순응적 인간만을 길러내지는 않았다. 불합리한 노동 구조로 말미암아 저항적인 노동 운동이 발생하는 것은 시간 문제였다. 또한 산업화에 필요한 인력 공급을 목적으로 추구한 교육 정책도 사회정의와 민주주의의 가치를 각성한 청년층을 양산했다. 그러자 박정희는 중앙정보부라는 비밀경찰을 통해 그들을 철저히 통제하려 들었다. 하지만 정권 차원의 몸부림에도 불구하고, 1970년대 중반부터 반체제 운동은 더욱 강화되었다.

박정희의 정치적 곡예는 그 종착점을 향하고 있었다. 그는 이제 더 이상 변신의 귀재로 기능하지 못했다. 박정희도 이미 늙은 것이다. 만일 그가 민주화라는 새로운 가치까지 점령하려고 들었다면 그 결과가 어떻게 되었을지 모를 일이다. 하지만 그의 행동은 거기까지 이르지 못했다. 1979년 부산과 마산에서 대규모 저항 운동이 일어났다. 그 여파로 심복 김재규가 돌연 박정희의 독재를 중단시켰다. 궁정동에서 술을 마시고 함께 놀다가 권총을 뽑았다고 한다. 역사에 비극적인 장면 하나를 추가한 셈이다.

박정희 신화의 비밀

아직도 박정희의 인기는 여전하다. 무려 18년 동안 장기 집권을 하고 많은 사람들을 죽음으로 내몰았음에도 아랑곳하지 않는 그 인기의 비결은 무엇일까.

피상적인 차원에서 말한다면, 박정희의 삶과 그의 독특한 성격에서 발견되는 매력 때문일 것이다. 그는 과감했고, 청렴하고, 충직한 느낌을 주는 특이한 사람이었다. 그가 매사에 정직했다고 믿을 만한 근거는 어디에도 없다. 하지만 그의 변명에는 늘 일리가 있었다. 그래서 많은 사람들이 그에게 매료되었다.

탁월한 조지 관리 능력도 그의 인기 비결이었다. 그는 적과 아군을 뚜렷하게 구별하고, 적을 무자비하게 탄압했다. 라이벌 야당 지도자들에 대한 가차 없는 탄압, 특정 지역에 대한 소외와 타자화 역시 박정희가 자기 세력을 결집시키고 이탈을 방지했다는 의미다. 또한 승리로 얻은 자원을 추종자들에게 적절히 분배함으로써 그는 끈끈한 충성관계를 형성했다.

보다 깊은 의미에서, 정확한 통찰력과 민첩함도 그 인기의 원천이었다. 시대의 물결이 어디를 향해 흐르는지를 그는 정확하게 파악했고, 누구보다 빠르고 단호하게 대처했다. 생전에 그는 이순신을 미화했고, 마치 자기 자신이 이순신이 되기라도 한 것처럼 말한 적도 많았다. 실제로 그에게는 이순신처럼 섬세하고도 단호한 일면이 있었다.

한일국교정상화 같은 문제는 대다수 국민들의 반대에도 불구하고 서둘러 관철시켰다. 거기에 자신의 정치적 미래가 달려 있다고 판단했기 때문에 망설임이 없었다. 경부고속도로 건설도 많은 반대를 무릅쓰고 자신의 소신대로 공사를 시행했다. 산업화된 미래의 한국 사회에는 고속도로가 반드시 필요하다는 강한 확신이 있었기 때문에 가능한 일이었다. 베트남전쟁도 기어이 참전하기로 결정했다. 미국 편을 드는 것이 얼마나 유리한지를 그는 냉철하게 계산했던 것이다. 확실히 박정희는 요지부동의 인물이었다. 이는 그의 장점이자 또한 치명적인 단점이었으며, 한국의 역사에서는 찾아보기 어려운 이례적인 경우였다. 그래서 또 많은 사람들이 아직도 그를 그리워하는지도 모르겠다.

그는 청렴한 인상을 주기도 했지만 실제로는 그렇지 못했다. 자녀들에게 방대한 규모의 재산을 물려준 것만 봐도 알 수 있다. 육영재단, 정수장학회, 영남대학교, 부산 MBC 등은 결코 그가 월급을 모아서 사들인 재산이 아니었다. 그럼에도 불구하고 그의 추종자들에게 박정희는 누구보다 청렴한 정치가로 기억된다. 그들은 박정희가 민족을 위해 많은 것을 희생했다고 믿는다.

추종자들의 그런 믿음은 역사적 사실과 상충되는 심리적 동기에서 비롯되었다. 바로 그 점이 박정희를 이해하는 데 중요한 부분이다. 그는 모순된 성격의 소유자였다. 겉모습은 늘 합리적인 태도를 견지했지만 실상은 파토스의 인물이었다. 그의 정치 행위 역시 반이성적 힘에 의해 추동되었다고 볼 수 있다. 그는 일종의 심리적 주술사였다.

그의 절제된 정치적 퍼포먼스는 숨겨진 광기의 다른 이름이었다. 정치가 박정희의 통치술 또는 성공의 비결이 거기에 있다. '10월 유신'의 단행은 광기의 절정이었다. 이를 고비로 그의 마술지팡이는 점차 효력을 잃었다. 보다 못한 최측근은 무력을 써서 그에게 곡예의 중단을 강요했다.

박정희의 삶은 여러 모로 진한 아쉬움을 남겨놓았다. 이 변신의 귀재는 아직도 수백만 시민의 가슴을 정복하고 있지만 아무래도 그의 변신은 도에 지나쳤다. 그랬기에 그의 일본군 장교 경력, 여수순천사건의 말미에 그가 취한 그의 행동을 문제 삼는 경우가 허다하다. '유신헌법'과 '대통령 긴급조치'로 상징되는 그 철권통치의 상흔은 너무 깊어서, 이른바 '조국근대화' 하나로는 만회하기가 어렵다. 그는 분명히 한 시대의 풍운아였지만, 그가 자신의 인생행로를 적절하게 통제할 수 있었더라면 얼마나 좋았겠는가. 그의 의지와 능력으로 미루어 볼 때 그 자신에게도 풍요롭고, 우리 역사공동체에도 훨씬 유익한 역할을 하였을 것이 틀림없다. 나이 마흔에 우리는 자신의 행로를 돌아보아야 할 것이다. 우리가 내딛는 한 걸음 한걸음은 비록 비틀거림일지라도 그것이 한 방향을 향한 것이기를 소망한다.

노무현
가슴으로 시대의 목소리를 듣다

노무현의 소탈한 말씨와 표정은 한국 현대사에 긴 여운을 남긴다. 탈권위주의의 상징이었던 그는 반대파들에게는 늘 조소의 대상이 되었다. 하지만 노무현은 시민 사회의 새로운 가능성을 보여 주었다. 대통령이었을 때조차 비주류였던 그의 삶이 주목을 끄는 이유도 그것이다.

독재자의 시대는 왜 왔는가

거슬러 올라가면 조선 시대 왕들은 이름에 걸맞은 권력을 행사하지 못했다. 임진왜란 때 경복궁이 불타 없어졌지만, 이를 복구하는 데 수백 년이 걸렸다. 왕들에게는 그만한 재원을 동원할 권력이 없었다. 경복궁을 재건한 이는 뜻밖에도 옥좌에 오르지도 못한 흥선대원군이었다.

조선 시대의 정치는 견제와 균형의 시스템에 특징이 있었다. 이점을 처음으로 밝힌 이는 미국의 한국학자 제임스 팔레James B. Palais였다.

점차 다른 학자들도 이에 동의했다. 견제와 균형의 원칙이 존중되었던 조선 시대에는 누구도 오랫동안 독불장군 행세를 할 수가 없었다.

그 덕분에 조선 사회는 안정되고 평온했다. 그러나 기막힌 권력의 분배로 인해 혁신적인 조치가 한 번도 없었다. 가령 중부 이남에 대동법 하나를 실시하는 데도 100년이나 걸렸다(1608~1708). 또 조선 왕조의 기본 법전인 『경국대전』을 완성하는 데도 근 100년이 걸렸다. 정도전이 국초부터 법체계를 구상했지만 그것이 완성된 것은 성종 때였다(1485). 개혁은 늘 달팽이 속도였다.

19세기 말까지도 개혁이라고 일컬을 만한 것이 없었다. 이른바 정조 시대의 개혁 정치라는 것도 현대인의 눈으로 보면 대단한 것이 아니었다. 물론 조선 시대 사람들은 그 모든 것을 정상적으로 여겼을 것이다. 그들의 지리멸렬한 개혁, 견제와 균형에 대한 집착이 하나의 사회적 문제로 제기된 것은 국운이 풍전등화에 놓인 조선말에 이르러서였다.

달라진 것은 흥선대원군 때였다는 뜻이다. 위기의식이 사회 전반에 고조되자 변화에 속도가 붙었다. 나는 그렇게 해석한다. 평민 지식인들이 '동학'의 이름으로 '사람이 곧 하늘'이라는 새 의제를 제시했고, 프랑스와 미국이 함대를 보내 조선 왕조를 뒤흔들었다. 조선 왕조에게는 일촉즉발의 난국이었다. 대원군의 개혁 정치는 그의 과감하고 냉철한 정치력의 소산이었지만 그와 동시에 시대의 선택이기도 했다. 한 시대의 정치적 특징은 지도자 개인뿐만 아니라 대중의 세계관을 통해 결정된다.

바로 그런 점에서 일제강점기에 일어난 한 가지 중요한 인식의 전환을 언급하지 않을 수 없다. 그때 한국 사람들은 스스로를 통렬히 비판했다. 지나칠 정도의 가혹한 자기반성이었다. 여기에 일제 식민사관의 영향이 더해져 자학적인 성격이 강화되었다. 여기서 자세히 말할 겨를은 없지만, 요점은 그때부터 한국인들이 근대화를 실천에 옮길 강력한 통치자를 열망했다는 사실이다.

이런 신념은 해방 후의 정치적 선택으로 나타났다. 한반도 남쪽으로 이야기를 국한시키더라도 마찬가지다. 국민들은 누구보다 제왕적인 이승만을 선택했다. 카리스마 넘치는 이승만은 현대 한국이 요구하는 강력한 대통령이었다(북쪽에서도 김일성의 카리스마를 선택한 셈이었다).

우리의 비극은 이승만이 자신에게 주어진 무소불위의 권력을 제대로 이용할 줄 몰랐다는 점이다. 국민들은 근대화를 바랐지만, 그는 기껏해야 미국의 원조 물자를 얻어다가 특권층끼리 나누어 먹는데 그쳤다. 국민들의 실망은 분노로 폭발했다. 국민의 의지를 대변한 학생들이 그를 권좌에서 영원히 축출해버렸다.

우여곡절 끝에 1963년, 박정희가 새 대통령으로 뽑혔다. 농부의 아들로 태어나 시골 수재들만 다닐 수 있는 사범학교를 거쳐, 야망을 가슴에 품은 젊은이답게 그는 군관학교를 나왔다. 이 변신의 귀재에게 국민들의 관심이 쏠렸다. 경험한 적도 없는 민주주의를 다소 희생해서라도 사람들은 가난으로부터의 해방을 원했다. 박정희는 자신에게 주어진 시대의 과제를 가장 뚜렷하게 인식했다.

그렇게 해서 산업화에 불이 붙었다. 그렇게 10년이 지나자 국민들은 새로운 각성에 도달했다. 민주화와 사회 정의가 없는 산업화란 껍데기에 불과하다는 인식이었다. 그동안 박정희의 '영도 아래' 사정없이 허리띠를 졸라맨 채 '조국 근대화 사업'에 매진했지만, 막상 국민들에게 돌아온 보답은 초라했다. 조세희의 소설 『난쟁이가 쏘아 올린 작은 공』(1978)에서 사실적으로 묘사된 것처럼, 박정희식 산업화란 소작농의 대다수를 도시 빈민으로 바꾸는 불편한 작업에 불과했다. 삶의 질적 혁신은 결코 산업화 하나로 결정될 문제가 아니었다.

이런 통찰이 새로운 화두로 등장한 것은 1970년대 중반이었다. 전태일의 분신은 새 시대를 알리는 신호탄이었다(1970). 그러나 늙은 통치자는 자만에 빠져 갈수록 국민의 뜻을 외면했다. 국민들은 이런 박정희를 증오했다. 부산과 마산에서 대규모 항쟁이 일어났지만 박정희는 꿈쩍하지 않았다. 그를 저지하기 위해 심복 한 사람이 비상수단을 썼다(1979).

박정희의 유산은 무거웠다. 그가 죽은 뒤 민주화 운동은 더욱 거세졌지만 그것이 국민들의 정치적 선택으로 직결되지는 못했다. 근 20년 동안 구축된 군부의 아성은 그만큼 굳건했다. 연거푸 군 장성 출신들이 대권을 쥐었다. 전두환과 노태우는 국민적 증오의 대상이었지만 현실적으로는 엄연한 실권자였다. 군사 독재의 늪에서 좀체 헤어나지 못한 채 한국 사회는 정치적 방황을 계속했다.

가까스로 군부 독재가 막을 내리자 '민주 투사'들에게 국가 권력이 이양되었다. 유신 독재의 희생양이던 김영삼과 김대중이 연달아 대통령에 선출되었다. 우선 국민들은 김영삼을 선택했다(1993). 민간 정부로의 연착륙을 위해서였다고 해석된다.

군부 정권의 지지 기반은 영남이었다. 때문에 경상도 출신 정치가 김영삼에게 이점이 있었다. 가만히 있어도 저절로 되었을 것을 김영

삼은 공연히 군사 정권의 잔당들과 서둘러 야합을 강행했다. 집권한 다음에는 또 외환위기를 초래해 국가 부도의 위기에 처했다. 국민들은 그에게서 등을 돌렸다.

하나의 대안은 기득권층이 기피 인물로 삼아온 김대중이었다. 1998년 대통령이 된 김대중은 외환위기를 해결하고 '햇볕정책'으로 남북 화해를 도모했다. 그러나 외세의 간섭과 압력을 이겨내지 못하고 너무 쉽게 신자유주의 노선에 굴복했다. 김대중의 시대와 더불어 '민주 투사'들은 역사의 주 무대에서 사라졌다.

시민 사회가 선택한 노무현

시민들은 민주적 지도자의 출현을 기대했다. 여기에 부응한 이가 노무현이었다. 그는 군사 독재 시절 민주 변호사를 했다. 또한 전두환 독재 정권(제5공화국)의 반민주적 악행을 단죄하는 국회 청문회에서 가장 두각을 나타낸 스타였다. 그의 날카로운 언어와 소박한 성품은 권위주의 시대의 종말과 민주시민 사회의 개화를 알리는 전령사였다. 그는 '노빠'로 불리는 시민적 응원군을 몰고 다니는 민주적 카리스마를 한국 현대사에 선보였다.

한국 시민들의 선택은 절묘했다. 현대사의 흐름에 비추어 볼 때 그들이 노무현을 대통령으로 선택할 당시, 김근태라는 또 하나의 가능성이 엄연히 존재했다. 김근태는 민주화 운동의 대부였다. 그는 군사 독재 정권에 의해 모진 고문을 강요당한 시대의 희생양이었다. 노무현과 더불어 시민적 기대를 한 몸에 받을 만한 유력한 지도자였다. 그럼에도 시민들의 선택은 단연코 노무현이었다.

김근태에게는 시민적 지도자의 이미지가 약했다. 그에게는 여흥의 능력과 임기응변이 부족했다. 그럴 수밖에 없었다. 독재 정부 시절의 민주화 투쟁은 억압적인 상황에서 비밀리에 전개되었다. 그 지도자는 차분하고 세심하며 어떤 점에서는 여성적인 정감으로 조직을 철저하게 관리하는 인물이 적격이었다. 김근태는 그런 사람이었다.

그러나 노무현은 달랐다. 그는 처음부터 공개된 장소에서, 말하자면 바깥 활동을 했다. 그의 거침없는 언변과 순발력은 곧 그의 정치적 무기였다. 순발력이 다소 부족했던 김근태는 '청문회 스타'가 될 수 없었다. 시민 사회는 노무현과 같은 일종의 정치 흥행사를 요구했다.

2000년대 한국의 시민들은 모든 방면에서 재미를 중요시했다. 정치도 예외가 아니었다. 노무현은 바로 그런 새 시대의 키워드에 적합했다. 이 말 잘하는 '민주 변호사'는 한번 청문회에 나가자 스타로 껑충 뛰어 올랐고, 이를 발판 삼아 대통령으로 자라났다.

내가 여기서 말하고 싶은 것은 노무현 한 사람의 삶이 아니다. 한국 현대사의 씨줄과 날줄 속에 그것이 어떻게 얽혀 있었는가 하는 점이 주요 관심사다. 요컨대 노무현의 성품, 능력 및 경력은 21세기 한국의 시민 사회가 요구하는 지도자의 이상에 가장 근접했다는 말을 하고 싶다.

약간의 부연 설명이 필요할지도 모르겠다. 허울뿐인 이 고학력 사회에서 시민들은 명문대학 아니면 안 된다는 선망과 일종의 좌절감이라는 모순에 빠져 있었다. 상고 출신 노무현이 독학으로 그 어려운 시험을 거쳐 변호사가 되었다는 사실. 그런 그가 무료 변론을 일삼는 인권 변호사가 되었고, 국회 청문회에서 전두환을 벌벌 떨게 했다는 사실. 이런 일련의 상징적인 사건들을 통해 시민 사회는 노무현에게서 동질감과 희망을 발견했다. 그들은 젊은 노무현에게서 신뢰의 가능성을 확신했다.

시대의 목소리를 알아들은 노무현

노무현은 대단히 솔직하고 용기 있는 정치가였다. 비판자들은 그를 두고 철이 없다고 하지만 그와 같이 정직하기란 쉬운 일이 아니다. 그는 자신의 용기 있는 태도를 여러 차례 공개적으로 입증했다. 가령 그의 정치적 대부인 김영삼이 '3당 합당'으로 신군부 잔당들과 야합하자, 그는 단호히 선을 긋고 결별했다. 신념을 위해 정치적 자살 행위도 마다하지 않았다고 할 수 있다. 또한 그 자신이 부산 사람임에도 불구하고, 자신에게 유리한 지역 감정의 구도를 적극 부정했다. 그는 출신과 무관하게 '새정치국민회' 총재 김대중을 지지했다. 실익만 추구하는 한국의 정치 관행으로 볼 때 연달아 자살골을 차 넣은 셈이다. 그러나 이것이 바로 노무현의 힘이었다. 그는 사소한 이해관계에 구애받지 않았다. 가슴으로 시대의 목소리를 듣는 큰 정치가 노무현 다움이 바로 거기에 있다.

당연히 가야 할 길이라도 그것이 험한 고난의 길이라면 대개는 피하고 만다. 그러나 노무현은 극한적인 선택도 마다하지 않았다. 생의 최후까지 그는 그 일관성을 유지했다. 그가 '바보 노무현'으로 불린 데는 명백한 이유가 있었다. 극단의 희생을 통해서라도 당위를 추구했던 점에서 노무현은 곧 조광조의 분신이었다.

박정희도 신념의 인간이었다. 차이가 있다면 박정희는 바람이 불어

오기 전에 바람의 움직임을 예견하고 미리 나아가 기다리는, 기회주의적 인간이었다. 노무현은 아니다 싶으면 역풍도 무릅쓰고 나아갈 의지의 인간이었다. 낭떠러지도 피하지 않는 불굴의 인간이었기에, 그는 번번이 낭떠러지로 떨어졌다.

1990년의 5공 청문회 때도 그랬다. 군사 정권의 비리를 어떤 식으로든 심판해야 했기 때문에 국회는 청문회를 열었다. 그러나 군부는 아직도 다루기 거북살스런 대상이었다. 대개의 국회의원들은 하나마나한 질문을 던졌고, 독재자와 그 심복들은 우물쭈물 시간만 끌었다. 그들은 눈속임으로 마칠 생각이었고, 그래서 시민들은 무성의한 청문회에 허탈감마저 느꼈다.

그때 초선 국회의원 노무현이 혜성과 같이 등장했다. 송곳 같은 그의 질문 공세에 전두환은 혼이 달아났다. 왕년의 독재가가 머리를 절레절레 흔들며 증언대를 퇴장했을 때 노무현은 그 쪽을 향해 자신의 국회의원 명패를 집어던졌다. 그는 곧 자신의 '품위 잃은 행동'을 사과했다. 그러나 그의 한마디는 역사에 기록되었다. "증언의 내용과 저의 행위 중 어느 것이 더 비난 받아야 합니까." 독재자의 무책임과 무성의를 사정없이 질타했던 것이다. 시민들이 환호한 것은 당연했다.

나중에 대통령이 된 다음, 그는 국회에서 전시작전권 회수에 관한 연설을 했다. 지금도 '유튜브'를 통해 다시 볼 수 있는 명연설이었다. 통렬한 비판과 직설이 폭포수처럼 작렬하는 그의 언어적 마술은 보는 이를 숨 막히게 한다. 노무현은 정치적 모험가였다. 역사적 당위를 추구하는 그의 모험은 그뿐만 아니라 시민 사회 전체를 울음과 웃음 바다로 내모는 마술 피리였다.

당위를 향한 그의 집념은 이례적인 행보를 낳았다. 2003년 그는 대통령 당선 후 집권당인 '새천년민주당'을 탈당했다. 그 이듬해 '열린우리당'을 창당했지만 임기 중에 다시 탈당했다. 그것은 모험적 내려 뛰기였다. 추락이었다. 박정희는 디디고 올라가기 위해 늘 도약과 비상을 꿈꾸었지만 노무현은 자신을 버림으로써 당위의 목표에 다가갔다. 『추락하는 것은 날개가 있다』(이문열, 1988)는 제목의 소설도 있지만, 현실은 그럴 수가 없는 법이다. 노무현의 비극은 어느 정도 예고된 것이었다.

어려운 목표를 이루기 위해 대지를 박차고 뛰어 오른 박정희식 선택은 야심가들에게 흔히 나타나는 현상이다. 그러나 낮은 곳으로 몸을 던지는 노무현의 방식은 찾아보기 어렵다. 이상주의자였던 그는 대통령이 되어서까지도 스스로를 비주류 정치가로 만들어버렸다.

정치적 모험가

2006년 말 대통령 노무현의 지지율은 5.7%에 불과했다. 임기 내내 지지율이 별로 높지 않았다. 정권 말기에는 상황이 뒤집혀 53.7%까지 올라갔다. 극히 이례적인 일이었다. 미국에서는 지지율이 30%대라면 대통령을 그만 둘 때가 되었다고들 말한다. 일리 있는 주장이지만 노무현에게는 들어맞지 않는 이야기다.

노무현은 여러 차례 기사회생했다. 가장 인상적인 일은 탄핵소추 사건이었다(2004). 그때 그는 '공직선거및선거부정방지법'이 정한 중립의무 및 헌법 위반 혐의로 탄핵되었다. '여소야대'의 국회에서 야당인 한나라당에 밀려 뜻밖의 사태가 일어났던 것이다. 다행히 헌법재판소

263

가 이를 위헌으로 판단했고, 그러자 정세가 역전되었다. 제17대 총선거에서 노무현 대통령이 이끈 '열린우리당'은 다수당으로 탈바꿈했다.

서두에서 말했듯이 그는 탈권위적이고 가장 민주적인 대통령이었다. 솔직한 의사 표현과 가슴을 열어 놓은 소통은 그의 '등록상표'였다. 언제나 인권 신장을 위해 노력했고, '평검사와의 토론'에서 보듯 격의 없는 토론을 즐겼다. 통치 기록을 중시해 국가 기록원의 기능을 강화하기도 했다. 남북한 평화통일 문제에 대해서도 누구보다 개방적인 자세로 임했다. 내외의 반대 여론에도 불구하고 그는 직접 육로를 통해 북한을 방문했다. "제가 다녀오면 또 더 많은 사람들이 다녀오게 될 것입니다. 그러면 마침내 이 금단의 선도 점차 지워질 것입니다." 2007년 10월 2일 남북정상회담을 위해 군사 분계선을 넘으며 그가 한 말이다. 또한 자주성이 강했던 그는 6자회담에서도 남북한의 명실상부한 주역 노릇을 하려고 애썼다. 그 밖에도 역대 정권들이 금기시했던 많은 억압적 조치들을 풀어 놓았다.

특히 주목할 점은 그가 외국 군대에 대한 의존도를 낮추려고 노력했다는 점이다. 이는 남북의 평화통일과도 직결되는 문제이자 동아시아의 외교 군사적 재편성을 염두에 둔 거대한 계획이었다. 우리의 역사적 경험이 증명하듯, 남북 간에 긴장이 조성되면 남북한은 강대국에게 더욱 의존하게 된다. 이는 동아시아의 평화를 위협하는 것이기도 하다. 노무현은 그런 점을 정확히 인식해, 어떤 경우라도 남북 교류만큼은 절대 중단하지 말아야 할 필수 과제라고 인식했다.

역사적 흐름에 비추어 볼 때 노무현의 판단은 옳았다. 남북 교류뿐만 아니라 전반적으로 다 옳았다. 한반도 역사의 주축은 군사 독재에서 민주주의로, 거기서 다시 평화통일을 향해 나아가는 것이 당연한 일이다.

21세기 한반도의 주요 의제는 평화통일이다. 전쟁만은 어떤 경우에도 되풀이해서는 안 된다. 그렇다면 현실은 어떤가. 휴전선을 따라 200만 명을 헤아리는 중무장 병력이 남북 양쪽에 대치 중이다. 60년가량 이런 비상사태가 연출되고 있다. 세계사에서 유례를 찾을 수 없는 이상 현상이다. 이것이 남북한의 정상적인 사회 발전에 걸림돌인 것은 당연하다. 그런 점에서 김대중과 노무현 대통령이 추구한 '햇볕정책'은 좌우의 정치적 이념과 무관하게 계승되어야 할 시대적 사명이다.

한국의 보수 우파들은 이런 시대의 목소리를 끝내 외면했다. 그들은 침략 위협을 무기 삼아 주류의 지위를 확립할 수 있었기 때문이다. 계층적 이익에 누구보다 민감한 그들은 노무현을 '왕따'시키고 비주류 대통령으로 격하시켰다.

신자유주의의 유혹과 갈등

김대중과 마찬가지로 노무현도 '신자유주의'의 물결에 휩쓸려 결국 좌초했다. 1980년대 미국에서 불기 시작한 신자유주의는 유럽 각국을 휩쓸다가 1990년대 후반, 한반도에 본격 상륙했다. 유감스럽게도 노무현은 신자유주의의 위험을 제대로 이해하지 못했다. '한미자유무역협정'(한미FTA) 체결이라는 사상 초유의 위험한 결정을 내린 것이 이를 증명한다. 자유무역협정이 무엇인가. 그것은 강자의 몫만 키울 뿐 약자를 완전히 도태시키고 마는 합법적 수단이다.

대통령에 당선될 때만 해도 노무현은 진보 진영의 경제적 가치관을 공유했다. 그 핵심은 평화통일과 균형 성장이었다. 지역 및 계층 간의 격차를 해소하는 분배의 정의를 통해 경제 문제를 해결하는 관점이었다.

그러나 대통령이 된 다음, 좌파의 꿈은 곧 폐기 처분되었다. 외환위기의 재발 가능성이 그를 개종시켰다. 달러가 폭등하자 노무현은 미국이 요구하는 신자유주의 노선을 받아들였다. 무역 의존도가 높은 한국 경제를 감안할 때 어쩔 수 없다는 것이었다.

신자유주의에 입각한 노무현의 경제 정책은 잘못된 점이 많았다. 대책 없는 농산물 수입 개방으로 농업을 사실상 포기하고 만 것도 큰 문제였다. 이른바 노동 시장의 유연성을 지나치게 강조해 비정규직을 양산한 것, 그래서 '88만원 세대'가 출현하게 된 점도 돌이킬 수 없는 실책이었다. 그뿐만 아니라 재계와 정계 지도자들은 신자유주의적인 정책 결정을 당연하게 받아들였다.

많은 사람들은 여전히 신자유주의를 피할 수 없는 운명이라고 여긴다. 성장의 한계를 넘기 위해서는 불가피한 선택이라는 것이다. 노무현 역시 그렇게 생각했다. 그의 후임자도 신자유주의의 카드를 가지고 대통령에 당선되었다. 국민 모두를 부자로 만들어 주겠다고 약속했다. 시민들 또한 신자유주의를 통해 한국 경제가 재도약할 것이라고 기대했다. 그러나 그 결과는 어떤가.

되새길수록 역사에는 숨은 의미가 있다. 한국전쟁을 겪고 군부가 비대해지자 군부에서 대통령이 나왔다. 군사 독재자의 압박 아래 도리어 민주화 세력이 자라났고, 독재자의 손끝에서 재벌이 탄생했다.

독재자의 시대가 자나가자 민주 투사가 '한국 호'의 키를 쥐었다.

그러나 누가 대권을 잡았든지 1990년대부터 한국 사회의 실세는 재벌이다. 그들의 성공 신화를 대변하는 이가 정치 세력으로 부상하는 것은 당연한 일이다. 현대그룹의 설립자 정주영이 바로 그렇다. 하지만 정주영에게는 새 시대가 요구하는 지도자상이 발견되지 않았다. 시차를 두고 다시 나타난 이는 이를테면 정주영의 집사였다. 신자유주의의 총아를 자처한 그에게 시민들은 환호했다(2008). 그러나 그를 선택한 결과는 명백한 배신으로 끝날 모양이다.

2011년 말부터 유럽의 경제 전문가들은 거침없이 자본주의의 종말을 주장한다. 그들은 신자유주의만을 문제 삼는 것이 아니라, 자본주의 자체를 비판의 도마 위에 올린다. 논란의 핵심은 '성장'이란 개념이다. 자본주의는 늘 성장을 추구해 왔다. 자본주의의 성장 강박증은 은행 이자로부터 비롯되었다. 공장으로 대표되는 자본주의적 생산 시설은 은행 융자를 전제로 건립되기 때문이다. 따라서 자본가는 성장하지 못하면 반드시 손해를 보는 법이다. 또 성장만을 지향하는 관계로 시간이 갈수록 빈부의 격차는 벌어질 수밖에 없다. 이것이 제2차 세계대전 이후 세계를 지배한 미국식 경제 체제다. 신자유주의는 그 최신판이다. 그에 휘둘린 현대 세계 경제는 지금도 추락하고 있다. 그리스와 스페인 등지에서 들려오는 비명소리는 전 지구적인 파산을 예고하는 서막에 불과하다. 이런 진단 결과가 이제 자본주의 본영에서 나오고 있다.

요컨대 노무현은 무역 국가 한국의 실정을 고려해 신자유주의 노선을 채택했다. 그는 이것이 세계사의 대세라고 믿었다. 그럼으로써 본래의 입장에서 후퇴를 거듭했고, 마침내 강대국이 요구하는 개방 정책, 재벌이 요구하는 기업하기 좋은 환경을 만드는 데 힘썼다. 임기가 끝나자 그는 일체의 사무를 후임자에게 인계하고, 봉하의 시골집으로 내려갔다(2008).

봉하 마을에서 새 길을 찾다

언제부터인지는 확실하지 않지만 노무현은 신자유주의의 한계를 눈치 챘다. 그것으로는 인간 사회를 구원할 수 없다는 통찰에 도달한 그는 봉하에서 새로운 사업을 시작했다. 농촌 환경 개선과 친환경 농업이었다. 그는 오리를 키워 오리로 쌀농사를 짓는 유기농업을 시작했다. 노무현에게는 일종의 자기반성이었다. 오리농법으로 재배한 그의 '봉하쌀'은 지역 명품이 되었다. 그의 고향 경상남도 김해시 본산리 봉하 마을도 관광명소가 되었다.

그런데 예기치 못한 정치 보복 수사가 시작되었다. 2009년 검찰은 박연차의 정관계 로비 사건에 대한 수사를 확대했고, 노무현의 측근을 수사 대상에 올렸다. 그의 가족은 '포괄적 뇌물죄 혐의'로 수사를 받았다. 검찰은 그에게도 소환 조사를 요구했다. 정치적 압박이 고조되었다. 2009년 5월 23일, 그는 결국 고향 뒷산 '부엉이 바위'에서 투신자살했다. 그의 일생은 비극으로 끝나고 말았다.

역사가로서 나는 그의 일생에 주목하지 않을 수 없다. 무엇보다도 노무현에 대한 시민 사회의 애증이 관심을 끈다. 그의 지지율이 5% 정도에 그쳤을 때가 있었다. 그럼에도 그의 서거를 추모하는 인파는 500만 명을 넘었다. 전체 인구를 5000만 명이라고 했을 때, 열 명 중한 명꼴로 분향소를 찾은 셈이다. 여야도, 지역도, 남녀노소의 구별도 사라진 추모 행렬이었다. 정치가 노무현은 그만큼 매력적인 존재였다.

그의 정치적 이념은 편협하지 않았다. 사실 그는 통합적 성격을 지닌 독특한 캐릭터였다. 대통령 재직 시절에도 반대파는 그를 좌파로 분류했지만 실상은 그렇게 단순한 문제가 아니다. 누구보다 정열적으로 신자유주의 경제 정책들을 추진했을 때, 그는 더 이상 노동자와 농민의 편이 아니었다. 차라리 재벌의 편에 가까웠다.

그의 세계관은 복합적 구조물이다. 성품이 과감하고 소탈했지만 그것이 전부는 아니다. 투박해 보이는 그의 정치적 언변은 정교하게 계산된 것이었다. 그의 독창적인 논리는 자신을 다수의 적대자로 만들기도 했고, 그 다수를 친구로도 삼을 만큼 위력적이었다. 탈권위를 내세운 노무현은 기존의 정당 구도를 거듭 해체함으로써 자신을 중심으로 하는 새로운 정치 질서를 추구했다. 그럼으로써 정계에 입문한 이래로 항상 극단적인 지지자와 비판자들에게 둘러싸여 있었다. 그에게는 확실히 선동가로서의 면모가 있었다. 그럼에도 불구하고 그만큼 인권과 민주주의의 의미를 깊이 이해하고 존중한 정치가는 드물다.

'바보' 노무현

평생 그는 권위주의를 상대로 싸움을 벌였다. 그가 인권 신장에 기여한 점, 탈권위적 정치 문화 형성에 이바지한 사실은 오래 기억될 것이다. '대화와 토론'을 유난히 강조한 그의 화법은 직설적이었다. "대통령 못해먹겠다" "미국 응덩이 뒤에 숨어서"와 같이 공인으로서는 차마 입에 담기 어려운 특유의 직설법으로 그는 많은 논란을 불러 일으켰다. 권위주의를 청산하기 위한 그 나름의 전략이었다.

이는 진보의 대통령이기에 가능했다. 그는 '한총련'을 합법화하고 국가보안법 폐지를 위해 노력했다. 행정 수도를 지방으로 이전할 결심으로 많은 반대를 무릅쓰고 세종시 건설을 추진했다. 남북 문제의 평화적 해결을 위해서도 많은 공을 세웠다. 외세 의존도를 줄이고 민족 문제를 자주적으로 해결하고자 육로를 통해 평양을 방문하기도 했다.

그럼에도 그는 수난과 굴욕의 대통령이었다. '공직선거및선거부정방지법'이 정한 중립 의무 및 헌법 위반 혐의로 대통령 권한이 일시 정지된 적도 있었다. 잘못된 판단으로 신자유주의에 찬동해 한미자유무역협정을 추진했고, 이라크 파병을 실시해 시민들의 비판을 사기도 했다.

한마디로 그는 극히 개성적인 지도자였다. '바보 노무현'이라는 애칭이 시민 사이에 회자될 만큼 충실한 민주주의자였다. 그를 폄하하는 사람들도 적지 않다. 생전에는 물론 사후에도 그는 여전히 논란의 중심에 서 있다. 산봉우리가 높으면 골짜기도 깊은 법이다.

그의 직설화법과 격의 없는 소통 방식을 그리워하는 시민들이 많다. 당위의 가치를 믿고, 서슴없이 낭떠러지로 뛰어 내리는 노무현의 정치적 결단은 누구도 흉내 낼 수 없는 것이었다. 그는 사랑스러운 '바보'였다. 바보라고 불리면서 국민적 존경을 받은 따뜻한 정치가였다.

노무현의 마지막은 처절하다 못해 참혹하였다고 볼 수 있다. 언제나 자신이 한국사회의 '마이너리그'에 속한다고 공언하였기에, 그의 비극은 그 한 사람의 것만은 아니었다고 볼 수도 있다. 그의 서민적 풍모, 소탈한 언행이 노무현 한 사람의 것이 아니었듯, 그의 전 생애는 사실 이 땅의 평범하지만 용기 있는 시민들의 공유물이었던 것이다. 마흔이면 우리 어깨가 조금은 처질 수밖에 없을지도 모른다. 그러나 그럴수록 더 용기를 내자. 경상남도 봉하마을 출신의 한 상고생이 인생의 험로를 뚫고 우리에게 민주주의와 시민사회의 가능성을 보여주었듯, 우리도 우리자신을 시험대 위에 올려보자. 늦깎이면 어떤가. 어차피 인생에는 영원한 승자도 패자도 존재하지 않는 것을.

에필로그
마흔에 다시 읽는 한국사

우리는 한국사의 승부처를 누빈 '역사적 인물'들을 만나 보았다. 고대부터 현대에 이르기까지 총 열다섯 명의 지도자들을 해부한 셈인데, 여러분의 가슴에 가장 큰 공명을 불러일으킨 사람은 과연 누구일지 궁금하다.

열다섯 명의 특징을 이렇게도 요약해 볼 수 있지 않을까 싶다. 박정희는 강단과 고집을 상징하는 역사적 인간이었다. 흥선대원군과 견훤 및 연개소문도 그와 일맥상통한다. 그들 부류 가운데서 비교적 큰 부작용을 남긴 인물을 손꼽는다면 아마 첫째는 연개소문, 둘째는 박정희일 것이다. 이런 인물들은 좋게 봤을 때 역사 공동체가 시급한 상황에 대처하기 위해 과감한 결정을 내려야 할 때 잠깐 그 힘을 빌려 쓰고 싶은 유형이다.

새로운 가치 정립이 절실하게 요구될 때라면 아마도 우리의 선택은 달라질 것이다. 정도전 같은 이가 최상의 선택이다. 조광조, 이이 그리고 노무현도 아마 그와 같은 그룹에 속하는 '역사적 인물'로 보고 싶다. 미륵불을 자처한 궁예도 이상 세계를 꿈꾸었다는 점에서 이들과 유사하다. 그들은 제 한 몸의 사적 이익을 버리고 공명정대한 가치 실현을 위해 헌신할 수 있는 탁월한 역사상의 '바보'들이다. 그들의 포부와 결기 덕분에 우리는 남루한 일상의 역사에서 큰 빛을 보았고, 오래오래 꿈이 시들지 않았다. 역사 공동체 안에서 이상의 가치를 높이 세우는 그들의 역할은 오늘날에도 절실히 요구된다.

그러나 언제 어떤 경우라도 우리가 늘 믿고 의지할 최고의 지도자는 세종대왕이다. 광개토대왕, 김춘추와 왕건, 이순신, 광해군과 정조 등도 세종과 닮은 점이 많다. 한국 역사를 빛낸 위대한 '역사적 인물'들은 거개가 다 세종 아닌 세종이었다. 나는 그렇게 확신한다.

세종을 가장 세종답게 만든 것은 무엇일까. 그것은 그의 쉼 없는 공부와 겸손함이었다. 백성과 하나 되고 싶은 그 마음이야말로 많은 사람들을 격려해, 그들이 '공동선'을 향해 나아가도록 고무 격려하는 결과를 낳았다. 이는 세종 자신이 철학적 사고와 경험적 역사 연구를 통해 사물의 이치를 이해했기 때문에 가능한 일이다. 그는 누구보다 마음이 따뜻했고, 흥미와 관심의 폭이 넓었다. 그랬기에 시대의 격랑이 몰고 온 수많은 과제들을 외면하지 않고 그 하나하나를 성실하게 응한 것이 아니었을까.

세종은 오늘날 새롭게 각광받는 소통과 감성의 달인이고 융합과 창의의 천재였다. 역사 속의 그는 마치 오케스트라단의 지휘자와도 같다. 이런 사람들이 한국사의 중요한 결절점마다 혜성같이 등장해 역사 공동체를 위기에서 구해냈다. 그들은 우리 문화에 아름다운 경륜의 나이테를 보탠 장본인이었다.

한국 사회는 아직도 남북 분단으로 인한 고통에 시달린다. 더욱이 21세기 한국은 동아시아에서 점증하는 미국, 일본 및 중국의 패권 다툼의 소용돌이에 깊이 빠져 드는 형국이다. 내적으로도 풀어야 할 과제들이 산적해 있다. 산업화와 중앙집권화로 인한 폐단이 막심하며, 생태환경 파괴를 비롯해 핵발전소의 위협도 큰 문제다. 양극화와 지역 갈등, 노령화와 어설픈 다문화 정책이 초래하는 소외의 문제도 시급하다. 여기에 '하우스 푸어'와 비정규직의 문제까지 보탠다면 그야말로 가히 폭발 직전이다.

이제는 역사 속의 세종대왕보다 더욱 세종다운 세종들이 여기저기에서 나타나야 할 시점이다. 우리와 함께 할 세종은 노무현보다 민주적이고, 김춘추보다 외교적이며, 왕건보다 포용력이 있는 새로운 세종이어야 할 것이다. 그것도 한 사람의 세종이 아니라 여기저기서 마구 쏟아져 나오는 수많은 세종들이어야 한다. 이는 또한 우리들 자신의 미래 모습이어야 마땅할 것이다.

수많은 시간이 흘렀지만 역사는 여전히 우리에게 많은 영감을 주고 용기를 더해 준다. 역사, 그것은 인류의 끊임없는 흥미의 원천이며 새로운 이야깃거리다.

더 읽을 책들

이 책에서 다룬 주제들을 더욱 깊이 공부하고 싶은 독자들도 있을
것이다. 그분들께 아래의 책을 소개한다.

광개토대왕
이형구, 『廣開土大王陵碑新研』, 同和出版公社, 1986
한일관계사연구논집 편찬위원회, 『광개토대왕비와 한일관계』, 경인문화사,
　2005

연개소문
김용만, 『새로 쓰는 연개소문전』, 바다출판사, 2003
임기환, 『고구려 정치사 연구』, 한나래, 2004

김춘추
박순교, 『김춘추, 외교의 승부사』, 푸른역사, 2006

견훤과 궁예
신호철, 『후삼국사』, 도서출판개신, 2008
이재범, 『슬픈 궁예』, 푸른역사, 2000
조인성, 『태봉의 궁예정권』, 푸른역사, 2007

왕건

노명호, 『고려 태조왕건의 동상—황제제도 고구려 문화 전통의 형상화』, 지식산
    업사, 2012

박용운, 『고려의 고구려 계승에 대한 종합적 검토』, 일지사, 2006

정도전

김용옥, 『삼봉 정도전의 건국철학』, 통나무, 2004

윤사순, 『韓國儒學思想論』, 열음사, 1986

한영우, 『鄭道傳 思想의 硏究』, 서울대학교출판부, 1973

세종대왕

박현모, 『세종, 실록 밖으로 행차하다—조선의 정치가 9인이 본 세종』, 푸른역
    사, 2007

세종대왕기념사업회, 『세종대왕어록』(전2권), 세종대왕기념사업회, 1982

조광조

백승종 외, 『조선의 통치철학』, 푸른역사, 2011

정두희, 『조광조—실천적 지식인의 삶, 이상과 현실 사이에서』(증보신장판), 아카
    넷, 2001

이율곡(이이)

이이, 『성학집요—성인이 갖추어야 할 배움의 모든 것』, 김태완 역, 청어람미디
    어, 2007

임옥균, 『이이—정치적 실천철학의 완성』, 성균관대학교출판부, 2007

이순신

이순신, 『난중일기』(교감 완역), 노승석 역, 민음사, 2010

이은상, 『성웅 이순신』, 삼중당, 1984

광해군

한명기, 『광해군—역사인물 다시 읽기』, 역사비평사, 2000

정조

정조

박현모, 『정치가 정조』, 푸른역사, 2001

백승종, 『정조와 불량선비 강이천』, 푸른역사, 2011

성균관대학교 동아시아학술원, 『정조어찰첩』(전2권), 성균관대학교출판부, 2009

흥선대원군

석파학술연구원, 『흥선대원군 사료휘편』(전4권), 현음사, 2005년

이태진, 『고종시대의 재조명』, 태학사, 2000

박정희

조갑제, 『박정희』(전12권), 조갑제닷컴, 2007

조희연, 『박정희와 개발독재시대―5.16에서 10.26까지』, 역사비평사, 2007

진중권, 『네 무덤에 침을 뱉으마』(전2권), 개마고원, 2008

노무현

노무현, 『성공과 좌절―노무현 대통령 못 다 쓴 회고록』, 학고재, 2009

노무현, 『진보의 미래―다음 세대를 위한 민주주의 교과서』, 동녘, 2009

도종환 외, 『10명의 사람이 노무현을 말하다』, 오마이북, 2010

KI신서 4263

마흔, 역사를 알아야 할 시간

1판 1쇄 발행 2012년 9월 27일
1판 6쇄 발행 2018년 11월 5일

지은이 백승종
펴낸이 김영곤 박선영 **펴낸곳** (주)북이십일 21세기북스
마케팅본부장 이은정
마케팅본부 한충희 최성환 김수현 배상현 신혜진 나은경 송치헌 최명열 조인선
홍보기획팀 이혜연 최수아 박혜림 문소라 전효은 염진아 김선아
제작팀 이영민

출판등록 2000년 5월 6일 제10-1965호
주소 (우 413-120) 경기도 파주시 문발동 회동길 201
대표전화 031-955-2100 **팩스** 031-955-2151 **이메일** book21@book21.co.kr

(주)북이십일 경계를 허무는 콘텐츠 리더

21세기북스 채널에서 도서 정보와 다양한 영상자료, 이벤트를 만나세요!
페이스북 facebook.com/jiinpill21   **포스트** post.naver.com/21c_editors
인스타그램 instagram.com/jiinpill21   **홈페이지** www.book21.com
서울대 가지 않아도 들을 수 있는 명강의! 〈서가명강〉
네이버 오디오클립, 팟빵, 팟캐스트에서 '서가명강'을 검색해보세요!